Deutschstunden 5

Lesebuch   *Neue Ausgabe*

Herausgegeben von
Harald Frommer, Hans Jürgen Heringer,
Theo Herold, Ulrich Müller

Erarbeitet von
Helmut Flad, Harald Frommer,
Theo Herold, Elvira Langbein,
Rosemarie Lange, Viktor Rintelen,
Wolfgang Waldmann, Hubert Wolf

Cornelsen

1 In der Schule ist was los! – Was ist in der Schule los?

2 Bei mir zu Haus – bei dir zu Haus

3 Mensch und Tier

4 Gereimtes und Ungereimtes

5 Schalke, Narren, Schelme

6 Geschichten aus alter Zeit

7 Eine Kinderbuchautorin: Astrid Lindgren

8 Der junge Bücherfetz

9 Mit Händen und Füßen

10 Bilder und Geschichten

In der Schule ist was los! –
Was ist in der Schule los?

Schülerporträts

Peter Abraham

Die Schülerin Carola Huflattich

Carola Huflattich besaß mehrere Leidenschaften. Sie aß Eis, spielte Fußball, bekritzelte die Wände und dachte so ungeheuer nach, dass es krachte.

5 Einige aus ihrer Klasse sagten: „Carola ist ein Spinner!"

Sie selbst bezeichnete sich als Experten.

Experte heißt so viel wie Fachmann.

10 In Mathe und Deutsch konnte sie sich nicht gerade als Experten bezeichnen. Dafür aber umso mehr in Sport und im Nachdenken. Dummerweise gab es kein Fach Nachdenken. Wenn es das

15 gegeben hätte, wäre Carola Huflattich die Beste geworden.

Beim Nachdenken war sie darauf gekommen, dass alle Dinge, wie eine Medaille, zwei Seiten besaßen.

20 Zum Sportfest hatte Carola so eine Medaille erhalten. Auf der einen Seite war ein Lorbeerzweig abgebildet – für gute sportliche Leistungen.

Auf der Rückseite stand der Spruch:

25 Denke stets daran, dass Lorbeer welken kann! Diese Seite nannte man die Kehrseite der Medaille.

Carola war der Meinung, diese Kehrseite müsste abgeschafft werden. An

30 der Schule fand sie neben den Sportstunden die Pausen am schönsten. Kaum war man aber in der Pause so richtig in Schwung gekommen, hatte beim Einkriegezeck vergessen sein Butter-

35 brot zu essen, klingelte es wieder zur Deutschstunde. Das war dann die Kehrseite der Medaille.

Hatte man Glück, wurde in der Deutschstunde eine lustige Geschich-

40 te aus dem Lesebuch vorgetragen. Kaum aber hatte man Spaß daran gefunden, hieß es: „Zähle, wie viele Substantive und wie viele Verben in der Geschichte enthalten sind!"

45 Zählen konnte Carola bis 9999. Aber welches waren nun die verfluchten Substantive und welches die verdammten Verben?

Wenn man die Kehrseite abschaffte,

50 würde es in der Schule nur noch Sportstunden und Pausen geben. Und wenn es wirklich einmal zu langweilig werden sollte, könnte Fräulein Prohaska eine Geschichte vorlesen. Nur diese

55 Zählerei der Substantive und der Verben sollte, bitte schön, unterbleiben!

Carola wusste, dass sich die Lehrer gegen diese Neuerung wehren würden.

Wenn die unsereins nicht zum Ausfra-

60 gen, Wettrechnen, zum Diktatschreiben hätten, würden die glatt vor Langeweile Fliegen fangen, dachte sie.

Nein, die Lehrer brauchten ihre Beschäftigung!

65 Vielleicht gab es jemanden, der für Carola in den Unterricht ging! Aber wer würde schon so blöd sein?

Je länger sie überlegte, umso klarer wurde ihr, dass dieser Jemand nur ein

70 Gespenst sein konnte.

Doch wie findet man Gespenster? […]

9

Helmut Ballot

Der Schüler Kurt Tulpe

Kurt Tulpe, Schüler, 10 Jahre alt. Behauptet, dass er von den Galliern abstammt. Das sagt er aber erst, seitdem er Asterix-Hefte liest. Er hat auch für

5 sich ein Zauberzeichen erfunden: zwei gekreuzte Tulpen, deren Stielenden Speerspitzen sind. Das Zeichen ist überall leicht einzuritzen, in Schultische, Holztüren, Baumrinden und

10 Häuserwände.

Widersacher erblassen, wenn sie die gekreuzten Tulpen an ihrer Haustür erblicken, denn Kurts Zauber ist all-

mächtig. Er ist eins vierunddreißig

15 groß. Seine Schwester, die ein Jahr älter ist, ist eins fünfundvierzig groß, das ist ärgerlich. Jeden Morgen misst Kurt seine Größe am Türpfosten.

Manchmal ist er über Nacht größer,

20 manchmal kleiner geworden, je nachdem, wie er das Lineal über seinem Kopf ansetzt. In der Schule, während des Unterrichts, brütet er die meiste Zeit still vor sich hin, man könnte mei-

25 nen, dass er aufmerksam zuhört.

Aber wenn er aufgerufen wird, erschrickt er und weiß überhaupt nicht, worum es geht. Das liegt daran, dass er in Gedanken gerade einen gefährli-

30 chen Auftrag erledigt. Auf seinem letzten Schulzeugnis steht: Kurts Beteiligung am Unterricht lässt sehr zu wünschen übrig. Auch in der Turnstunde hat er Schwierigkeiten – trotz

35 des nach dem Vorbild des Druiden[1] Miraculix zubereiteten, übermenschliche Kräfte verleihenden Zaubertranks. Beim Bocksprung über das quer gestellte Pferd nimmt er jedes Mal ei-

40 nen gewaltigen Anlauf, läuft dann aber drunter durch. „Hach! Wieder das falsche Bein!", sagt er dann ärgerlich. Sein bester Freund ist zur Zeit Achim Klinsky. In der Hauptsache deswegen,

45 weil er mit Achim Asterix-Hefte tauscht. Achim ist schon einmal sitzen geblieben. Zu Hause besitzt Kurt eine Kiste mit Sehenswürdigkeiten: einen versteinerten Seeigel, das Gehäuse ei-

50 ner griechischen Landschildkröte, zwei leere Patronenhülsen, ein Stück Bernstein, einen Eberzahn, eine defekte Klappdeckeluhr mit römischem Ziffernblatt, eine kleine, aus Speck-

55 stein geschnitzte mexikanische Gottheit und einige Gesteinsproben aus dem Harz. Die Sehenswürdigkeiten sind alle etikettiert, nummeriert und in einem handgeschriebenen Katalog

60 aufgeführt. Gegen eine Gebühr kann man die Sehenswürdigkeiten besichti-

---

1 Druide: Priester des keltischen Volkes

gen. Aber außer der Großmutter, Tante Lilo, Tante Erika und Onkel Albert hat noch nie jemand etwas bezahlt. Übrigens stammt Kurt neuerdings von außerirdischen Astronauten ab; das mit den Galliern ist längst überholt. Seit heute ist er auch nicht mehr eins vierunddreißig groß, sondern eins sechsunddreißig – ohne zu mogeln!

1 Vergleiche Carola und Kurt. Welche Verhaltensweisen und Eigenschaften hältst du für ähnlich, welche für unterschiedlich?
2 Möchtest du mit Carola Huflattich oder Kurt Tulpe befreundet sein?
3 Entwirf das Porträt einer Schülerin oder eines Schülers, die oder den du besonders magst.

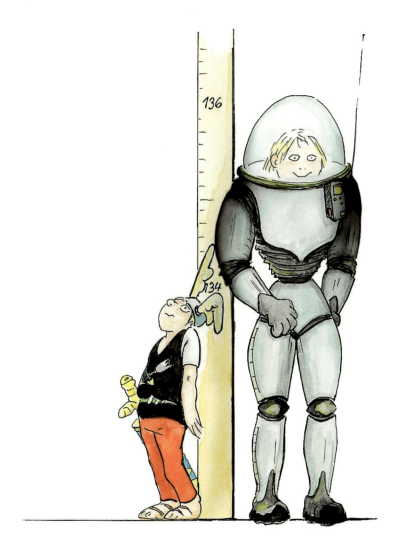

URSULA WÖLFEL

... wurde 1922 in Duisburg-Hamborn als Tochter eines Musikers geboren. Sie wuchs im Ruhrgebiet auf, studierte Germanistik und Pädagogik in Frankfurt bzw. Darmstadt und arbeitete dort später als Sonderschullehrerin. Seit 1959 lebt Ursula Wölfel als freie Schriftstellerin in Neunkirchen/Odenwald. Preisgekrönt sind u. a. ihre Kinderbücher „Feuerschuh und Windsandale" (1962) und „Die grauen und die grünen Felder" (1972). Ursula Wölfels Interesse als Autorin gilt jungen Menschen in schwierigen Situationen, Kindern in der Dritten Welt und der Darstellung gesellschaftlicher Missstände, unter denen Kinder besonders leiden.

Ursula Wölfel

Hannes fehlt

Sie hatten einen Schulausflug gemacht. Jetzt war es Abend und sie wollten mit dem Autobus zur Stadt zurückfahren. Aber einer fehlte noch.

5 Hannes fehlte. Der Lehrer merkte es, als er die Kinder zählte. „Weiß einer etwas von Hannes?", fragte der Lehrer. Aber keiner wusste etwas.
Sie sagten: „Der kommt noch."

10 Sie stiegen in den Bus und setzten sich auf ihre Plätze.
„Wo habt ihr ihn zuletzt gesehen?", fragte der Lehrer.
„Wen?", fragten sie. „Den Hannes?

15 Keine Ahnung. Irgendwo. Der wird schon kommen."
Draußen war es jetzt kühl und windig, aber hier im Bus hatten sie es warm. Sie packten ihre letzten Butterbrote aus.

20 Der Lehrer und der Busfahrer gingen die Straße zurück.
Einer im Bus fragte: „War der Hannes überhaupt dabei? Den hab ich gar nicht gesehen."

25 „Ich auch nicht", sagte ein anderer.
Aber morgens, als sie hier ausstiegen, hatte der Lehrer sie gezählt und beim Mittagessen im Gasthaus hatte er sie wieder gezählt und dann noch einmal

30 nach dem Geländespiel. Da war Hannes also noch bei ihnen. „Der ist immer so still", sagte einer. „Von dem merkt man gar nichts."

35 „Komisch, dass er keinen Freund hat", sagte ein anderer, „ich weiß noch nicht einmal, wo er wohnt."
Auch die anderen wussten das nicht.
„Ist doch egal", sagten sie.

Der Lehrer und der Busfahrer gingen
jetzt den Waldweg hinauf. Die Kinder
sahen ihnen nach.

„Wenn dem Hannes jetzt etwas passiert ist?", sagte einer.

„Was soll dem passiert sein?", rief ein
anderer. „Meinst du, den hätte die
Wildsau gefressen?"

Sie lachten. Sie fingen an sich über die
Angler am Fluss zu unterhalten, über
den lustigen alten Mann auf dem Aussichtsturm und über das Geländespiel.
Mitten hinein fragte einer: „Vielleicht
hat er sich verlaufen? Oder er hat sich
den Fuß verstaucht und kann nicht
weiter. Oder er ist bei den Kletterfelsen
abgestürzt?"

„Was du dir ausdenkst!", sagten die anderen.

Aber jetzt waren sie unruhig. Einige
stiegen aus und liefen bis zum Waldrand und riefen nach Hannes. Unter
den Bäumen war es schon ganz dunkel. Sie sahen auch die beiden Männer
nicht mehr. Sie froren und gingen zum
Bus zurück.

Keiner redete mehr. Sie sahen aus den
Fenstern und warteten. In der Dämmerung war der Waldrand kaum noch zu
erkennen.

Dann kamen die Männer mit Hannes.
Nichts war geschehen. Hannes hatte
sich einen Stock geschnitten und
dabei war er hinter den anderen zurückgeblieben. Dann hatte er sich
etwas verlaufen.

Aber nun war er wieder da, nun saß er
auf seinem Platz und kramte im Rucksack.

Plötzlich sah er auf und fragte: „Warum seht ihr mich alle so an?"

„Wir? Nur so", sagten sie.

Und einer rief: „Du hast ganz viele
Sommersprossen auf der Nase!"

Sie lachten alle, auch Hannes.

Er sagte: „Die hab ich doch schon immer."

1 Hannes' Fehlen rückt ihn ins Bewusstsein seiner Klassenkameraden. Woran ist
das erkennbar?

2 Wie könnte sich das Verhalten der Mitschüler und Mitschülerinnen nach diesem Vorfall verändern?

1 Welches Foto passt jeweils am besten zu Carola, Kurt und Hannes?
Begründe deine Meinung.

Wie es in der Schule zugeht

Usch Barthelmeß-Weller

Jungen gegen Mädchen

Also, in der ersten Klasse, da ging es ja noch. Da waren die Jungs, na, da gab es noch keinen so großen Unterschied, da waren alle irgendwie gleich, Jungs und Mädchen. Da mussten wir alle sehen, wie wir so zurechtkamen mit all dem Neuen, mit der Schule und so; wie man sich benimmt, was erlaubt und was verboten war. Und das Lernen machte auch nicht immer Spaß.

In der zweiten Klasse fing es schon an, da taten die Jungs sich groß, besonders in der Pause. Die gaben an, sie wären stärker und so. Sie taten so, als wenn sie was Besseres wären. Sie fingen an uns zu ärgern, nahmen uns Sachen weg, zogen Annette an den Haaren, und wenn wir uns dann wehrten, kämpften sie uns nieder. Sie taten sowieso nichts anderes als kämpfen; es machte keinen Spaß mehr mit ihnen.

In der dritten Klasse wurde es dann ganz schlimm. Die Jungs spielten sich auf. In der Schulstunde, also, da waren sie ziemlich still. Aber sonst war es nicht mehr auszuhalten mit ihnen. Sie ärgerten uns immerzu. Wenn wir irgendwo ein Spiel anfingen, kamen sie und störten uns. Wenn wir uns im Hof auf die Bank setzten, kamen sie und stießen uns runter. Wenn wir vor der Mauer saßen, liefen sie dauernd über unsere Beine. Karla hänselten sie, weil sie so dick ist, Benita, weil sie dünn ist, Monika, weil sie rote Haare hat, Nina, weil sie schwarze Locken hat. Über-haupt behaupteten sie, alle Mädchen wären doof. Als wenn die besser wären mit ihren blöden Ärgern-Spielen, An-geber-Spielen und Kämpfen-Spielen. Denen fiel doch auch nichts Gescheites ein. Aber wenn sie mal was Gescheites spielten, dann ließen sie uns nicht mitspielen. Das war gemein, da konnte ich mich richtig ärgern, denn ich spielte lieber mit den Jungs. Die Mädchen wurden immer ängstlicher und langweiliger, die redeten bloß im-merzu. Manchmal hatte ich Streit mit einem Jungen und es kam zum Kampf, denn alles gefallen lassen wollte ich mir auch nicht. Da nahm der mich dann in den Schwitzkasten oder tat so was Gemeines und ich konnte nichts dagegen machen.

Es machte wirklich keinen Spaß mehr. In den anderen Klassen war es nicht besser, das sahen wir auf dem Schulhof. Nur in den höheren Klassen hatten die Mädchen ihre Ruhe oder schon Freunde. Eigentlich habe ich gar nichts gegen Jungs, einzeln können sie ganz nett sein. Es ist mir sogar schon passiert, dass ich mit einem Jungen prima gespielt habe und nachher, als die anderen dabei waren, hat er sich genauso blöd benommen wie die. Jungs auf einem Haufen sind unaus-stehlich, na ja, Mädchen vielleicht auch. Ich hätte gern etwas dagegen ge-tan, gegen dieses blöde Jungen-gegen-Mädchen.

In der Schule ist was los! – Was ist in der Schule los?

1 Auf diesem Gebiet habt ihr alle eure Erfahrungen. Wer berichtet?
2 Wie stellt die Verfasserin die Entwicklung des Problems dar?
3 Könnt ihr zu den auf den beiden Fotos dargestellten Schulszenen eine Geschichte erzählen?

Irmela Wendt

Uli und ich

Quer durch meine Schrift ging ein Strich und deswegen bekam ich keine Zwei. Zu Hause haben sie gesagt, ich brauchte es mir nicht gefallen zu las-
5 sen. „Ich will nicht mehr neben Uli sitzen", habe ich zu meiner Lehrerin gesagt. „Wo willst du denn sitzen, Petra?", hat sie gefragt. „Neben Peter", habe ich gesagt.
10 Ich habe meine Sachen vom Tisch genommen und bin einfach gegangen und habe kein Wort zu Uli gesagt. Und Uli hat auch nichts gesagt. Er ist dagestanden und hat geguckt und hat
15 ganz nasse Augen gehabt.
Dann hat Rolf sich zu Uli gesetzt und ich habe gedacht, wie lange das wohl gut geht. Gleich am nächsten Tag hat Rolf gepetzt, dass Uli mit dem Stuhl
20 wackelt, dass Uli an den Füller stößt, dass Uli das Radiergummi nimmt, dass Uli abguckt. Um jede Kleinigkeit hat Rolf aufgezeigt und es hat mich ganz nervös gemacht.
25 Jörg ist wieder da; er war lange krank. Er hat sonst neben Peter gesessen, und es ist selbstverständlich, dass er seinen Platz wieder nimmt. In unserer Klasse sind vierzig Plätze, acht Plätze bleiben
30 immer frei, weil wir nur zweiund-

dreißig sind. Ich gucke mich um. Ich sehe, der Platz neben Uli ist auch frei; Rolf fehlt. Ich weiß selbst nicht, weshalb ich mich wieder auf meinen alten Platz setze.
35 Ich will meine Sachen auspacken, da sagt Uli: „Ich finde, man kann nicht einfach wiederkommen, wenn man einmal weggegangen ist."
40 Ich habe nicht erwartet, dass Uli so was sagt. Ich weiß nicht, was ich tun soll. Ich denke daran, dass er geweint hat, als ich weggegangen bin. Da fragt meine Lehrerin: „Was sagst denn du dazu, Petra?" Ich bringe kein Wort he-
45 raus. Da fragt sie noch mal. Ich sage: „Uli hat Recht." – „Ja, und?", fragt die Lehrerin. – „Heute bleibe ich hier sitzen. Morgen kann ich mich ja woanders hinsetzen", sage ich.
50 Keiner hat weiter ein Wort dazu gesagt. Auch nicht am nächsten Tag. Und nicht die andern Tage. Ich weiß nicht, wie lange ich schon wieder neben Uli sitze. Manchmal stößt er mich an und
55 verschrieben habe ich mich seinetwegen auch. Aber man kann sich auch was gefallen lassen, finde ich. Und so unruhig wie früher ist er gar nicht mehr.
60

---

1 Wie verstehst du Ulis Bemerkung: „Ich finde, man kann nicht einfach wiederkommen, wenn man einmal weggegangen ist"?

2 Petra und Uli sprechen nach einigen Wochen noch einmal über den Vorfall.
Uli: „Warum hast du dich damals eigentlich weggesetzt?"
Wie könnte das Gespräch weitergehen?

Uta-Maria Heim

Der Klassenkasper

Der Mario ist unser Klassenkasper. Der Mario hat nur Käs im Kopf. Immer macht er Mist. Trotzdem find' ich nicht, dass er ein Quatschkopf ist.

5 Am schlimmsten ist es montags. Montags in der ersten Stunde haben wir Englisch. Ausgerechnet Englisch, und meistens geht es auch noch damit los, dass der Freudenreich die neuen Wör-
10 ter abhört. Das gibt einem den Rest, wie der schon in die Klasse stürmt, um Viertel vor acht und bester Laune. Dann steht er vor dem Pult und federt mit den Zehenspitzen rauf und runter,
15 weil er nämlich klein ist, der Freudenreich. Und dann guckt er der Klasse tief in die Augen, pickt sich einen raus und sagt „you –".

Er sagt „you", das heißt „du", und es
20 klingt wie ein Pfeil: „jjjiiiuuuo". Dann zeigt er auch noch mit dem Finger auf einen, dass es durch Mark und Bein geht. Widerlich ist das, besonders dann, wenn man die Wörter nicht ge-
25 lernt hat. Wer lernt denn schon am Sonntag Wörter? Natürlich hätte man sie auch schon am Freitag lernen können, aber wer hat denn dazu am Freitag noch Lust?
30 Seit ich in die fünfte Klasse gehe, ist das so. Ich gehe gern in die fünfte Klasse. Wir haben eine nette Klassenlehrerin und sind auch nur fünfundzwanzig Schüler. Vorher sind wir siebenund-
35 dreißig gewesen in der Klasse, das war viel. Da bin ich selten drangekommen im Unterricht, weil ich immer arg lang überlegen musste. Trotzdem hat der Klassenlehrer dann meinen Vater zu sich eingeladen in die Schule und ge-
40 sagt, er soll mich aufs Gymnasium schicken. Das hat mein Vater zuerst nicht gewollt. Er hat gesagt, ich sei ein Mädchen und ein Mädchen heiratet ja doch. Und ich solle auch heiraten,
45 wenn ich achtzehn bin. Spätestens, wenn ich achtzehn bin, und er weiß auch schon, wen.

Er heißt Hasan und er lebt in der Türkei. Er ist ein Vetter von mir oder so,
50 der älteste Sohn von einer Kusine eines Onkels, glaube ich, und ich hab ihn erst einmal gesehen. Das war in den vorletzten Ferien, als wir in die Türkei gefahren sind, da hab ich das plötzlich
55 mitbekommen, dass ich den heiraten soll. Weil ich heimlich gelauscht hab, als meine Eltern sich deswegen gestritten haben. Ich weiß, dass das früher so gewesen ist, das mit dem Heiraten, und
60 dass der Vater mit dem anderen Vater das schon ausmacht, wenn man geboren wird oder ein Kind ist, aber ich glaube nicht dran. Mein Vater meint das nicht ernst, das mit dem Heiraten,
65 sonst hätte er mich nicht doch aufs Gymnasium geschickt. Und meine Mutter will es sowieso nicht, sie haben sich nämlich furchtbar gestritten des-
70 wegen, meine Eltern, damals in der Türkei. Und ich soll es nicht wissen, das hab ich verstanden, dass ich es nicht wissen soll. Nicht alles hab ich verstanden, weil ich nämlich nicht so
75 gut Türkisch kann, ich spreche nur mit meiner Mutter türkisch und mit mei-

19

nem Vater, wenn er zu Hause ist. Mit meinen Geschwistern auch, aber nur manche Sachen, oft sprechen wir auch deutsch.

Ich heiße Meral. Ich bin in der Bundesrepublik geboren. Dass ich Türkin bin, sieht man nicht, weil meine Haare nicht schwarz sind, sondern rot. Ja wirklich, sie sind rot, feuerrot wie eine Karotte. Meine beiden Schwestern haben braune Haare und die Haare von meinem großen Bruder sind fast schwarz. Es ist merkwürdig, dass ich rote Haare habe. Rote Haare sind bei türkischen Kindern sehr selten. Deshalb und weil ich fließend deutsch spreche, wundern sich die Leute immer über meinen Namen. Meral Acar. Da ist es dann klar, dass ich keine Deutsche bin.

Mario ist auch kein Deutscher. Er ist Italiener. Wir sind die einzigen Ausländerkinder in unserer Klasse. Das heißt, Helga ist noch bei uns, die ist aus Rumänien, und Sonja und Johannes kommen aus der DDR[1]. Aber das ist etwas anderes. Die haben ja alle deutsche Namen, die sind auch Deutsche, bei denen fällt das nicht auf.

Bei Mario und mir schon. Am Anfang haben sie oft gelacht über mich, weil ich rote Haare habe. „Rottürk", haben sie zu mir gesagt, „Rottürk." – „Das gibt's doch gar nicht, Türken mit roten Haaren", haben sie gesagt. Da hab ich ihnen die Zunge rausgestreckt und bin weggelaufen. Manchmal hab ich auch geweint auf dem Klo, heimlich, und gesagt, ich hätte den Schnupfen.

Rote Haare und rote Augen, das hat alles noch schlimmer gemacht.

Über Mario lachen sie auch immer. Aber der will das ja. Bei dem ist es etwas anderes. Der macht dauernd Quatsch und Blödsinn und hat die verrücktesten Einfälle, wenn es darum geht, einen Lehrer zu ärgern. Letzten Montag also war das so: Da kam der Freudenreich rein, putzmunter wie immer, und hat gleich so auf den Zehen gewippt. Er sah ganz besonders gut gelaunt aus, und da war schon klar, heute nimmt er den Mario dran, den will er piesacken. Weil der Mario am Montag die neuen Wörter nämlich immer am allerwenigsten gelernt hat von allen. Also schaut der Freudenreich den Mario an, so durch und durch, und sagt – „jjjiiiuuuo", sagt er, und es klingt wie ein Pfeil.

Der Mario springt auf und starrt ihn an, mit offenem Mund starrt er ihn an und die ersten fangen an zu kichern. So bleibt der Mario dann stehen, als sei er vom Schlag getroffen, er bleibt einfach stehen mit offenem Mund. Das Gekicher wird lauter, aber man merkt schon, wie die Ersten nervös werden. Auch der Freudenreich wird nervös. „Mario", sagt er, „Mario, setz dich bitte wieder hin." Der Mario setzt sich hin, wie eine Wachspuppe setzt er sich hin und starrt ihn weiter an, den Freudenreich.

„Mach den Mund zu", sagt der Freudenreich, „mach endlich den Mund zu." Er spricht deutsch, obwohl er fast nie deutsch spricht, wir haben ihn ja in Englisch, und er meint, dass wir das am besten lernen, wenn er nur englisch spricht. Wenn er aufgeregt ist,

1 ... **kommen aus der DDR:** Der Text wurde vor der Wiedervereinigung Deutschlands verfasst.

vergisst er das aber und dann spricht er deutsch. Jetzt ist der Freudenreich
160 sehr aufgeregt, denn das dauert nun schon arg lange, dass der Mario ihn anstarrt.

Plötzlich fängt der Mario an zu reden. Er redet in einer fremden Sprache, es
165 muss Italienisch sein, natürlich ist es Italienisch. Er redet laut wie einer, der wirklich was sagen will, und rudert wild mit den Armen dabei. Es klingt sehr schön, wie er redet, obwohl ich
170 nichts verstehe, gar nichts. Niemand in der Klasse versteht was. Seine Augen funkeln und glühen und er sieht schön aus, wobei er immer schön aussieht, der Mario.

Gleich wird er toben, der Freuden- 175 reich. Gleich wird er dem Mario ins Gesicht schlagen. Obwohl ein Lehrer nicht schlagen darf. Der Freudenreich hat auch noch nie geschlagen, aber irgendwann wird er den Mario schlagen, 180 das weiß ich.

Einen knallroten Kopf hat der Freudenreich. Langsam, ganz langsam wird er wieder blasser. Die Augenwinkel rutschen ein klein wenig nach 185 oben. Er lächelt, ja wirklich, der Freudenreich lächelt. Und Mario redet und redet. Er kann gar nicht mehr aufhören damit. In der Klasse ist es still geworden. Keiner mehr da, der kichert. Alle 190 hören zu, was Mario zu sagen hat.

1   Meral erzählt über sich als Türkin, über Mario, den Italiener, und über andere Kinder aus ihrer deutschen Schule. Siehst du Unterschiede in der Situation der ausländischen bzw. deutschen Schülerinnen und Schüler?

2   Versuche ein Porträt von „dem Freudenreich" zu schreiben.

3   Am darauf folgenden Tag fragt Meral: „Du, Mario, was hast du dem Freudenreich gestern eigentlich gesagt?" Versetze dich in den Mario und versuche eine Antwort zu geben.

ERICH KÄSTNER

... wurde 1899 als Sohn eines Handwerkers geboren. Das Einkommen der Eltern war so gering, dass sie ein Zimmer der Berliner Wohnung untervermieten mussten. Alle Untermieter waren Lehrer – ein Glücksfall für den Volksschüler Erich, denn er verdankte ihnen viele Anregungen. Auf Umwegen machte Erich Kästner Abitur, er erhielt ein Studienstipendium[1] in Leipzig, machte 1925 das Doktorexamen und wurde 1928 durch den Kinderroman „Emil und die Detektive" weit über Deutschland hinaus bekannt. Weitere Erfolge schlossen sich an mit „Pünktchen und Anton" und „Der 35. Mai". Während der nationalsozialistischen Diktatur war Erich Kästner in Deutschland ein „verbotener Autor", seine Bücher landeten bei den öffentlichen Bücherverbrennungen von 1933 auf dem Scheiterhaufen. Nach 1945 lebte er in München, arbeitete als Journalist[2], Schriftsteller und Lyriker[3]. Erich Kästner starb am 29. Juli 1974.

Erich Kästner

Pünktchen Pogge und Herr Bremser

Der Kinderroman „Pünktchen und Anton" erschien im Jahre 1931. In dem folgenden Ausschnitt versucht Pünktchen Pogge ein Problem zu lösen. Anton, ihr Freund, ist in der Rechenstunde eingeschlafen und jetzt droht ihm ein schriftlicher Tadel. Pünktchen will das verhindern und lässt sich von einem Lehrer ins Konferenzzimmer zu Antons Mathematiklehrer bringen.

Sie folgte ihm und sie kamen in ein großes Zimmer mit vielen Stühlen. Auf jedem der vielen Stühle saß ein Lehrer und Pünktchen kriegte bei diesem schauerlich schönen Anblick Herzklopfen. Ihr Begleiter führte sie ans Fenster, dort lehnte ein alter, dicker Lehrer mit einer uferlosen Glatze. „Bremser", sagte Pünktchens Begleiter, „darf ich dir Fräulein Pogge vorstellen? Sie will dich sprechen." Dann ließ er die beiden allein. „Du willst mich sprechen?", fragte Herr Bremser.

1 **Stipendium:** Studienbeihilfe
2 **Journalist:** jemand, der beruflich für Presse, Funk oder Fernsehen schreibt
3 **Lyriker:** jemand, der Gedichte schreibt

15 „Jawohl", sagte sie. „Sie kennen doch den Anton Gast?"

„Er geht in meine Klasse", erklärte Herr Bremser und guckte aus dem Fenster.

„Eben, eben", meinte Pünktchen 20 befriedigt. „Ich sehe schon, wir verstehen uns."

Herr Bremser wurde langsam neugierig. „Also, was ist mit dem Anton?"

„In der Rechenstunde eingeschlafen 25 ist er", erzählte Pünktchen. „Und seine Schularbeiten gefallen Ihnen leider auch nicht mehr."

Herr Bremser nickte und meinte: „Stimmt." Inzwischen waren noch ein 30 paar andere Lehrer hinzugetreten, sie wollten hören, was es gebe.

„Entschuldigen Sie, meine Herren", sagte Pünktchen, „wollen Sie sich bitte wieder auf Ihre Plätze begeben? Ich 35 muss mit Herrn Bremser unter vier Augen sprechen." Die Lehrer lachten und setzten sich wieder auf ihre Stühle. Aber sie sprachen fast gar nicht mehr und spitzten die Ohren.

„Ich bin Antons Freundin", sagte 40 Pünktchen. „Er hat mir erzählt, Sie wollten, wenn das so weiterginge, seiner Mutter einen Brief schreiben."

„Stimmt. Heute hat er sogar während der Geographiestunde ein Oktavheft[4] 45 aus der Tasche gezogen und darin gerechnet. Der Brief an seine Mutter geht heute noch ab."

Pünktchen hätte gern einmal probiert, ob man sich in der Glatze von Herrn 50 Bremser spiegeln konnte, aber sie hatte jetzt keine Zeit. „Nun hören Sie mal gut zu", sagte sie. „Antons Mutter ist sehr krank. Sie war im Krankenhaus, dort hat man ihr eine Pflanze heraus- 55 geschnitten, nein, ein Gewächs, und nun liegt sie seit Wochen zu Haus im Bett und kann nicht arbeiten."

„Das wusste ich nicht", sagte Herr Bremser. 60

„Nun liegt sie also im Bett und kann nicht kochen. Aber jemand muss doch kochen! Und wissen Sie, wer kocht? Anton kocht. Ich kann Ihnen sagen, Salzkartoffeln, Rührei und solche Sa- 65 chen, einfach großartig!"

„Das wusste ich nicht", antwortete Herr Bremser.

„Sie kann auch seit Wochen kein Geld verdienen. Aber jemand muss doch 70 Geld verdienen. Und wissen Sie, wer das Geld verdient? Anton verdient das Geld. Das wussten Sie nicht, natürlich." Pünktchen wurde ärgerlich. „Was wissen Sie denn eigentlich?" 75 Die anderen Lehrer lachten. Herr Bremser wurde rot, über die ganze Glatze weg.

4 **Oktavheft**: Notizheft, etwa im Format einer Postkarte

„Und wie verdient er denn das Geld?",
80 fragte er.

„Das verrate ich nicht", meinte Pünktchen. „Ich kann Ihnen nur so viel sagen, dass sich der arme Junge Tag und Nacht abrackert. Er hat seine Mutter
85 gern und da schuftet er und kocht und verdient Geld und bezahlt das Essen und bezahlt die Miete, und wenn er sich die Haare schneiden lässt, bezahlt er's ratenweise. Und es wundert mich
90 überhaupt, dass er nicht während Ihres ganzen Unterrichts schläft." Herr Bremser stand still. Die anderen Lehrer lauschten. Pünktchen war in voller Fahrt. „Und da setzen Sie sich hin und
95 schreiben seiner Mutter einen Brief, dass er faul wäre, der Junge! Da hört sich doch Verschiedenes auf. Die arme Frau wird gleich wieder krank vor Schreck, wenn Sie den Brief schicken.
100 Vielleicht kriegt sie Ihretwegen noch ein paar Gewächse und muss wieder ins Krankenhaus! Dann wird der Junge aber auch krank, das versprech ich Ihnen! Lange hält er dieses Leben nicht
105 mehr aus."

Herr Bremser sagte: „Schimpf nur nicht so sehr. Warum hat er mir denn das nicht erzählt?"

„Da haben Sie Recht", meinte Pünktchen. „Ich habe ihn ja auch gefragt, 110 und wissen Sie, was er gesagt hat?"

„Na?", fragte der Lehrer. Und seine Kollegen waren wieder von den Stühlen aufgestanden und bildeten um das kleine Mädchen einen Halbkreis. 115

„Lieber beiß ich mir die Zunge ab, hat er gesagt", berichtete Pünktchen. „Wahrscheinlich ist er sehr stolz."

Herr Bremser stieg von seinem Fensterbrett herunter. „Also gut", sagte er, 120 „ich werde den Brief nicht schreiben."

„Das ist recht", sagte Pünktchen. „Sie sind ein netter Mensch. Ich dachte mir's gleich und vielen Dank."

Der Lehrer brachte sie zur Tür. „Ich 125 danke dir auch, mein Kind."

„Und noch eins", sagte Pünktchen. „Ehe ich's vergesse. Erzählen Sie dem Anton ja nicht, dass ich Sie besucht habe." 130

„Keine Silbe", meinte Herr Bremser und streichelte ihr die Hand. Da klingelte es. Der Unterricht begann wieder. Pünktchen sauste die Treppe hinunter, stieg zu Herrn Hollack ins Auto und 135 fuhr nach Hause. Während der ganzen Fahrt wippte sie auf dem Sitzpolster und sang vor sich hin.

1   Was ist in deinen Augen dafür ausschlaggebend, dass Pünktchen Pogge Herrn Bremser umstimmen kann?
2   Einer der Kollegen spricht Herrn Bremser an, nachdem Pünktchen das Lehrerzimmer verlassen hat. Denke dir ein Gespräch zwischen den beiden aus.

Schulerinnerungen

Erich Kästner

Der zwiefache Herr Lehmann

In seinem Buch „Als ich ein kleiner Junge war" (1957) erinnert sich Erich Kästner an seinen Klassenlehrer aus dem fünften Schuljahr. Lehrer Lehmann war überaus anspruchsvoll und streng. Auch von dem Rohrstock, der damals noch erlaubt war, machte er häufig Gebrauch.

Dieser Herr Lehmann war ein tüchtiger Mann, ein fleißiger Mann, ein gescheiter Mann, der aus uns tüchtige, fleißige und gescheite Schüler machen
5 wollte. Sein Ziel war vortrefflich. Der Weg dahin war abscheulich. Der tüchtige, fleißige und gescheite Mann war kein guter, sondern er war überhaupt kein Lehrer. Denn ihm fehlte die wich-
10 tigste Tugend des Erziehers, die Geduld. Ich meine nicht jene Geduld, die an Gleichgültigkeit grenzt und zum Schlendrian führt, sondern die andere, die wahre Geduld, die sich aus Ver-
15 ständnis, Humor und Beharrlichkeit zusammensetzt. Er war kein Lehrer, sondern ein Dompteur mit Pistole und Peitsche. Er machte das Klassenzimmer zum Raubtierkäfig.
20 Wenn er nicht im Käfige stand, nicht vor dreißig jungen und faulen, verschlagnen und aufsässigen Raubtieren, war er ein anderer Mensch. Dann kam der eigentliche Herr Lehmann
25 zum Vorschein und eines Tages lernte ich ihn kennen. Eines Tages und einen ganzen Tag lang. Damals stand schon fest, dass drei seiner Schüler dem unheimlichen Rohrstock ein ganzes Jahr

vor der Konfirmation entrinnen wür- 30
den: Johannes Müller, mein Freund Hans Ludewig und ich selber.
Wir hatten die Aufnahmeprüfung für die Präparanda, so nannte sich die dem Seminar angegliederte Vorbereitungs- 35
klasse, mit Glanz und Ehre bestanden. Die Herren Professoren hatten unsre Kenntnisse offenkundig bestaunt. Sie wussten ja nicht, welchem Tierbändiger wir unsere Künste verdankten, und 40
so war ihr Lob an die falsche Adresse geraten, an die Zöglinge statt an den Zuchtmeister. Immerhin, auch er schien auf das Resultat stolz zu sein und sein Rohrstock machte seitdem 45
um uns drei einen Bogen.
Während einer Frühstückspause trat er im Schulhof zu mir und fragte obenhin: „Willst du am Sonntag mit mir in die Sächsische Schweiz fahren?" Ich 50
war verdutzt. „Am Abend sind wir wieder zurück", meinte er. „Grüß deine Eltern und frag sie um Erlaubnis! Wir treffen uns Punkt acht Uhr in der Kuppelhalle des Hauptbahnhofs." – 55
„Gern", sagte ich verlegen. – „Und bring deine Turnschuhe mit!" – „Die Turnschuhe?" – „Wir werden ein bisschen klettern." – „Klettern?" – „Ja, in den Schrammsteinen. Es ist nicht ge- 60
fährlich." Er nickte mir zu, biss in sein Frühstücksbrot und ging davon. Die Kinder wichen vor ihm zurück, als sei er ein Eisbrecher. „Was wollte er denn?", fragte mein Freund Ludewig. 65
Und als ich es ihm erzählt hatte,

schüttelte er den Kopf. Dann sagte er: „Das kann ja gut werden! In deinem Rucksack die Turnschuhe und in seinem der Rohrstock!"

[...]

Lehrer Lehmann war zwar, was ich vorher nicht gewusst hatte, ein Meister der Kletterkunst und kannte die Felsen ringsum in- und auswendig und wie seine Westentasche. Außerdem hatte er mich durch taktische[1] Zurufe gelenkt und ein paar Mal angeseilt. Doch bis auf eine gemütliche Kaminstrecke[2] hatte ich seiner Fassadenkletterei in Gottes freier Natur nichts abgewinnen können. Meine Angst hatte mir nicht den geringsten Spaß gemacht. Und auch der Gipfelblick bereitete mir, so reizvoll er sein mochte, keine ungetrübte Freude. Denn ich dachte insgeheim an den Rückweg und befürchtete, dass er noch schwieriger sein werde als der Aufstieg. Ich hatte Recht.

Stubenfliegen sind, mindestens an senkrechten Wänden, besser dran als wir, insbesondere beim Abstieg. Sie klettern mit dem Kopfe voran zu Tale. Das kann der Mensch nicht. Er behält an senkrechten Wänden auch beim Hinunterklettern den Kopf oben. Seine gesamte Aufmerksamkeit verlagert sich in die Füße, die, blind und zentimeterweise, nach unten tasten und den nächsten Halt suchen. Wenn dann dieser nächste schmale Sims aus porösem[3] und verwittertem Sandstein unter dem Schuh wegbröckelt und der Fuß in der Luft hängt, bleibt, glücklicherweise nur für kurze Zeit, das Herz

stehen. In solchen Momenten liegt die Gefahr nahe, dass man den Kopf senkt, weil die Augen den Zehen beim Suchen helfen wollen. Diese Gefahr ist nicht zu empfehlen.

Ich erinnere mich noch heute, wie mir zumute war, als ich die Wand hinunterblickte. Tief und senkrecht unter mir sah ich, klein wie Puppenspielzeug, unsere Jacken und Rucksäcke an einem zwirndünnen Wege liegen und ich presste vor Schreck die Augen zu. Mir wurde schwindlig. Es brauste in den Ohren. Mein Herz stand still. Endlich besann es sich auf sein altes Geschäft. Es begann wieder zu schlagen. Dass ich schließlich drunten, neben unseren Rucksäcken, lebend eintraf, ist unter anderem daraus ersichtlich, dass ich jetzt, im Jahre 1957, davon berichte. Zu behaupten, mein Leben habe damals an einem Faden gehangen, träfe nicht ganz zu. Denn es war kein Faden da.

Als wir, am Fuße des Felsens, unsere Stiefel und Jacken angezogen hatten, zeigte mir Herr Lehmann auf einer Landkarte, welche Gipfel er noch nicht erklettert hatte. Ihre Zahl war nicht der Rede wert. Bei ihnen sei das Risiko zu groß, meinte er, und man dürfe nicht mit seinem Leben spielen. Wir schulterten unsere Rucksäcke. „Und sonst", fragte ich, „wandern Sie immer allein?" Er versuchte zu lächeln. Das war gar nicht so einfach, denn er hatte darin keine rechte Übung. „Ja", sagte er. „Ich bin ein einsamer Wandersmann."

[...]

Als ich mich an der Augustusbrücke für den schönen Tag bedankte, versuchte

1 **taktisch:** geschicktes Vorgehen betreffend
2 **Kamin:** hier steile und enge Felsspalte
3 **porös:** durchlässig

er wieder zu lächeln, und diesmal gelang es ihm fast. „Ich wäre ein ganz brauchbarer Hofmeister geworden", meinte er, „ein Hauslehrer und Reisemarschall für drei, vier Kinder. Das brächte ich zu Wege. Doch dreißig Schüler, das sind für mich fünfundzwanzig zu viel." Damit ging er. Ich sah hinter ihm drein.

Plötzlich blieb er stehen und kam zurück. „Die Kletterpartie war ein großer Fehler", sagte er. „Ich habe um dich mehr Angst gehabt als du selber." – „Es war trotzdem ein schöner Tag, Herr Lehmann." – „Dann ist es ja gut, mein Junge." Und nun ging er wirklich, der einsame Wandersmann. Er ging allein. Er wohnte allein. Er lebte allein. Und er hatte fünfundzwanzig Schüler zu viel.

1   Der Autor sagt über Herrn Lehmann, er sei eigentlich „überhaupt kein Lehrer" gewesen. Wie begründet er das?
2   Lasst euch von euren Eltern und Großeltern über ihre Erinnerungen an die Schulzeit erzählen. Woran erinnern sie sich besonders gut?

Heinrich Spoerl

Der Stift

Eine Türklinke besteht aus zwei Teilen, einem positiven und einem negativen. Sie stecken ineinander, der kleine, wichtige Stift hält sie zusammen. Ohne ihn zerfällt die Herrlichkeit.

Auch die Türklinke an der Obertertia ist nach diesem bewährten Grundsatz konstruiert.

Als der englische Lehrer um zwölf in die Klasse kam und mit der ihm gewohnten konzentrierten Energie die Tür hinter sich schloss, behielt er den negativen Teil der Klinke in der Hand. Der positive flog draußen klirrend auf den Gang.

Mit dem negativen Teil kann man keine Tür öffnen. Die Tür hat nur ein viereckiges Loch. Der negative Teil desgleichen.

27

Die Klasse hatte den Atem angehalten und bricht jetzt in unbändiger Freude los. Sie weiß, was kommt. Nämlich römisch eins: eine ausführliche Unter-

25 suchung, welcher schuldbeladene Schüler den Stift herausgezogen hat. Und römisch zwei: technische Versuche, wie man ohne Klinke die Tür öffnen kann. Damit wird die Stunde he-
30 rumgehen.
Aber es kam nichts. Weder römisch eins noch römisch zwei. Professor Heimbach war ein viel zu erfahrener Pädagoge um sich ausgerechnet mit
35 seiner Obertertia auf kriminalistische Untersuchungen und technische Probleme einzulassen. Er wusste, was man erwartete, und tat das Gegenteil:
„Wir werden schon mal wieder heraus-
40 kommen", meinte er gleichgültig. „Mathiesen, fang mal an. Kapitel siebzehn, zweiter Absatz."
Mathiesen fing an, bekam eine Drei minus. Dann ging es weiter; die Stunde
45 lief wie jede andere. Die Sache mit dem Stift war verpufft. – Aber die Jungs waren doch noch schlauer. Wenigstens einer von ihnen. Auf einmal steht

der lange Klostermann auf und sagt, er muss raus. 50
„Wir gehen nachher alle."
Er muss aber trotzdem.
„Setz dich hin!"
Der lange Klostermann steht immer noch; er behauptet, er habe Pflaumen- 55
kuchen gegessen und so weiter.
Professor Heimbach steht vor einem Problem. Pflaumenkuchen kann man nicht widerlegen. Wer will die Folgen auf sich nehmen? Der Professor gibt 60
nach. Er stochert mit seinen Hausschlüsseln in dem viereckigen Loch an der Tür herum. Aber keiner lässt sich hineinklemmen.
„Gebt mal eure Schlüssel her." Merk- 65
würdig, niemand hat einen Schlüssel. Sie krabbeln geschäftig in ihren Hosentaschen und feixen.
Unvorsichtigerweise feixt auch der Pflaumenkuchenmann. Professor Heim- 70
bach ist Menschenkenner. Wer Pflaumenkuchen gegessen hat und so weiter, der feixt nicht.
„Klostermann, ich kann dir nicht helfen. Setz dich ruhig hin. Die Rechnung 75
kannst du dem schicken, der den Stift auf dem Gewissen hat. – Klebben, lass das Grinsen und fahr fort."
Also wieder nichts. Langsam, viel zu langsam wird es ein Uhr. Es schellt. Die 80
Anstalt schüttelt ihre Insassen auf die Straße. Die Obertertia wird nicht erlöst: Sie liegt im dritten Stock am toten Ende eines langen Ganges.
Professor Heimbach schließt den Un- 85
terricht und bleibt auf dem Katheder. Die Jungens packen ihre Bücher: „Wann können wir gehen?"
„Ich weiß es nicht, wir müssen eben warten." 90

Warten ist nichts für Jungens. Außerdem haben sie Hunger. Der dicke Schrader hat noch ein Butterbrot und kaut mit vollen Backen; die anderen kauen betreten an ihren Bleistiften.

„Können wir nicht vielleicht unsere Hausarbeit machen?"

„Nein! Erstens werden Hausarbeiten, wie der Name sagt, zu Hause gemacht. Und zweitens habt ihr fünf Stunden hinter euch und müsst eure zarte Gesundheit schonen. Ruht euch aus; meinethalben könnt ihr schlafen."

Schlafen in den Bänken hat man genügend geübt. Es ist wundervoll. Aber es geht nur, wenn es verboten ist. Jetzt, wo es empfohlen wird, macht es keinen Spaß und funktioniert nicht.

Eine öde Langeweile kriecht durch das Zimmer. Die Jungens dösen. Der Professor hat es besser; er korrigiert Hefte.

Kurz nach zwei kamen die Putzfrauen, die Obertertia konnte nach Hause und der lange Klostermann, der das mit dem Stift gemacht hatte und sehr stolz darauf war, bekam Klassenhiebe.

1 Erkläre, warum die Masse sich zunächst über den Streich des langen Klostermann freut, ihm schließlich aber Klassenhiebe verabreicht.

2 Professor Heimbach erzählt am nächsten Tag im Lehrerzimmer einem befreundeten Kollegen von dem Streich. Was könnte er gesagt haben?

3 Lasst euch einmal von euren Eltern oder Großeltern erzählen, wie es in ihrer Schulzeit war.

Peter Weiss

Nicht versetzt

Ich kam mit dem Schulzeugnis nach Hause, in dem ein schrecklicher Satz zu lesen war, ein Satz, vor dem mein ganzes Dasein zerbrechen wollte. Ich
5 ging mit diesem Satz große Umwege, wagte mich nicht mit ihm nach Hause, sah immer wieder nach, ob er nicht plötzlich verschwunden war, doch er stand immer da, klar und deutlich. Als
10 ich schließlich doch nach Hause kam, weil ich nicht die Kühnheit hatte, mich als Schiffsjunge nach Amerika anheuern zu lassen, saß bei meinen Eltern Fritz W. Was machst du denn für
15 ein betrübtes Gesicht, rief er mir zu. Ist es ein schlechtes Zeugnis?, fragte meine Mutter besorgt, und mein Vater blickte mich an, als sehe er alles Unheil der Welt hinter mir aufgetürmt. Ich
20 reichte das Zeugnis meiner Mutter hin, aber Fritz riss es mir aus der Hand und las es schon und brach in schallendes Gelächter aus. Nicht versetzt, rief er und schlug sich mit seiner kräftigen Hand auf die Schenkel. Nicht versetzt, 25 rief er noch einmal, während meine Eltern abwechselnd ihn und mich verstört anstarrten, und zog mich zu sich heran und schlug mir auf die Schultern. Nicht versetzt, genau wie ich, rief 30 er, ich bin viermal sitzen geblieben. Damit war die Todesangst zerstäubt, alle Gefahr war vergangen. Aus den verwirrten Gesichtern meiner Eltern konnte sich keine Wut mehr hervorar- 35 beiten, sie konnten mir nichts mehr vorwerfen, da ja Fritz W., dieser tüchtige und erfolgreiche Mann, alle Schuld von mir genommen hatte und mich dazu noch besonderer Ehrung 40 für würdig hielt.

1 Probiert aus, wie man diesen Erzähltext in Absätze untergliedern kann.
2 Nicht versetzt. – Diese beiden Wörter spielen in der Geschichte eine besondere Rolle. Was fällt dir auf?
3 Später wieder allein mit Fritz W., haben die Eltern mit dem Gast ein Gespräch „unter sechs Augen". Schreibt oder spielt diese Unterredung.

Stelle eine Schülerin oder einen Schüler vor, die bzw. den du besonders magst.

Liebe Gertie,

vielen Dank für deinen Feriengruß aus Braunlage. Du willst wissen, wie es mir in der neuen Schule gefällt? Da kann ich dir allerhand erzählen.

In dem Gymnasium geht es ganz anders zu als früher auf der Grundschule ...

Was gefällt euch nicht an eurem Klassenzimmer?

Schlagt vor, was man besser machen könnte:
1. ...
2. ...
3. ...
4. ...
5. ...

Meine Erinnerungen an Schulerlebnisse

Ihr findet auf Seite 16 und Seite 18 Schulsituationen abgebildet. Erzählt Geschichten dazu.

Jan Procházka

Was für eine verrückte Familie

Jetzt habe ich wieder meine Lieben bei mir. Sie stehen an meinem Bett, ernst und feierlich wie auf einem Familienfoto. Alle vier tragen Brillen, alle haben wir schlechte Augen, das ist das Einzige, was uns tatsächlich miteinander verbindet. Das Familienoberhaupt ist Mami. Paps hat nichts dagegen. Er behauptet, Naturkräften zu trotzen sei hoffnungslos. Mami ist schön, Paps klug.

Unsere Oma könnte gleichzeitig unser Opa sein; auf der Oberlippe wächst ihr ein dünnes, aber ausdrucksvolles Bärtchen. Wenn Oma sich neue Dauerwellen legen lässt, rüstet sie zu einer Geschichtsexkursion[1] nach Böhmisch-Krummau, auf die Burg Krivoklat oder die Ruine Bösig. Tatsächlich aber fährt sie zu einem alleinstehenden Herrn in Nachod, zu einem andern in Karlsbad oder zu einem dritten in Brod. Im Hinblick auf ihr Alter tadeln wir sie deswegen nicht mehr.

Der Schmollmund am Fußende des Bettes, dieses hoffnungslos stupide[2] Gesicht mit den gemalten Augenbrauen und der grässlichen Frisur, das ist meine ältere Schwester Suse. Eine irre Biene! Zehnmal in der Minute greift sie nach ihren Locken, ewig hält sie einen Spiegel in der Hand. Suse befindet sich gerade in einem kritischen Alter. Sie kann es kaum erwarten, bis sie verdor-

1 **Exkursion:** Ausflug
2 **stupide:** dumm, langweilig

ben sein wird. Bestimmt nimmt es noch einmal ein schlimmes Ende mit ihr!

Und ich, die Jüngste der Familie, liege in dickem Gips da, umgeben von meinen Lieben, die in der ständigen Angst leben, dass ich mich eines Tages erschlage.

Diesmal bin ich unter einen Bagger gefallen. Auch der Kopf, sogar die Nase stecken im Verband. Nur Mund und Augen gucken raus. Ich versuche ihnen zuzulächeln. Um sie auf andere Gedanken zu bringen. Sie blicken nämlich unglaublich ernst drein. Wirklich, meine Lieben haben wenig Humor!

„Jana, Jana!", flüstert Mami mit tränenerstickter Stimme neben meinem Kopfkissen.

„Ach, du lieber Gott!", jammert Oma. „Tut's weh?", fragt Paps überflüssigerweise. Seine nassen Augen schwimmen wie traurige Fischchen. Natürlich sage ich nein. Einige meiner Gefühle behalte ich für mich. Lieber kaspere ich ihnen etwas vor, mit dem Mund und mit den Augen. Besonders überzeugt habe ich sie mit diesem albernen Getue wohl nicht, denn sie machen noch immer die gleichen Leichenbittermienen.

Aber schon klingelt es. Ende der Besuchszeit! Sie verabschieden sich schnell und jeder gibt mir noch einen Kuss auf den Gips.

„Dir geht's gut!", flüstert mir meine

33

Schwester zu. Sie meint es ganz im Ernst. Das ist bezeichnend für ihre Einstellung zum Leben, eigentlich eher zur Schule. Suse hat freilich weder genügend Mut noch Fantasie sich etwas Ähnliches zu leisten.

„Grüß deine dummen Gänse von mir!", sage ich. Statt zu antworten, macht sie einen Schmollmund und schreitet geziert aus dem Krankenzimmer. Kaum sind sie weg, stehe ich auf. Samt den vielen Kilo Gips.

Die Kinder in den Betten schreien: „Mach keinen Quatsch!" „Schwester! Schwester!"

Jemand drückt auf die Klingel zum Schwesternzimmer. Mir ist das egal. Ich humple bis zum Fenster um sie zu sehen, wenn sie aus dem Spital kommen. Eigentlich weiß ich gar nicht, warum ich an dieser verrückten Familie so hänge. Ich stelle mich so hin, dass sie mich nicht sehen können. Die Gipsmasse lehne ich gegen die Wand, das tut ein wenig weh, doch ich beiße die Lippen zusammen. Jetzt sehe ich sie schon! Als Erste kommt Mami, dann Oma. Beide haben den gleichen Gang, beide zupfen sich eben mit der gleichen Rumpfbeuge die Strümpfe zurecht. Suse überholt sie und läuft natürlich schnurstracks zum Spiegel im Schaufenster des Friseurs gegenüber. Sie klemmt ihre Schultasche zwischen die Knie und fummelt an ihren Haaren. Von weitem sieht sie noch erträglich aus. Beinahe gerührt blicke ich ihr nach. Paps ist seelenruhig mitten auf der Fahrbahn stehen geblieben, beinahe hätte ihn ein Motorrad überfahren. Seine Augen suchen jetzt mein

Fenster. Er nimmt die Brille ab und putzt sie mit dem Taschentuch. Und wieder blinzelt er in meine Richtung, aber er kann mich nicht sehen. Auf gut Glück also hebt er die Hand und winkt. Mami geht indessen energischen Schrittes um unser vorsintflutliches Auto herum und kickt in die Reifen um zu sehen, ob sie genug Luft haben. Dann zieht sie ihren Rock bis zu den Schenkeln hoch und schiebt sich hinters Steuer. Denn unser Auto fährt Mami, und nicht einmal am allerschlechtesten. Es soll eine Frau in Prag geben, die noch schlechter fährt ...

Mami hat bereits gestartet und der Wagen hüpft wie ein Frosch vorwärts. Das ist ihre übliche Fahrweise. Vor dem Spital muss sie wenden. Natürlich fährt sie dabei auf den Gehsteig. Den Rückwärtsgang mag sie nämlich gar nicht. Aber schon ist sie wieder auf dem Fahrweg und alles ist in Ordnung. Abgesehen davon, dass ich heule. Ich stelle mir nämlich vor, wie sie dort im Auto sitzen – ohne mich. Wie blödsinnig heule ich in meinen Gips hinein. Zufällig sehe ich in der Fensterscheibe mein verflenntes Gesicht und plötzlich muss ich lachen. Ja, ich brülle fast vor Lachen, so verrückt bin ich! Aber dann ist es nicht mehr komisch. Krankenschwestern stürzen ins Zimmer und schleppen mich ins Bett zurück.

„Bist du irre?", schimpft die eine.

„Mich trifft der Schlag!", ruft die andere, eine ganz Dicke.

„Das gewöhn dir gefälligst ab, hörst du?"

1   Das ist das erste Kapitel des Buchs „Was für eine verrückte Familie". Der Verlag kündigt es als heitere Familiengeschichte an.
Wie werden Jana und ihre Familie vorgestellt?

Christine Nöstlinger

Rat und Schlag von Tante Olga

Liebe Tante Olga,
woran erkennt man, wer in der Familie
das Oberhaupt ist?
Dies will wissen
5   *dein Felix*

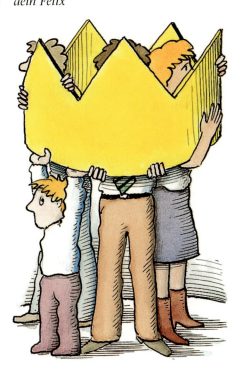

Lieber Felix,
allgemein gilt: Der Vater hält sich dafür, die Mutter ist es!
Andersherum kann es aber auch sein.
Es gibt etliche Tricks das Oberhaupt   10
rauszufinden. Etwa: wer den ganzen
Abend die TV-Fernbedienung in der
Hand hält! Wer sich dreimal die Woche Sauerkraut mit Blutwurst als Mittagessen bestellen kann, obwohl außer   15
ihm niemand diese Speise mag! Und
dergleichen mehr.
Wer schreit und herumbrüllt, kann
auch ein „Schein-Oberhaupt" sein, das
in Wirklichkeit harmlos ist und nichts   20
zu melden hat.
Probier doch einmal Folgendes aus:
Frag alle deine Familienmitglieder, ob
sie sich als Oberhaupt fühlen. Falls nur
dein kleiner Bruder die Frage mit „ja"   25
beantwortet, dann gehört ihr zu einer
Minderheit. Aber damit lässt sich leben.
Deine
Tante Olga   30

1   Wie würdet ihr Felix' briefliche Anfrage beantworten?
2   Stellt euch vor: Felix ist mit der Antwort noch nicht ganz zufrieden. Er schreibt erneut an Tante Olga. Was will er genauer wissen? Und wie könnte Tante Olga darauf antworten?

David Henry Wilson

Der Elefant auf Papas Auto

„Mama", sagte Jeremy James, „auf Papas Auto sitzt ein Elefant." „Ja, mein Junge", sagte die Mama, die Augen auf den Händen, die Hände auf dem Teig, der Teig auf dem Tisch. „Mama, warum sitzt der Elefant auf Papas Auto?" „Ich nehme an, er ist müde. Wahrscheinlich steht er bald wieder auf und geht weiter." „Er sitzt immer noch da", sagte Jeremy James zwei Minuten später. „Er ist noch nicht aufgestanden. Das Auto hat sich hingesetzt, aber der Elefant ist nicht aufgestanden. Mama, meinst du, ich soll Papa Bescheid sagen?" „Nein, lass deinen Vater in Ruhe", sagte die Mama, „du weißt, er kann es nicht leiden, wenn man ihn bei der Arbeit stört." „Papa sieht Fußball im Fernsehen." „Wenn Papa sagt, er arbeitet, dann arbeitet er." „Aber ein Elefant sitzt auf seinem Auto!", sagte Jeremy James. Mama drückte Sultaninen in den Teig, als Augen und Nasen. „Und dem Auto gefällt das nicht", sagte Jeremy James. „Jeremy James", sagte die Mama, „Elefanten sitzen nicht auf Autos." „Dieser aber doch." „Elefanten sitzen nicht auf Autos. Wenn Mama sagt, Elefanten sitzen nicht auf Autos, dann sitzen Elefanten nicht auf Autos." „Aber …" „Schluss jetzt. Spiel mit deiner Eisenbahn!" Jeremy James setzte sich auf den Teppich und spielte mit seiner Eisenbahn und dachte an den Elefanten auf Papas Auto und daran, wie stur Mamas manchmal sein können, wenn sie wollen, und wie er, wenn er eine Mama

wäre und sein Sohn sagte, ein Elefant sitzt auf Papas Auto, sagen würde: „Was bist du für ein kluger Junge!" und „Danke, dass du's mir gesagt hast!" und „Hier, kauf dir ein Eis!" – anstatt bloß „Elefanten sitzen nicht auf Autos".

„Tor!", sagte das Fernsehen im Wohnzimmer. „Tor!", sagte der schwer arbeitende Papa. Und der Elefant saß immer noch auf Papas Auto. „Mama", sagte Jeremy James, denn es hatte sich etwas Neues ergeben. „Mama, der Elefant hat gerade sein großes Geschäft auf Papas Auto gemacht."

Aber Mamas Gesicht zuckte bloß wie ein Elefantenohr, das eine Fliege abschüttelt, und sie sagte nichts. „Donnerwetter! Und was für ein großes Geschäft! Mama, sieh mal, so ein großes Geschäft! Mama, warum machen Elefanten so ein großes Geschäft? Ich kann kein so großes Geschäft machen. Meins ist nicht mal ein Tausendstel! Was für ein großes Geschäft!" „Jeremy James, wenn du nicht aufhörst, gehst du sofort ins Bett. Spiel jetzt mit deiner Eisenbahn und hör mit dem Elefanten auf und vor allem mit diesem großen Geschäft. Hast du gehört?" „Ja, Mama." Kein großes Geschäft! Als ob ein großes Geschäft etwas Unnatürliches oder etwas Ungesundes ist! Man brauchte nur daran zu denken, was passiert, wenn man sein großes Geschäft nicht machte. Dann hieß es: „Jeremy James, hast du dein großes Geschäft gemacht? Du hast dein große

Geschäft noch nicht gemacht? Du bleibst so lange sitzen, bis du es gemacht hast." Aber wenn man sagt, ein
80 Elefant hat sein großes Geschäft auf Papas Auto gemacht, dann ist es plötzlich unanständig. Warum sind die Erwachsenen mal so und mal so? Jeremy James spielte mit seiner Eisenbahn. Je-
85 remy James sah aus dem Fenster. Der Elefant war weg. „Mama", sagte Jeremy James. „Was ist jetzt?", sagte die Mama, halb im Backofen, halb vor dem Backofen. „Der Elefant ist weg."
90 „Hm." Das war ein typisches Erwachsenenwort: Hm. Es war nur für Erwachsene und bedeutete, was ihnen gerade passte. Jeremy James hatte einmal selber ein Hm versucht. Die Mama hatte
95 gesagt: „Hast du dein großes Geschäft schon gemacht?" (da war großes Geschäft einmal nicht unanständig), und

er hatte „hm" gemacht, weil die Erwachsenen meistens hm zu unangenehmen Fragen machten, wie z.B:
100 „Kaufst du mir heute etwas Schönes?" oder „Warum kriege ich nicht auch so ein Rennauto wie Timothy?" Jeremy James konnte aber offensichtlich nicht richtig hm machen, weil die Mama
105 nämlich sagte: „Sprich ordentlich!", obwohl er doch ganz ordentlich „hm" gesagt hatte. Papa kam aus dem Wohnzimmer, das Gesicht so lang wie ein Elefantenrüssel. „Verloren", sagte
110 Papa, „ganz zum Schluss. Ein Eigentor." Und dann lehnte sich Papa an den Türrahmen der Küchentür, wie er es immer tat, wenn er gearbeitet hatte (manchmal auch, wenn er arbeitete),
115 und sah Mama bei der Arbeit zu, weil er wohl aufpassen wollte, dass sie auch alles richtig machte.

Jeremy James hatte auch mal versucht sich an den Türrahmen zu lehnen und wie Papa zu sagen (das war meistens sein letzter Satz): „Dauert es noch lange, Mama?" Aber anstelle des üblichen Hm hatte Mama „Jetzt fang du nicht auch noch an!" gesagt und ihn zum Spielen mit der Eisenbahn fortgeschickt, die ihm sowieso längst über war. „Dauert es noch lange?", sagte Papa. „Hm", sagte Mama. „Jetzt fang du nicht auch noch an!", sagte Jeremy James ganz ruhig. „Ein Eigentor", sagte Papa, „ganz zum Schluss." „War das Tor ein großes Geschäft?", fragte Jeremy James. „Ich weiß nicht, was mit dem Kind los ist", sagte Mama. Papa richtete sich mit dem Ellenbogen in der Tür auf, nahm eine Hand aus der Tasche („Nimm die Hände aus den Taschen, Jeremy James!"), gähnte und verkündete: „Ich glaube, ich wasch jetzt das Auto." Mama sagte nicht: „Vor dem Tee lohnt es sich nicht mehr", obwohl Papa ziemlich lange auf diesen Satz wartete. Schließlich ging Papa aus der Küche, durchs Wohnzimmer in den Flur, machte die Haustür auf und ging aus dem Haus. Jeremy James stand am Fenster und überlegte, welche neuen Ausdrücke Papa wohl gebrauchen würde. Papa gebrauchte überhaupt keine Ausdrücke. Papas Kinnlade sackte herab und dann kam Papa zurück ins Haus, durch die Haustür, den Flur, das Wohnzimmer, und hielt sich am Türrahmen der Küchentür fest.

„Das Auto!", sagte Papa. Dann ging sein Mund ein paar Mal auf und zu, als ob man ihn gerade aus dem Wasser gezogen hätte. „Das Auto!", sagte er noch einmal. „Was ist mit dem Auto?", fragte Mama und strich Handcreme auf das Brot. „Es ist völlig hin! Es ... es ist völlig hin! Es sieht aus, als wäre es zusammengequetscht worden! Total zusammengequetscht!" „O John", sagte Mama, die nur dann John zu Papa sagte, wenn sie sehr aufgeregt war oder wenn sie Geld von ihm wollte. „O John ... ist es etwa auch ... ist es etwa auch ... ganz ... voll Mist?" „Ja", sagte Papa, „und wie! So etwas habe ich noch nicht gesehen. Eine ganze Kuhherde muss auf dem Ding herumgetrampelt sein!" „Es war keine Kuhherde", sagte Jeremy James, „es war ein Elefant. Und ich hab ihn gesehen und ich hab's Mama gesagt, aber sie hat nicht gehört." „Ein Elefant!", sagte Papa. „Du hast einen Elefanten auf dem Auto gesehen?" „Ja", sagte Jeremy James, „und ich hab auch gesehen, wie er sein großes Geschäft gemacht hat." „Und warum, zum ..., hat mir keiner etwas gesagt?" „Hm", sagte Mama und Jeremy James spielte weiter mit seiner Eisenbahn.

1   Das ist eine schöne Geschichte zum Vorlesen. Worauf müsst ihr achten?

Lisa-Marie Blum

Ich bin glücklich

Manchmal
darf ich länger aufbleiben
und im Fernsehen
den Krimi angucken.
5 Manchmal
bleibt der Kasten dunkel.
Und wir reden zusammen,
meine Eltern und ich.
Manchmal
10 schreibe ich eine Sechs
oder Fünf
in Mathematik.
„Junge, Junge!",
sagt mein Vater.
15 Und meine Mutter fragt:
„Was soll ich bloß machen?"
„Du?", sage ich. „Gar nichts!
Ich muss ja rechnen."
„Schlau bist du",
20 sagt meine Mutter
und lacht.
Und ich überlege,
ob ich mich anstrengen soll.
Beim nächsten Mal.
25 Vielleicht eine Vier schreiben,
oder Drei? Mal sehen!
Ich bin glücklich.

Claudia Höly

Manchmal

manchmal
kriech ich
in mich hinein
und bin
5 ganz klein

doch irgendwann
komm ich
wieder raus
und wachse
10 über mich
hinaus

1   „Manchmal" – was fällt euch zu diesem Stichwort alles ein? Versucht eure
Einfälle dann in der Art des Gedichts von Claudia Höly zu gestalten.

Familiengeschichten

Full house

Die gesammelte Bande:
meine vier Brüder und ich.
Den kleinen Bus haben wir letzten Sommer
gekauft. Und sind anschließend damit
direkt in den Urlaub nach Österreich
gefahren.
Manchmal ist es schon anstrengend:
das einzige Mädchen und vier Brüder,
die machen, was sie wollen. Meine Mutter
hat da ganz schön viel zu organisieren um
den Laden zusammenzuhalten. Montags
haben Kai und Uwe Musikschule,
dienstags bin ich an der Reihe,
am Mittwoch muss Daniel zum Fußball-
training gebracht werden, donnerstags
habe ich Reitunterricht und freitags ist
es mit dem Wochenendeinkauf sowieso
hektisch.
Dazu dann noch alles andere:
Kochen, Putzen, Bügeln.
Da müssen alle ran.
Meine Eltern ergänzen sich ganz gut,
anders würde es wohl auch kaum
gehen. Auf jeden Fall haben wir
immer Full house, denn irgendeiner
von uns hat bestimmt Besuch ...

Solche
„Familien-Foto-
Geschichten"
könnt ihr selber machen.
Ihr braucht dazu einige
passende Fotos eurer
Familie, die ihr als Foto-
collage auf einen entsprechenden Bogen Papier
oder Pappe klebt. Links
oder rechts daneben
kommt euer Text.

Teamgeist

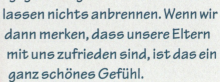

Mutter und Vater beide berufstätig – unsere Klassenkameraden sagen schon mal, bei uns würde doch jeden Nachmittag die Post abgehen. Stimmt nicht ganz. Wir essen zu Mittag, erledigen die Hausaufgaben, gehen zum Sport oder sonst wohin – alles ganz normal. Gegen fünf Uhr sind Mutter und Vater zu Hause und unser Abendessen ist die große Gesprächsrunde.

Okay, wenn wir jetzt nicht zu zweit wären, gäb' es bestimmt mehr Probleme. Aber so passen wir quasi gegenseitig aufeinander auf und

lassen nichts anbrennen. Wenn wir dann merken, dass unsere Eltern mit uns zufrieden sind, ist das ein ganz schönes Gefühl.

Für unseren Vater hat sich auch einiges verändert, seitdem unsere Mutter wieder arbeiten geht. Anfangs war sein Murren gar nicht zu überhören, wenn er im Haushalt helfen musste. Inzwischen hat er sich wohl daran gewöhnt. Und murmelt manchmal was von Teamgeist ...

Eltern und ihre Kinder –
Kinder und ihre Eltern

Brigitte Schär

So bin ich

Manchmal bin ich traurig. Oft kommt das allerdings nicht vor, weil ich eine Familie, einen Hund, eine Katze, zwei gute Freundinnen und eine beste
5 Freundin habe. Ich fühle mich traurig nach einem besonders schönen Tag, weil es danach einfach nicht noch schöner werden kann. Und auch schon an einem wunderschönen
10 Tag selbst werde ich ein biss-chen traurig, weil ich genau weiß, dass alles Schöne bald wieder zu Ende sein wird. So sind auch die
15 schönen Tage gar nicht so schön.

Wenn ich ehrlich sein soll, muss ich sagen, dass ich eigentlich immer einsam bin. Und auch das mit der Familie,
20 mit dem Hund und der Katze ist leider alles gar nicht wahr. Alles erstunken und erlogen. Und das mit den guten und besten Freundinnen sowieso. Ich habe niemanden auf der Welt. **Ich bin**
25 **mausbeinallein.** In meinem Leben gibt es keine schönen Tage, keinen einzigen, hat es noch nie gegeben.

Jeden Tag esse ich einsam mein Süppchen und warte auf den nächsten Tag.
30 **Wenn ich meine Fantasie nicht hätte,** wäre ich ganz schön arm dran, so ohne nichts und niemanden auf der Welt. Wenn ich ganz besonders traurig bin, verzieh ich mich ins Bett und er-
35 zähle mir selbst eine Geschichte. Meistens kommen darin Väter, Mütter, Geschwister, Großmütter, Hunde, Katzen und Hams-
40 ter vor. Und natürlich viele beste Freundinnen. Alle lieben sie mich heiß und jeder Tag ist der wunderschönste. Ich erzähle die Geschichten so gut, dass es sehr eng wird im Bett. Alle liegen sie plötzlich leibhaftig
45 da und kugeln sich mit mir vor Lachen. Niemand kann so gut Geschichten erzählen wie ich. Wenn ich nicht mehr erzählen mag, schicke ich alle besten Freundinnen wieder weg, auch
50 alle Eltern, Großeltern, Geschwister, Hunde und Katzen. Und bin wieder allein. Und weil ich so einsam bin, nachdem es so schön gewesen war, werde ich sehr traurig und ich weine mich in
55 den Schlaf.

Warum ich keine Familie habe, weiß ich nicht. Da ich niemanden habe auf der Welt, konnte ich auch niemanden

60 danach fragen. Ich hätte auch sonst so vieles zu fragen. **Ich bin randvoll mit Fragen.** Ich werde noch irgendwann zerplatzen. Manchmal, bevor ich fast zerplatze, steige ich geschwind aus 65 dem Bett um meine Ersatzmutter zu fragen. Ich habe zum Glück eine solche gefunden. Es ist schon lange her. Ich fragte sie, ob sie meine Mutter sein wollte. Ganz gerührt war sie. Aber 70 gerne, hatte sie gesagt. Wir sind dann noch am selben Tag losgezogen um eine vollständige Familie zusammenzusuchen. Wir sind einfach durch die Stadt gelaufen und haben wildfremde 75 Menschen gefragt: Ach bitte, hätten Sie nicht Lust der Vater von diesem wunderbaren Kind zu werden? Oder der Bruder oder die Großmutter oder der Hund. Alle wollten sie gerne. Auch 80 beste Freundinnen ließen sich sehr viele finden. Am Abend habe ich die allerbesten unter ihnen ausgesucht und die anderen wieder heimgeschickt. Auch einen Bruder musste ich weg- 85 schicken. Er hatte sich zu blöd benommen. Und ich hatte ja noch zehn. Wir wohnten dann alle zusammen in einem riesigen Haus. Wir waren so viele, dass wir eher eine ganze Stadt als nur 90 eine Familie waren. Ich war natürlich die Präsidentin der Stadt. Wer nicht gut tat, wurde einfach rausgeworfen. Nach und nach habe ich leider alle weggeschickt und so war ich wieder 95 ganz allein. Nur die Ersatzmutter blieb mir erhalten. Wenn ich ganz ehrlich sein soll, muss ich sagen, dass die Ersatzmutter doch meine richtige Mutter ist.
100 [...]
Einsam bin ich auch, weil ich keine Freundinnen habe. Da nützt mir meine Fantasie rein gar nichts. Kaum setze ich die nämlich ein, bin ich für die anderen eine Lügnerin. Niemand will 105 meine Geschichten hören. Nicht einmal ich. Man kann nicht weinen und erzählen und zuhören zugleich. Ich bin arm dran. **Mich liebt niemand.** Ich heule immer nur. Ein trauriges Le- 110 ben.
Wenn ich ganz ehrlich sein soll, muss ich sagen, dass auch das alles gar nicht wahr ist. Ich habe doch eine richtige Familie und die nervt mich ganz 115 schön. Besonders am Sonntag. Immer muss ich mit allen spazieren gehen. Immer dieselben ausgelatschten Pfade entlang. Ich würde stattdessen viel lieber ins Kino gehen mit meiner 120 besten Freundin. Meistens zanke ich mich ja doch nur mit meinem Bruder. Und wenn wir uns auf dem Spaziergang ganz heftig gezankt haben, werde ich am Abend zur Strafe ohne Essen 125 ganz früh ins Bett geschickt. **Immer nur ich.**
Einmal haben sie mich tagelang ins Zimmer gesperrt. Ich wäre fast verhungert. Schon ganz dünn war ich, nur 130 noch ein Strich in der Landschaft, als sie mich endlich wieder aus dem Zimmer holten. Gibt es das sonst noch irgendwo?
Morgen habe ich zu allem Elend schon 135 wieder Geburtstag. Kein Kind hat so oft Geburtstag wie ich. Warum das so ist: Da ging ich einmal einkaufen für Mutti. Und wie ich so in der Warteschlange beim Metzger stand, kam 140 jemand auf mich zu und bot mir seinen Geburtstag an. Warum nicht, habe ich gedacht. Zwei Geburtstage

145 können nicht schaden. Ich habe ihn genommen und auch das Wurstpaket und bin damit nach Hause gegangen. Meine Eltern wollten nicht, dass ich den Geburtstag von irgendeinem wildfremden Menschen einfach behalte. 150 Und auch, weil doch jeder Mensch einen Geburtstag braucht. Wir haben eine Anzeige in die Zeitung gesetzt um die Person zu finden. Sie hat sich nicht gemeldet. Dafür habe 155 ich gleich noch vier Geburtstage zugeschickt bekommen. Alle schön eingepackt und an mich adressiert. Was sollte ich machen? So feiere 160 ich halt jedes Jahr sechsmal

Geburtstag. Das viele Kuchenessen hängt mir schon ganz schön zum Hals raus.

Viele meinen, dass ich der glücklichste Mensch auf dieser Welt bin. Weil ich 165 doch so viel lache, weil ich so ein hübsches Mädchen bin, weil ich so begehrt bin. **Was wissen die schon.**

Manchmal weiß ich selber nicht mehr, was wahr ist und was 170 nicht. Ob ich nun glücklich oder unglücklich, beliebt oder sehr einsam bin. Ob nun alles wahr oder erfunden ist. Dann gehe ich ganz früh zu 175 Bett, lese noch ein bisschen und schlaf dann ein.

1 Hat die Ich-Erzählerin nun eine richtige Familie oder nicht? Was meint ihr?
2 „Manchmal bin ich traurig" – zu diesem Thema könnt ihr auch eure Gedanken aufschreiben.
3 Auch diese Geschichte eignet sich gut zum Vorlesen.

Günter Bruno Fuchs

Ansprache des autowaschenden Vaters an sein Kind, das Drachensteigen möchte

Ja, ich

sehe: Das Wetter ist windig. Die Bäume zeigen
es ja, sie machen hin und her

mit dem Kopf. Also, du willst Drachensteigen,
5 vergiss nicht, heute ist Sonntag, das

heißt: Dein Vater
macht selbstverständlich dir eine Freude. Halt
mal
den Mund. Halt
10 ihn mal bitte. Das Auto

geht vor, nein, das Auto geht vor, das meine ich
nicht. Halt den Öllappen

nicht an dein Kleid. Und neues Wasser, der
Eimer
15 ist leer!

1 Eltern und ihre Kinder – Kinder und ihre Eltern.
Findest du das Thema in dieser „Ansprache" wieder?

45

Claire Bretécher

Ein modernes Paar

1 Erfindet zum letzten Bild einen Sprechblasentext.

WOLFDIETRICH SCHNURRE

„Die Leihgabe" ist eine von zwanzig Geschichten, die Wolfdietrich Schnurre 1958 unter dem Titel „Als Vaters Bart noch rot war" veröffentlichte. Sie spielen in Berlin, irgendwann in den späten 20er und frühen 30er Jahren. Der Ich-Erzähler erzählt von seinen Kindheitserinnerungen und vor allem von seinem Vater. Die Zeiten sind schlecht, viele Menschen sind arbeitslos, auch der Vater. Die Mutter verlässt die Familie, Frieda, eine Freundin, kommt ins Haus und kümmert sich um den Haushalt ...

Schnurre erfindet diese Geschichten und erzählt doch von sich selbst. 1920 wurde er in Frankfurt a.M. geboren. Als Achtjähriger zog er mit seinem Vater nach Berlin und ging dort auch zur Schule. Die Kriegsjahre erlebte er als Soldat. Nach dem Krieg begann er zu schreiben und wurde vor allem durch seine Erzählungen bekannt. Er hat aber auch Gedichte, Hörspiele und Fabeln geschrieben. Er starb 1989.

Wolfdietrich Schnurre

Die Leihgabe

Am meisten hat Vater sich jedes Mal zu Weihnachten Mühe gegeben. Da fiel es uns allerdings auch besonders schwer drüber hinwegzukommen, dass wir arbeitslos waren. Andere Fei-⁵ertage, die beging man oder man beging sie nicht; aber auf Weihnachten lebte man zu, und war es erst da, dann hielt man es fest; und die Schaufenster, die brachten es ja oft noch nicht ¹⁰mal im Januar fertig, sich von ihren Schokoladenweihnachtsmännern zu trennen.

Mir hatten es vor allem die Zwerge und ¹⁵Kasperles angetan. War Vater dabei,

sah ich weg; aber das fiel meist mehr auf, als wenn man hingesehen hätte; und so fing ich dann allmählich doch wieder an in die Läden zu gucken.

Vater war auch nicht gerade unemp-²⁰findlich gegen die Schaufensterauslagen, er konnte sich nur besser beherrschen. Weihnachten, sagte er, wäre das Fest der Freude; das Entscheidende wäre jetzt nämlich: nicht traurig zu ²⁵sein; auch dann nicht, wenn man kein Geld hätte.

„Die meisten Leute", sagte Vater, „sind bloß am ersten und zweiten Feiertag fröhlich und vielleicht nachher zu Sil-³⁰

48

vester noch mal. Das genügt aber nicht; man muss mindestens schon einen Monat vorher mit Fröhlichsein anfangen. Zu Silvester", sagte Vater, 35 „da kannst du dann getrost wieder traurig sein; denn es ist nie schön, wenn ein Jahr einfach so weggeht. Nur jetzt, so vor Weihnachten, da ist es unangebracht traurig zu sein."

40 Vater selber gab sich auch immer große Mühe nicht traurig zu sein um diese Zeit; doch er hatte es aus irgendeinem Grund da schwerer als ich; wahrscheinlich deshalb, weil er keinen 45 Vater mehr hatte, der ihm dasselbe sagen konnte, was er mir immer sagte.

Es wäre bestimmt auch alles leichter gewesen, hätte Vater noch seine Stelle 50 gehabt. Er hätte jetzt sogar wieder als Hilfspräparator[1] gearbeitet; aber sie brauchen keine Hilfspräparatoren im Augenblick. Der Direktor hatte gesagt, aufhalten im Museum könnte Vater 55 sich gern, aber mit Arbeit müsste er warten, bis bessere Zeiten kämen.

„Und wann, meinen Sie, ist das?", hatte Vater gefragt.

„Ich möchte Ihnen nicht weh tun", 60 hatte der Direktor gesagt.

Frieda hatte mehr Glück gehabt; sie war in einer Großdestille[2] am Alexanderplatz als Küchenhilfe eingestellt worden und war dort auch gleich in 65 Logis[3]. Uns war es ganz angenehm nicht dauernd mit ihr zusammen zu sein; sie war jetzt, wo wir uns nur mittags und abends mal sahen, viel netter.

1 **Präparator:** jemand, der beruflich Pflanzen oder Tiere konserviert
2 **Destille:** Gastwirtschaft
3 **Logis:** Unterkunft

Aber im Grunde lebten auch wir nicht schlecht. Denn Frieda versorgte uns 70 reichlich mit Essen, und war es zu Hause zu kalt, dann gingen wir ins Museum rüber; und wenn wir uns alles an-

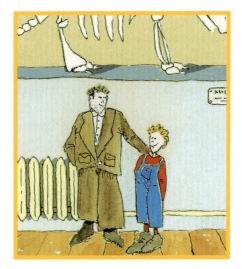

gesehen hatten, lehnten wir uns unter dem Dinosauriergerippe an die Hei- 75 zung, sahen aus dem Fenster oder fingen mit dem Museumswärter ein Gespräch über Kaninchenzucht an.

An sich war das Jahr also durchaus dazu angetan, in Ruhe und Beschau- 80 lichkeit zu Ende gebracht zu werden. Wenn Vater sich nur nicht solche Sorge um einen Weihnachtsbaum gemacht hätte.

Es kam ganz plötzlich. 85

Wir hatten eben Frieda aus der Destille abgeholt und sie nach Hause gebracht und uns hingelegt, da klappte Vater den Band „Brehms Tierleben" zu, in dem er abends immer noch las, und 90 fragte zu mir rüber:

„Schläfst du schon?"

„Nein", sagte ich, denn es war zu kalt zum Schlafen.

95 „Mir fällt eben ein", sagte Vater, „wir brauchen ja einen Weihnachtsbaum." Er machte eine Pause und wartete meine Antwort ab.

„Findest du?", sagte ich.

100 „Ja", sagte Vater, „und zwar so einen richtigen, schönen; nicht so einen murkligen, der schon umkippt, wenn man bloß mal eine Walnuss dran-hängt."

105 Bei dem Wort Walnuss richtete ich mich auf. Ob man nicht vielleicht auch ein paar Lebkuchen kriegen könnte zum Dranhängen?

Vater räusperte sich. „Gott –", sagte er, 110 „warum nicht; mal mit Frieda reden."

„Vielleicht", sagte ich, „kennt Frieda auch gleich jemanden, der uns einen Baum schenkt."

Vater bezweifelte das. Außerdem: so 115 einen Baum, wie er ihn sich vorstellte, den verschenkte niemand, der wäre ein Reichtum, ein Schatz wäre der.

Ob er vielleicht eine Mark wert wäre, fragte ich. „Eine Mark –?!" Vater blies 120 verächtlich die Luft durch die Nase: „Mindestens zwei."

„Und wo gibt's ihn?"

„Siehst du", sagte Vater, „das überleg ich auch gerade."

125 „Aber wir können ihn doch gar nicht kaufen", sagte ich; „zwei Mark: wo willst du die denn jetzt hernehmen?"

Vater hob die Petroleumlampe auf und sah sich im Zimmer um. Ich wusste, er 130 überlegte, ob sich vielleicht noch was ins Leihhaus bringen ließe; es war aber schon alles drin, sogar das Grammo-phon, bei dem ich so geheult hatte, als der Kerl hinter dem Gitter mit ihm 135 weggeschlurft war.

Vater stellte die Lampe wieder zurück und räusperte sich. „Schlaf mal erst; ich werde mir den Fall durch den Kopf gehen lassen."

140 In der nächsten Zeit drückten wir uns bloß immer an den Weihnachtsbaum-verkaufsständen herum. Baum auf Baum bekam Beine und lief weg; aber wir hatten noch immer keinen.

145 „Ob man nicht doch –?", fragte ich am fünften Tag, als wir gerade wieder im Museum unter dem Dinosaurierge-rippe an der Heizung lehnten.

„Ob man was?", fragte Vater scharf.

150 „Ich meine, ob man nicht doch versu-chen sollte einen gewöhnlichen Baum zu kriegen?"

„Bist du verrückt?!" Vater war empört. „Vielleicht so einen Kohlstrunk, bei 155 dem man nachher nicht weiß, soll es ein Handfeger oder eine Zahnbürste sein? Kommt gar nicht in Frage."

Doch was half es; Weihnachten kam näher und näher. Anfangs waren 160 die Christbaumwälder in den Straßen noch aufgefüllt worden; aber allmäh-lich lichteten sie sich und eines Nach-mittags waren wir Zeuge, wie der fet-teste Christbaumverkäufer vom Alex, 165 der Kraftriemen-Jimmy, sein letztes Bäumchen, ein wahres Streichholz von einem Baum, für drei Mark fünfzig verkaufte, aufs Geld spuckte, sich aufs Rad schwang und wegfuhr.

170 Nun fingen wir doch an traurig zu wer-den. Nicht schlimm; aber immerhin, es genügte, dass Frieda die Brauen noch mehr zusammenzog, als sie es sonst schon zu tun pflegte, und dass sie 175 uns fragte, was wir denn hätten.

Wir hatten uns zwar daran gewöhnt,

unseren Kummer für uns zu behalten, doch diesmal machten wir eine Ausnahme und Vater erzählte es ihr.

180 Frieda hörte aufmerksam zu. „Das ist alles?"

Wir nickten.

„Ihr seid aber komisch", sagte Frieda; „wieso geht ihr denn nicht einfach in 185 den Grunewald einen klauen?"

Ich habe Vater schon häufig empört gesehen, aber so empört wie an diesem Abend noch nie.

Er war kreidebleich geworden. „Ist das 190 dein Ernst?", fragte er heiser.

Frieda war sehr erstaunt. „Logisch", sagte sie; „das machen doch alle."

„Alle –!", echote Vater dumpf, „alle –!"

Er erhob sich steif und nahm mich bei 195 der Hand. „Du gestattest wohl", sagte er darauf zu Frieda, „dass ich erst den Jungen nach Hause bringe, ehe ich dir hierauf die gebührende Antwort erteile." Er hat sie ihr niemals erteilt.

200 Frieda war vernünftig; sie tat so, als ginge sie auf Vaters Zimperlichkeit

ein, und am nächsten Tag entschuldigte sie sich.

Doch was nützte das alles; einen Baum, gar einen Staatsbaum, wie Vater 205 ihn sich vorstellte, hatten wir deshalb noch lange nicht.

Aber dann – es war der dreiundzwanzigste Dezember und wir hatten eben wieder unseren Stammplatz unter 210 dem Dinosauriergeripppe bezogen – hatte Vater die große Erleuchtung.

„Haben Sie einen Spaten?", fragte er den Museumswärter, der neben uns auf seinem Klappstuhl eingenickt war. 215

„Was?!", rief der und fuhr auf, „was habe ich?!"

„Einen Spaten, Mann", sagte Vater ungeduldig; „ob Sie einen Spaten haben." 220

Ja, den hätte er schon.

Ich sah unsicher an Vater empor. Er sah jedoch leidlich normal aus; nur sein Blick schien mir eine Spur unsteter zu sein als sonst. 225

„Gut", sagte er jetzt; „wir kommen heute mit zu Ihnen nach Hause und Sie borgen ihn uns."

Was er vorhatte, erfuhr ich erst in der Nacht. 230

„Los", sagte Vater und schüttelte mich, „steh auf."

Ich kroch schlaftrunken über das Bettgitter. „Was ist denn bloß los?"

„Pass auf", sagte Vater und blieb vor 235 mir stehen: „Einen Baum stehlen, das ist gemein; aber sich einen borgen, das geht."

„Borgen –?", fragte ich blinzelnd.

„Ja", sagte Vater. „Wir gehen jetzt in 240 den Friedrichshain und graben eine Blautanne aus. Zu Hause stellen wir sie

51

in die Wanne mit Wasser, feiern morgen dann Weihnachten mit ihr und nachher pflanzen wir sie wieder am selben Platz ein. Na –?" Er sah mich durchdringend an.

„Eine wunderbare Idee", sagte ich.

Summend und pfeifend gingen wir los; Vater den Spaten auf dem Rücken, ich einen Sack unter dem Arm. Hin und wieder hörte Vater auf zu pfeifen und wir sangen zweistimmig „Morgen, Kinder, wird's was geben" und „Vom Himmel hoch, da komm ich her". Wie immer bei solchen Liedern hatte Vater Tränen in den Augen und auch mir war schon ganz feierlich zumute.

Dann tauchte vor uns der Friedrichshain auf und wir schwiegen.

Die Blautanne, auf die Vater es abgesehen hatte, stand inmitten eines strohgedeckten Rosenrondells. Sie war gut anderthalb Meter hoch und ein Muster an ebenmäßigem Wuchs.

Da der Boden nur dicht unter der Oberfläche gefroren war, dauerte es auch gar nicht lange und Vater hatte die Wurzeln freigelegt. Behutsam kippten wir den Baum darauf um, schoben ihn mit den Wurzeln in den Sack, Vater hängte seine Joppe[4] über das Ende, das raussah, wir schippten das Loch zu, Stroh wurde drüber gestreut, Vater lud sich den Baum auf die Schulter und wir gingen nach Hause.

Hier füllten wir die große Zinkwanne mit Wasser und stellten den Baum rein.

Als ich am nächsten Morgen aufwachte, waren Vater und Frieda schon dabei ihn zu schmücken. Er war jetzt mit Hilfe einer Schnur an der Decke befestigt und Frieda hatte aus Stanniolpapier allerlei Sterne geschnitten, die sie an seinen Zweigen aufhängte; sie sahen sehr hübsch aus. Auch einige Lebkuchenmänner sah ich hängen.

Ich wollte den beiden den Spaß nicht verderben; daher tat ich so, als schliefe ich noch. Dabei überlegte ich mir, wie ich mich für ihre Nettigkeit revanchieren könnte.

Schließlich fiel es mir ein: Vater hatte sich einen Weihnachtsbaum geborgt, warum sollte ich es nicht fertigbringen mir über die Feiertage unser verpfändetes Grammophon auszuleihen? Ich tat also, als wachte ich eben erst

4 Joppe: Jacke

auf, bejubelte vorschriftsmäßig den Baum und dann zog ich mich an und ging los.

310 Der Pfandleiher war ein furchtbarer Mensch; schon als wir zum ersten Mal bei ihm gewesen waren und Vater ihm seinen Mantel gegeben hatte, hätte ich dem Kerl sonst was zufügen mögen; 315 aber jetzt musste man freundlich zu ihm sein.

Ich gab mir auch große Mühe. Ich erzählte ihm was von zwei Großmüttern und „gerade zu Weihnachten" und 320 „letzte Freude auf alte Tage" und so, und plötzlich holte der Pfandleiher aus und haute mir eine herunter und sagte ganz ruhig:

„Wie oft du sonst schwindelst, ist mir 325 egal; aber zu Weihnachten wird die Wahrheit gesagt, verstanden?"

Darauf schlurfte er in den Nebenraum und brachte das Grammophon an. „Aber wehe, ihr macht was an ihm ka-330 putt! Und nur für drei Tage! Und auch bloß, weil du's bist!"

Ich machte einen Diener[5], dass ich mir fast die Stirn an der Kniescheibe stieß; dann nahm ich den Kasten unter den 335 einen, den Trichter unter den anderen Arm und rannte nach Hause.

Ich versteckte beides erst mal in der Waschküche. Frieda allerdings musste ich einweihen, denn die hatte die Plat-340 ten; aber Frieda hielt dicht.

Mittags hatte uns Friedas Chef, der Destillenwirt, eingeladen. Es gab eine tadellose Nudelsuppe, anschließend Kartoffelbrei mit Gänseklein. Wir 345 aßen, bis wir uns kaum noch erkannten; darauf gingen wir um Kohlen zu

5 **Diener**: Verbeugung

sparen noch ein bisschen ins Museum zum Dinosauriergerippe; und am Nachmittag kam Frieda und holte uns ab. Zu Hause wurde geheizt. Dann 350 packte Frieda eine Riesenschüssel voll übrig gebliebenem Gänseklein, drei Flaschen Rotwein und einen Quadratmeter Bienenstich aus, Vater legte für mich seinen Band „Brehms Tierleben" 355 auf den Tisch und im nächsten unbewachten Augenblick lief ich in die Waschküche runter, holte das Grammophon rauf und sagte Vater, er sollte sich umdrehen. 360

Er gehorchte auch; Frieda legte die Platten raus und steckte die Lichter an und ich machte den Trichter fest und zog das Grammophon auf.

„Kann ich mich umdrehen?", fragte 365 Vater, der es nicht mehr aushielt, als Frieda das Licht ausgeknipst hatte.

„Moment", sagte ich; „dieser verdammte Trichter – denkst du, ich krieg das Ding fest?" Frieda hüstelte. „Was 370 denn für ein Trichter?", fragte Vater.

Aber da ging es schon los. Es war „Ihr Kinderlein, kommet", es knarrte zwar etwas und die Platte hatte wohl auch einen Sprung, aber das machte nichts. 375 Frieda und ich sangen mit und da drehte Vater sich um. Er schluckte erst und zupfte sich an der Nase, aber dann räusperte er sich und sang auch mit.

Als die Platte zu Ende war, schüttelten 380 wir uns die Hände und ich erzählte Vater, wie ich das mit dem Grammophon gemacht hätte.

Er war begeistert. „Na –?", sagte er nur immer wieder zu Frieda und nickte da-385 bei zu mir rüber: „Na –?!"

Es wurde ein sehr schöner Weihnachtsabend. Erst sangen und spielten

390 wir die Platten durch, dann spielten wir sie noch mal ohne Gesang; dann sang Frieda noch mal alle Platten allein; dann sang sie mit Vater noch mal und dann aßen wir und tranken den Wein aus und darauf machten wir 395 noch ein bisschen Musik; und dann brachten wir Frieda nach Hause und legten uns auch hin. Am nächsten Morgen blieb der Baum noch aufgeputzt stehen. Ich durfte liegen bleiben 400 und Vater machte den ganzen Tag Grammophonmusik und pfiff die zweite Stimme dazu. Dann, in der folgenden Nacht, nahmen wir den Baum aus der Wanne, steckten ihn, 405 noch mit den Stanniolpapiersternen geschmückt, in den Sack und brachten

ihn zurück in den Friedrichshain. Hier pflanzten wir ihn wieder in sein Rosenrondell. Darauf traten wir die Erde fest und gingen nach Hause. Am Morgen 410 brachte ich dann auch das Grammophon weg.

Den Baum haben wir noch häufig besucht; er ist wieder angewachsen. Die Stanniolpapiersterne hingen noch 415 eine ganze Weile in seinen Zweigen, einige sogar bis in den Frühling.

Vor ein paar Monaten habe ich mir den Baum wieder mal angesehen. Er ist jetzt gute zwei Stock hoch und hat 420 den Umfang eines mittleren Fabrikschornsteins. Es mutet merkwürdig an sich vorzustellen, dass wir ihn mal als Gast in unserer Wohnküche hatten.

1 Welches Bild gewinnst du als Leser oder Leserin von dieser Vater-Sohn-Beziehung?

2 Wie lässt sich die Geschichte gliedern?

3 Stellt euch vor, ihr wollt eine kleine Sammlung von Weihnachtsgeschichten zusammenstellen. Würdet ihr diese Geschichte von Schnurre aufnehmen?

Unsere Familie außer Haus

Hans A. Halbey

Urlaubsfahrt

koffer koffer kindertragen
flaschen taschen puppenwagen
papa mama koffer kinder
autokarte notlichtblinker
5 früh geweckt gefrühstückt raus
winke winke schlüssel haus
autobahnen autoschlange
kinderplappern mama bange

schlange kriechen sonne heiß
stinken staub benzin und schweiß 10
stockung hunger mama brote
papa skatspiel radio tote
schlafen schimpfen hupen schwitzen
weiterfahren weitersitzen
müde mitternacht hotel pension 15
tausenddreißig schlafen schon

1 Diese Urlaubsfahrt könnt ihr in einem kleinen szenischen Spiel vor der Klasse aufführen.
2 Erzählt zum Thema „Urlaubsfahrt" eine eigene Geschichte. Haltet euch dabei entweder an eure eigenen Erfahrungen oder erfindet eine Geschichte.

Peter Härtling

Was ist aus dem Frosch geworden?

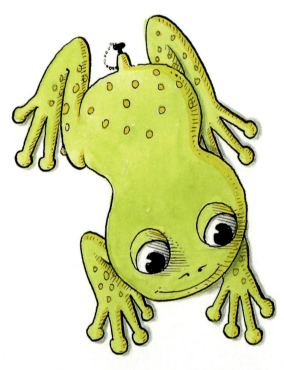

Vor zwei Jahren war ich mit meinen Kindern in Holland am Meer. Das Wetter war gut, wir gingen oft baden. Mein Sohn Clemens, der damals drei Jahre 5 alt war, hatte fürs Meer einen großen grüngelben Gummifrosch zum Aufblasen bekommen, den er sehr mochte und den er immer hinter sich herschleifte. Im Wasser setzte er sich auf 10 den Frosch und ritt mit ihm auf den Wellen.

Ich weiß nicht, ob ihr alle Ebbe und Flut kennt. Jedes Meer hat Ebbe und Flut. Bei der Flut kommt das Wasser aufs Land zu, bei der Ebbe geht es vom 15 Land weg. Es geht weg mit einer solchen Gewalt und mit einer solchen

Schnelligkeit, dass jemand, der bei Ebbe im Meer schwimmt, ungeheuer schnell aufs Meer hinausgezogen 20 wird. Darum soll man bei Ebbe nicht schwimmen. Clemens wusste das auch und tat es nie. Aber er dachte, der Frosch kann es, und er setzte den Frosch aufs Wasser, wartete darauf, 25 dass er ein bisschen schwimme, und plötzlich höre ich ihn schreien: Der Frosch haut ab! Der Frosch haut ab! Und ich sehe, wie der Frosch schon ganz weit draußen auf dem Meer ist. 30 Ich bin noch ins Meer hineingelaufen um den Frosch zu fangen, habe jedoch bemerkt, wie mir der Sog die Füße wegzog, wie der Sand von der Ebbe ins Meer hineingerissen wurde, bin dann 35 stehen geblieben und habe dem Frosch nachgeschaut, der immer kleiner und kleiner wurde.

Clemens heulte fürchterlich. Er fragte mich: Wohin schwimmt der Frosch 40 denn nun? Weil auf der anderen Seite des Meeres England ist, sagte ich ihm: Der Frosch ist morgen wahrscheinlich schon in England.

Von da an dachte ich mir Geschichten 45 aus, die dem Frosch, den wir bald nicht mehr sahen, auf dem weiten Meer zugestoßen sein könnten.

Vielleicht diese Geschichte: Der Frosch schwimmt und schwimmt. Er ist auf 50 dem Meer winzig klein. Ein riesiger Dampfer kommt an ihm vorbei, ein Junge schaut vom Dampfer herunter, sieht den winzigen Frosch und ruft: Da

55 ist ein Frosch! Ich möchte den Frosch haben! Der Kapitän, der das hört, sagt, wir können deinetwegen den Dampfer nicht anhalten. Wenn wir den Dampfer anhalten, brauchen wir so lange,
60 bis das Schiff steht, dass wir den Frosch schon gar nicht mehr sehen. So winkt der Junge dem Frosch nach und der schwimmt weiter – vielleicht doch nach England.
65 Oder diese Geschichte: Der Frosch schwimmt und schwimmt und er kommt tatsächlich nach England. Es ist wieder Flut und der Frosch wird auf eine Röhre zugetrieben, aus der
70 schmutziges Wasser ins Meer fließt. Die Flut drückt den Frosch in die Röhre hinein. Da drinnen ist es dunkel und es stinkt. Die Röhre wird enger, aber das Wasser hat eine solche Gewalt, dass es
75 den armen Gummifrosch immer tiefer hineinschiebt. Dann ist Ebbe und das Wasser geht zurück, der Frosch hängt in der nach Moder und Unrat riechenden Röhre fest. Ob er immer dort blei-
80 ben wird? Nein! Denn allmählich geht die Luft aus dem Frosch raus, er wird kleiner und als kleiner Frosch kann er mit runzliger Haut wieder aus der

Röhre hinausschwimmen, wird an den Strand getrieben, wo ihn ein Kind fin- 85 det, mitnimmt und wieder dick aufbläst.

1 Vorschlag für einen Erzählwettbewerb: Wer erfindet die beste Froschgeschichte?

Heinrich Hannover

Eine Gespenstergeschichte

Ihr wollt eine Geschichte hören, in der ein Gespenst vorkommt? Was ist denn ein Gespenst? So was mit einem Tuch und zwei Augenlöchern. Ja, und wo
5 gibt es denn Gespenster? In alten Schlössern und Burgruinen. Es gibt auch Leute, die sagen: Es gibt gar keine Gespenster.

Der Vater war so einer, der sagte: Es
10 gibt gar keine Gespenster. Die Mutter war sich nicht so ganz sicher, ob es Gespenster gibt. Aber Eike und Julia wussten es genau: Es gibt Gespenster. Sie kommen nachts, schlüpfen durch
15 Schlüssellöcher und Fensterritzen und jaulen da herum und machen Leuten Angst, die Angst vor Gespenstern haben.

Einmal waren Eike und Julia mit ihren
20 Eltern verreist. Da kamen sie zu einer Burgruine. „Hier gibt es bestimmt Gespenster", sagten die Kinder. „Ach was", sagte der Vater, „Gespenster gibt es nicht." Sie gingen kreuz und quer
25 durch die Burgruine und guckten in alle Ecken und auch ins Burgverlies, aber sie fanden keine Gespenster. „Seht ihr", sagte der Vater, „ich habe mal wieder Recht." – „Warte nur ab",
30 sagten die Kinder, „wir wollen hier mal übernachten." – „Was? Hier in der Burgruine wollt ihr übernachten?", fragte die Mutter. „Das mach ich nicht mit." – „Bei jeder Burgruine gibt es
35 auch ein Hotel", sagte der Vater, „wir können ja im Hotel übernachten." Und richtig, gar nicht weit von der Burgruine stand ein Hotel und sie gingen hin und fragten den Portier, ob er zwei Zimmer frei habe. „Ja", sagte der
40 Portier, „zwei sehr schöne Zimmer mit Balkon und Blick auf die Burgruine." – „Die nehmen wir", sagte der Vater. Und dann schleppten sie ihre Koffer aufs Zimmer und nach dem Abendbrot
45 gingen sie bald ins Bett, weil es inzwischen spät geworden war.

Mitten in der Nacht wacht plötzlich die Mutter auf – da huscht so was Weißes vor dem Fenster rum und jault. Ein
50 Gespenst! Die Mutter weckt den Vater auf und sagt: „Du, vor dem Fenster ist ein Gespenst." – „Ach Quatsch", sagt der Vater, „es gibt keine Gespenster, lass mich schlafen." Also, der Vater
55 schläft wieder ein und die Mutter schläft auch wieder ein. Aber nach einiger Zeit ist da wieder ein Geräusch am Fenster und diesmal wacht der Vater auf und sieht das Gespenst vor dem
60 Fenster hin und her huschen. „Hau ab!", sagt der Vater, „dich gibt's ja gar nicht." Und dann dreht er sich auf die andere Seite und schläft weiter.

Aber so leicht wird man ein Gespenst
65 nicht los. Das Gespenst macht sich ganz dünn und schlüpft durch eine Fensterritze ins Zimmer hinein. Im Zimmer macht es sich wieder dick. Und dann sucht es im Zimmer herum,
70 ob es da irgendwas gibt, womit man den Eltern einen Streich spielen kann. Da sieht das Gespenst ein Waschbecken und dreht den Wasserhahn auf und macht den Ablauf zu. Das Wasser
75 läuft und läuft und schließlich läuft

das Waschbecken über. Und es läuft immer mehr Wasser ins Zimmer; das Gespenst kriegt ganz nasse Füße und springt im Wasser herum, aber das macht ihm Spaß. Das Wasser steigt im Zimmer immer höher und die Stühle fangen an zu schwimmen, der Schrank kippt um und Vaters Anzüge und Mutters Kleider fallen ins Wasser, der Nachttisch schwimmt los und der Wecker und die Nachttischlampe ... Und schließlich fangen auch die Betten an zu schwimmen. Zuerst wacht die Mutter auf und denkt: Das schwankt ja alles so komisch. Sie will den Vater wecken und patscht mit der Hand ins Wasser. Da kriegt sie einen furchtbaren Schreck und schreit und der Vater wacht auf und sieht, wie das Gespenst neben seinem Bett im Wasser schwimmt, und will es zu fassen kriegen, und – platsch! – kippt Vaters Bett um und der Vater fällt ins Wasser. Also, jetzt schwimmt der Vater im Wasser und will das Gespenst fangen, aber das Gespenst kann schneller schwimmen und so schwimmen sie immer um Mutters Bett herum, das in der Mitte des Zimmers schwimmt. Von dem Geplätscher des Wassers und von Mutters Schreien und Vaters Schimpfen werden schließlich im Zimmer nebenan die Kinder wach. Sie schleichen sich auf den Balkon und gucken von da durchs Fenster in das Zimmer der Eltern. Als sie den Vater immer um Mutters Bett herum hinter dem Gespenst her schwimmen sehen, müssen sie unheimlich lachen. Das hört der Vater und schimpft noch

mehr: „Ich schwimme hier schon eine halbe Stunde hinter dem Gespenst her und ihr lacht noch darüber?" – „Siehst du", sagen die Kinder, „du wolltest ja nicht glauben, dass es Gespenster gibt. Wir haben doch Recht gehabt."

Schließlich wurde dem Vater das Geschwimme doch zu dumm. Er schwamm zum Telefon, das auch irgendwo herumschwamm, und rief den Portier an.

„Ja, bitte?" – „Also, hören Sie mal, in Ihrem Hotel gibt es ja Gespenster!" – „Wie bitte?" – „In Ihrem Hotel gibt es Gespenster!" – „Aber, mein Herr, es gibt doch keine Gespenster, und in unserem Hotel schon gar nicht." – „Was sagen Sie? Es gibt keine Gespenster? Also, bitte, ich schwimme schon seit einer halben Stunde hinter einem Gespenst her." – „Wie bitte? Sie schwimmen hinter einem Gespenst her? Aber, mein Herr, ich muss mich doch sehr wundern; man kann doch in unserem Hotel nicht im Zimmer schwimmen." – „Bitte überzeugen Sie sich selbst", schreit der Vater ins Telefon, „kommen Sie mal rauf in unser Zimmer!" – „Ja, sofort, einen Augenblick bitte", sagt der Portier und denkt: Der Mann hat wohl nicht alle Tassen im Schrank.

Ja und dann hat der Vater den Hörer aufgelegt und das Telefon weiterschwimmen lassen. Und der Portier geht die Treppe rauf, hört hinter der Tür so ein komisches Rauschen und Plätschern und klopft an. „Ja, kommen Sie nur rein", ruft der Vater von drinnen ...

1   Wer erzählt die Geschichte weiter?

Hans Manz

Fürs Familienalbum

Mama auf der Alm.
Klick.

Der Vater
stramm auf dem Berggrat.
5   Klick.

Die Tochter unterm
Wasserfall.
Klick.

Aber kein Film
10   im Apparat.
Klick.

Und die Ferien dahin,
für die Katz, ohne Sinn?

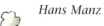

Hans Manz

Ferien machen:
eine Kunst

Nichts müssen,
nichts sollen.
Nur dürfen
und wollen.
5   Jeder Tag
ein unvorbereitetes Fest.
Sich einigen,
wer
wann
10   wo
was
wie
mit wem
tut oder lässt.

1   Mit Urlaubsfotos kann man viel machen, z.B. zu einem bestimmten Foto
eine Geschichte erzählen oder eine Auswahl dieser Fotos an eine Pinnwand
hängen oder …

Die „Familienserie"

spielt im Vorabendprogramm vieler
Fernsehsender eine wichtige Rolle.

Sammelt Ankündigungen in Programm-
zeitschriften.
Was erfahrt ihr jeweils über die Serie?
Wer kann eine aktuelle Serie vorstellen?

Hier ein paar Tipps:
Wer spielt welche Rolle in der Familie?
Welche Personen stehen im Vordergrund?
Wie werden die Erwachsenen, wie die Kinder und
Jugendlichen dargestellt?
Welche Konflikte sind typisch für eine solche Serie?

Vielleicht wollt ihr auch eine aktuelle Familienserie in
eure Unterrichtsarbeit einbeziehen. Überlegt, nach
welchen Gesichtspunkten ihr eine bestimmte Folge
aus dem Programm aussuchen wollt.
Wer besorgt die Videoaufzeichnung?

Wortkundliches

Mit dem Wort *Familie*
könnt ihr viele Wortzusam-
mensetzungen bilden:
Familienbild,
Familienrat,

...
Alle Wörter, die aus einem
gemeinsamen Stamm gebildet
sind, bilden übrigens eine
Wortfamilie.
Stellt eine solche Wortfamilie
mal zusammen (z. B. zu Glück).

Überall Familie, Familie ...

☞ Das Familienbild
spielt auch in der
Malerei eine
besondere Rolle.

☞ Und im Unterricht
kommt das Thema
Familie ebenfalls vor.

☞ Und die Tierfamilien
in der Tierkunde ... (?)

Nennt Beispiele,
bringt Bilder mit.

Familiennamen

häufige – weniger häufige – ungewöhnliche

Ihr könnt in eurem Telefonbuch nachzählen:
Welches sind die fünf häufigsten Familiennamen?
Wie viel tauchen jeweils nur einmal auf?
(Vorsicht: Beim Auszählen möglichst alle beteili-
gen!)
Welche Namen empfindet ihr als besonders
ungewöhnlich?

Familiennamen haben auch ihre Geschichte.
Welche Namen lassen sich in ihrer Herkunft
leicht erklären?

Wenn ihr genauere Informationen haben wollt,
hilft euch ein Lexikon der Familiennamen weiter.
So etwas könnt ihr in einer öffentlichen Bibliothek
entweder ausleihen oder einsehen.

Herbert Heckmann

Pit kommt zu einem Hund

Pit hatte eine Zahnlücke und konnte über die Schulmauer spucken, einen Handstand machen und bis 50 unter Wasser bleiben, wenn man sehr
5 schnell zählte. Pit war das, was Erwachsene eine Katastrophe nennen. Sie wagten kaum dorthin zu schauen, wo Pit gerade stand. Eigentlich stand er gar nicht, sondern balancierte auf ei-
10 nem Bein und juckte sich.

„Was hast du nur?", fragten sie.

„Ich habe Ungeduld", erwiderte Pit. Er hasste Antworten und fragte lieber selbst, sodass sein Vater sagte: „Ich bin
15 kein wandelndes Lexikon."

„Was ist ein Lexikon?"

„Wo das drinnen steht, was du nicht weißt."

„Das muss aber ein dickes Buch sein."

20 Pit war das einzige Kind eines einzigen Vaters und einer einzigen Mutter. Er ging in die zweite Klasse der Volksschule und konnte ein Ei malen, dass jedes Huhn vor Neid erblassen musste.

25 Schon sehr lange wünschte er sich einen Hund, und zwar einen richtigen mit richtigen Zähnen. Frau Besen, die zwei Stockwerke tiefer wohnte, hatte einen Hund, der Caesar hieß und bei-
30 nahe ein Pudel war. „Das ist kein Hund, sondern ein Kopfkissen", sagte Pit. Auch sah er Frau Besen sehr ähnlich. Daraufhin nannte Pit sie Tante Caesar. Ob sie auch bellen kann?

35 „Wie willst du denn einen Hund ernähren?", fragte die Mutter.

„Ach, der frisst sich schon durch."

„Und wenn wir verhungern?"

„Dann geht der Hund für uns auf die
40 Jagd."

Pit bettelte und bettelte. „Wenn ich doch einen Hund hätte, wenn ich doch, wenn ich."

Pit, der tagsüber keine Furcht kannte,
45 zitterte jede Nacht vor Angst. Eine Schar kleiner Männchen hüpfte auf seiner Bettdecke umher, starrte ihn grimmig an und streckte ihm die Zunge heraus. Pit schloss die Augen,
50 aber die Männchen gingen nicht weg.

„Verschwindet!", schrie er und die Mutter rannte besorgt in sein Zimmer.

„Was fehlt dir?"

„Hier sind kleine Männchen."

55 „Wo?", fragte die Mutter.

„Die kann nur ich sehen."

Die kleinen Männchen kamen jede Nacht. Pit machte kein Auge zu. „Ich brauche einen Hund. Der frisst sie
60 auf."

Der Vater jedoch hatte einen besseren Einfall. Er hängte das Bild eines dicken Polizisten über das Bett seines Sohnes und sagte: „Wenn sie wieder-
65 kommen, wird sie der Polizist verhaften." Aber Pit hängte das Bild wieder ab und warf es in die Mülltonne. Als ihn sein Vater fragte, ob die kleinen Männchen wieder da gewesen wären,
70 erwiderte Pit: „Ja, sie haben den Polizisten verhaftet. Ich muss einen Hund haben."

„Wir haben keinen Platz in der Wohnung."

63

75 „Ach, Paps, der Hund kann in meinem Bett schlafen."

„Da kriegst du Flöhe."

„Die schenke ich weiter."

Pit bekam keinen Hund, er sah auch 80 keine kleinen Männchen mehr, aber dafür träumte er von Hunden, die so groß waren, dass, wenn sie bellten, die Schule zusammenstürzte. Aber wie das so ist, man wünscht sich etwas mit al- 85 ler Macht, und gerade in dem Augenblick, in dem man den Wunsch schon fast vergessen hat, geht er in Erfüllung. Genauso erging es Pit. Eines Mittags, als die Uhren zwölf schlugen, traf Pit 90 auf der Straße einen herrenlosen Hund, bei dem er nicht sicher war, ob der Kopf vorne oder hinten saß. Es war ein langhaariger Hund, größer als ein Dackel und kleiner als ein Pudel. Pit 95 pfiff auf den Fingern und der Hund hob den Kopf, überraschenderweise dort, wo Pit den Schwanz vermutet hatte.

„He!", schrie Pit, aber er hätte wissen 100 müssen, dass Hunde nicht reden können. Der Hund hob für einen Augenblick die haarigen Ohren und bellte. Es war die schönste Stimme, die Pit je bei einem Hund

gehört hatte. Er ging vorsichtig auf das 105 Tier zu und streckte seine Hand aus. Sofort begann der Hund mit dem Schwanz zu wedeln – oder war es der Kopf? Pit wusste immer noch nicht, wo der Kopf und wo der Schwanz saß. 110 Erst als der Hund nach seiner Hand schnappte, wusste er Bescheid. „Du Feigling!", schrie er, meinte aber sich selbst.

Als er mit zitternden Knien weiterging, 115 sah er über seine Schulter hinweg, wie ihm der Hund folgte: Wenn er stehen blieb, blieb auch der Hund stehen.

Das Schauspiel wiederholte sich, bis sie vor die Haustür gekommen waren. 120

„He!", sagte Pit und der Hund bellte nicht mehr. Er trottete hinter Pit die Treppe hoch und schnupperte an den Stufen.

„Wo hast du den Hund her?", fragte 125 die Mutter.

„Wir sind uns auf der Straße begegnet", antwortete ihr Sohn und streichelte den Hund, der es ruhig geschehen ließ. 130

„Der geht ja rückwärts", rief die Mutter verwundert aus.

„Nein, der tarnt nur seinen Kopf."

„Wie heißt er denn?"

„Struwwelpaul." 135

„Warum nicht Struwwelpeter?"

„Den gibt's schon."

Der Vater war höchst erstaunt, als er nach Hause kam 140 und auf seinem Sessel ein neues Kissen fand, das gar beißen konnte.

„Das ist Struwwelpaul", erklärte Pit und spreizte die 145 Beine.

„Und wer ist das?"

„Das ist mein Hund." Der Vater ließ sich nur schwer bewegen, Struwwelpaul wenigstens für eine Nacht dazubehalten. Nicht länger.

„Wenn irgendetwas passiert, trägst du die Schuld", sagte er und noch in derselben Nacht geschah sehr viel. Struwwelpaul sollte auf einer Matte im Gang schlafen. Er dachte aber nicht daran und jaulte, bis ihn der Vater ins Bad sperrte. Dort sprang Struwwelpaul in die Badewanne und kam nicht mehr heraus. Ein wütendes Gekläff schallte durch die Wohnung. Der Vater stürzte mit wehendem Nachthemd herbei und befreite Struwwelpaul aus einem

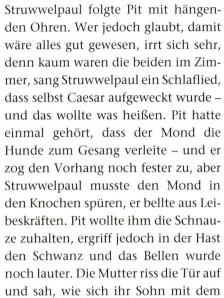

Handtuch, in das er sich verbissen hatte. „Ich werfe ihn auf die Straße." Pit schlich aus seinem Zimmer zu der Stätte des Unheils, wo ihn der Hund schwanzwedelnd begrüßte.

„Ich nehme ihn in mein Zimmer." Der Vater hatte schon die Wohnungstür geöffnet.

„Er ist doch fremd hier", klagte Pit. Der Vater schimpfte noch eine Weile, dann ließ er seinem Sohn den Willen.

Struwwelpaul folgte Pit mit hängenden Ohren. Wer jedoch glaubt, damit wäre alles gut gewesen, irrt sich sehr, denn kaum waren die beiden im Zimmer, sang Struwwelpaul ein Schlaflied, dass selbst Caesar aufgeweckt wurde – und das wollte was heißen. Pit hatte einmal gehört, dass der Mond die Hunde zum Gesang verleite – und er zog den Vorhang noch fester zu, aber Struwwelpaul musste den Mond in den Knochen spüren, er bellte aus Leibeskräften. Pit wollte ihm die Schnauze zuhalten, ergriff jedoch in der Hast den Schwanz und das Bellen wurde noch lauter. Die Mutter riss die Tür auf und sah, wie sich ihr Sohn mit dem Hund auf dem Boden wälzte.

„Ich glaube, er ist ein Mondanbeter", sagte Pit atemlos und stand auf. Struwwelpaul kroch unters Bett und knurrte. Auch diesmal setzte sich Pit mit Erfolg für seinen Freund ein. „Jetzt ist er muckshundestill. Hörst du, er schläft schon."

Was aber wie ein Schnarchen klang, waren die Geräusche, die Struwwelpaul beim Zerreißen der Schuhe machte, die Pit jeden Abend unters Bett stellte. Für sie kam jede Hilfe zu spät. Pit knipste das Licht aus und hoffte, dass sich Struwwelpaul in der Dunkelheit beruhigen würde. Er sprang ins Bett und lauschte. Ein Knurren, Reißen und Kratzen ertönte. Wieder sprang Pit auf. Diesmal waren es seine Hose und sein Hemd, die in Fetzen herumlagen. Struwwelpaul hockte auf allen vieren da und schaute Pit aus

220 halb verdeckten Augen an. Er schien glücklich zu sein, sehr glücklich.

„Wahrscheinlich hat er noch Hunger", dachte Pit und schlich in die Küche um ein Stück Brot zu holen. Als er

225 zurückkam, lag Struwwelpaul im Bett. Sein Fell zitterte behaglich. Pit kroch neben ihn unter die Bettdecke und versuchte seinen Nachbarn aus dem Bett zu stoßen. Struwwelpaul stemmte die

230 Pfoten auf. So konnte das nicht weitergehen, aber es ging so weiter. Pit schlief erschöpft ein, neben ihm rumorte der nach Straße stinkende Struwwelpaul, der erst dann einschlief, als er das Fe-

235 derbett aufgerissen hatte, sodass die Federn im Zimmer herumflogen.

Am nächsten Morgen schloss Pit gleich wieder die Augen, als er das Unheil sah. Struwwelpaul

240 schlief am Fußende
und hatte eine
Pfote über den
Kopf ge-
legt.

245 Pit

schlug die Augen zum zweiten Mal auf, aber noch immer hatte er nicht den Mut aufzustehen. Struwwelpaul hatte seinem Namen Ehre gemacht, das

250 ganze Zimmer war zerstruwwelt. Als die Mutter ihren Sohn wecken wollte, schrie sie auf und taumelte zurück.

„Was ist denn hier geschehen?"

„Struwwelpaul hat nach einem Schatz

255 gegraben", stammelte Pit, der sich nicht sehr wohl in seiner Haut fühlte.

„In deiner Hose?", fragte die Mutter.

„Überall."

Der Vater stürmte mit Rasierseife auf der Wange in das Zimmer. „Ich zähle

260 bis drei, wenn dann der Hund nicht verschwunden ist, geschieht ein Unglück."

Aber Struwwelpaul konnte nicht zäh-

265 len und gähnte. Er hatte ein weißgefiedertes Fell, jedoch machte der Vater nicht viel Federlesens und jagte ihn auf die Straße.

Pit musste in seinem Sonntags-

270 staat in die Schule gehen. Als er wieder nach Hause kam, saß Struwwelpaul vor der Tür und wedelte mit dem Schwanz.

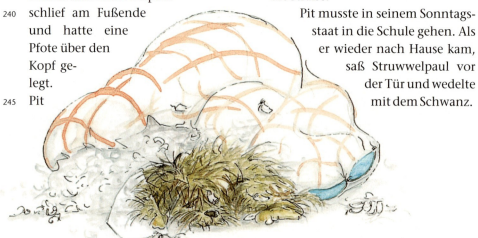

1   Wie könnte die Geschichte weitergehen? Schreibe eine Fortsetzung.
2   Du bist zu einem Tier gekommen. Erfinde dazu eine Geschichte.

Wolf Spillner

Gänse überm Reiherberg

Kurt, von allen Knuppe genannt, lebt in einem Dorf am See, der einer der selten gewordenen Brutplätze der Wildgänse ist. Er hat es sich in den Kopf gesetzt die Wildgans Emma aufzuziehen und zu zähmen, ihn lässt diese Idee nicht los …

Es waren die besten Ferien, die ich mir vorstellen konnte. Ein Wetter hatten wir! Zum Eierlegen, würde Vater sagen.

5 Und Emma wuchs, da konnte man zusehen. Ihre Flügelfedern wurden von Tag zu Tag länger und sie hatte schon einen kleinen Schwanz. Ihr pelziges Daunenfell verschwand. Sie

10 wurde richtig schön. Wenn sie über den Hof ging mit ihrem aufgereckten Hals, sahen unsere Enten plump dagegen aus.

Die Glucke kümmerte sich nicht mehr

15 um sie. Vielleicht hatte sie gemerkt, dass mit diesem Kind irgendwas nicht richtig war. Sie scharrte mit den Barnefeldern[1] und den Leghorns[1] und fing wieder an zu legen.

20 Und Emma passte auf mich auf. Wenn die Hühner am Morgen rausgelassen wurden, stand sie hinter der Tür. Sie konnte schon ein bisschen schnattern. Kaum war die Tür offen,

25 rannte sie über den Hof zur Veranda. Mutter lachte jedes Mal und ich kam so schnell wie möglich raus. Dann ging das Gegacker erst richtig los. Emma streckte den Hals vor und schnatterte,

so gut sie konnte. Vater schüttelte bloß 30 den Kopf. „So was von zahm, das gibt's doch gar nicht!"
Und ich freute mich.
Aber war sie wirklich so zahm? Das musste erst bewiesen werden! Ich hatte 35 Angst davor, aber es half nichts – ich musste es mal versuchen!
Ich wusste, wohin die wilden Graugänse jeden Morgen zum Fressen kamen. Sie waren jetzt nicht mehr ganz 40 so scheu und blieben auf den Koppeln. Manchmal bis mittags. Denn die Jungen konnten gut rennen, einige schon flattern. Als die Gössel[2] noch klein waren, kamen die Alten mit ihnen nur 45 ganz zeitig morgens an Land. Wenn sie gestört wurden, kehrten sie meist nicht zurück.
Jetzt war das anders. Ich konnte meinen Versuch machen. Aber erst übte 50 ich noch ein paar Tage mit Emma. Sie musste lange und weit hinter mir herlaufen, obwohl ihr das bestimmt schwer fiel. Bis zum Kirchberg rauf, um die ganze lange Steinmauer rum, zu 55 Schülers Gehöft runter und dann wieder nach Hause. Ein bisschen wollte ich auch, dass Kalle mich sah. Aber er war nicht da. Nur Purzel kläffte. Emma erschrak. Sie machte ihren Hals lang 60 und zischte. Purzel kniff den Schwanz zwischen die Beine und verschwand hinter der Scheune.
Am nächsten Morgen zogen wir los. Das Gras war noch nass vom Tau. Wir 65

---

1 **Barnefelder, Leghorns:** Hühnerrassen 2 **Gössel:** junge Gans

gingen gleich quer über die Koppel zum See runter. Ich blieb gar nicht erst stehen, damit Emma nicht fressen konnte. Sie sollte richtig ausgehungert
70 sein, wenn wir am Ufer waren. Sie hatte auch am Abend nichts bekommen.

Mein Versteck hatte ich ein paar Tage vorher fertig. Ich musste Emma
75 überlisten!

Die wilden Gänse waren noch nicht da. Nur der Storch stakte über die Wiese und schnappte manchmal mit dem Schnabel ins Gras. Seine Jungen
80 auf der Scheune waren schon ziemlich groß. Die Störche mussten ganz schön was heranschleppen von den Wiesen. Er sah aufmerksam zu uns hin. Als wir ihm zu nahe kamen, hüpfte er ein paar
85 Mal, klappte seine großen Flügel auf, flog einen weiten Bogen und segelte zum Nest.

Am Fressplatz der wilden Gänse blieb ich stehen. Das Gras war ganz kurz ge-
90 bissen. [...]

Hier durfte Emma fressen, so viel sie wollte, und als sie nicht aufpasste, kroch ich schnell in mein Schilfversteck.
95 Emma sah aufgeregt nach allen Seiten. Dann fing sie an zu schnattern, und als

sie mich nicht entdeckte, piepte sie mit ihrer Kinderstimme. Am liebsten wäre ich wieder rausgekrochen. Ich saß ganz still und schielte durch die Spal- 100 ten zwischen den Schilfhalmen. Es dauerte lange, bis sich Emma etwas beruhigte. Sie fraß ein bisschen, wimmerte wieder, fraß noch ein bisschen, legte sich ins Gras, stand auf und be- 105 gann von neuem zu fressen. So ging das eine halbe Stunde lang.

Da tauchten die ersten Gänse auf – eine ganze Familie. Die Jungen waren fast schon so groß wie die Alten. Sie 110 schwammen – wie immer – in einer Kette hintereinander. Als sie Emma sahen, stiegen sie schnell an Land. Ich dachte, Emma würde jetzt zu ihnen laufen. Aber sie blieb stehen. Der 115 Ganter senkte den Kopf, trappelte auf Emma zu und zischte sie mit langgestrecktem Hals an. Emma sprang mit einem kleinen Satz zur Seite.

Da stand sie und machte „wiet – wiet – 120 wiet – wiet".

„Emma – Emma – gack – gack – gack", rief ich leise. Die wilden Gänse hoben die Köpfe. Sie sahen zum Versteck. Emma auch. Und sie kam auf das Ver- 125 steck zu. Sie konnte mich nicht sehen. Sie blieb stehen und war wohl ganz

durcheinander. Sie tat mir Leid, aber ich wollte noch warten.

130 Die anderen Gänse fraßen wieder. Sie gingen langsam immer weiter auf die Koppel. Ich wartete noch eine Viertelstunde, da waren sie schon dreißig Meter vom Ufer weg. Emma

135 ging auch ein bisschen weiter nach oben, wo besseres Gras war, und auf dem See kamen noch zwei Gänsefamilien angeschwommen. Als sie ans Ufer kamen, kroch ich vorsichtig aus

140 dem Versteck heraus. Dann sprang ich auf.

Der erste Ganter riss seinen Hals hoch, schrie und flatterte los. Das war ein Flügelschlagen! Alle Gänse rasten

145 zum Wasser – auch Emma fing an zu rennen. Ich sprang vor und schrie: „Emma – Emma – gack – gack – gack – gack!"

Sie rannte den wilden Gänsen nach,

150 die ins Wasser planschten. Ich blieb stehen. Es hatte keinen Zweck, dass ich

hinterherrannte. Ich ging langsam ans Wasser. Emma schwamm schon ziemlich weit draußen.

Ich ruderte mit den Armen, ging in die 155 Hocke und hopste am Ufer lang. Und ich gackerte wie ein Verrückter!

Emma schwamm im Kreis herum, dann hin und her, und dann – hach, ich ließ die Arme runter – kam sie auf 160 mich zu. Erst noch langsam und dann immer schneller.

„Emma, Emma – komm – gack – gack – gack!"

Wenn mich Kalle jetzt gesehen hätte! 165 Aber das war mir egal. Emma kam zu mir und nicht zu den wilden Gänsen.

Ich sprang vor Freude in die Höhe und Emma paddelte flügelschlagend an Land. 170

„Du bist gut, Emma", sagte ich. Sie kam und zerrte mit dem Schnabel an meinen Sandalenriemen. Das machte sie gern. Ich streichelte ihren Rücken und sie war sehr zufrieden! 175

1 „Wenn mich Kalle jetzt gesehen hätte." Kurt erzählt Kalle von seinem Experiment mit Emma.

2 Erkläre, warum sich Kurt zwischen den Schilfhalmen versteckt.

3 Warum lässt Kurt die junge Graugans nicht mit den anderen wegschwimmen?

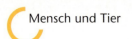
ALEXEJ TOLSTOI

Alexej Tolstoi (1883 in Nikolajewsk geboren und 1945 in Moskau gestorben) musste nach der Oktoberrevolution 1917 als Adliger mit seiner Familie nach Paris auswandern. Dort stellte er traurig fest, dass sein junger, noch in Russland geborener Sohn Nikita sich nicht einmal mehr vorstellen konnte, was eine Schneewehe ist. Dies soll Anlass für eine Reihe von Erzählungen über seine Heimat gewesen sein. 1923 konnte Tolstoi wieder zurückkehren und wurde in der damaligen Sowjetunion hoch geehrt. Alexej Tolstoi ist nicht zu verwechseln mit dem weltbekannten Schriftsteller Leo Tolstoi (1828–1910).

Alexej Tolstoi

Gelbschnabel

Der Gelbschnabel saß auf einem Fleckchen Gras, auf einem besonnten Plätzchen, in der Ecke zwischen der Treppe und der Hauswand und blickte ent-
5 setzt auf den näher kommenden Nikita.

Den Kopf hatte er zurückgeworfen. Der Schnabel mit dem bis zu den Winkeln gelben Streifen lag auf dem
10 dicken Kopf. Der ganze Gelbschnabel sträubte seine Federn und zog die Beine unter den Bauch. Nikita beugte sich zu ihm herab; der Gelbschnabel riss den Schnabel auf um den Knaben abzu-
15 schrecken. Nikita nahm ihn in die hohle Hand. Er war ein noch graues Starenjunges, das vermutlich versucht hatte aus dem Nest zu fliegen, sich aber, noch ungelenk im Fluge, nicht

hatte halten können, gefallen war und 20
sich in die Erde, auf die zur Erde gedrückten Blätter einer Butterblume verkrochen hatte.

Das Herz des Gelbschnabels klopfte verzweifelt. Ein Atemzug noch, dachte 25
er wohl, und schon bist du aufgefressen. Er selbst wusste recht gut, wie man Fliegen, Larven und Würmer verschlingt.

Der Knabe hielt ihn an den Mund. Der 30
Gelbschnabel zog die Lider über die schwarzen Augen; das Herz pochte wild unter dem Gefieder. Aber Nikita hauchte ihm nur auf das Köpfchen und trug ihn ins Haus. Also war der 35
Knabe satt und hatte beschlossen ihn, den Gelbschnabel, sich etwas später einzuverleiben.

Als Alexandra Leontjewna das Staren-
junge sah, nahm sie es ebenso wie Nikita in die Hände und hauchte auf sein
Köpfchen. „Er ist ja noch ganz klein,
der Arme", sagte sie, „so ein richtiger
kleiner Gelbschnabel."

Man setzte den Star auf das Fensterbrett eines nach dem Garten offenen,
mit Mull[1] verhängten Fensters. Die
Zimmerseite wurde gleichfalls bis zur
Hälfte mit Mull verhängt. Der Gelbschnabel verkroch sich sogleich in
eine Ecke und gab damit zu verstehen,
dass er sein Leben teuer zu verkaufen
gedenke. Draußen hinter dem hauch-
dünnen Mull lispelten die Blätter; im
Busch rauften sich die verachteten
Spatzen – diese Diebe und Frechlinge.
Von der anderen Seite, auch hinter
dem Mull, schaute mit großen, beweg-
lichen, unbegreiflichen und bestri-
ckenden Augen Nikita. Verloren, verloren!, dachte der Gelbschnabel wohl.
Nikita jedoch hatte ihn bis zum Abend
nicht aufgefressen, nur Fliegen und
Würmer hatte er hinter den Mull geschoben. Sie mästen mich!, dachte der
Gelbschnabel nur und schielte nach
dem augenlosen roten Wurm – er
wand sich wie eine Schlange gerade
vor seinem Schnabel. Ich werd ihn
nicht fressen, das ist kein echter
Wurm, das ist Betrug!

1 **Mull:** Baumwollgewebe

Die Sonne sank hinter den Bäumen.
Einschläferndes graues Licht schloss
ihm die Augen – immer fester krallte
sich der Gelbschnabel mit seinen kleinen Krallen in das Fensterbrett. Nun
sahen seine Augen schon nichts mehr.
Die Vögel verstummten allmählich im
Garten. Der Schlaf übermannte alles,
es duftete süß nach Feuchtigkeit und
Gras. Immer tiefer versank der Kopf in
den Federn. Mit – für alle Fälle – gesträubtem Gefieder wankte der Gelbschnabel ein wenig nach vorn, dann
auf den Schwanz und schlief ein. Ihn
weckten die Spatzen, die Unfug trie-
ben und sich auf einem Fliederzweig
rauften. Die Blätter hingen noch
feucht in der Frühdämmerung. Etwas
entfernter pfiff süß und vergnügt
schnalzend ein Star. Ich kann nicht
mehr, ich will essen, sonst wird mir
übel, dachte der Gelbschnabel und sah
den Wurm, der sich bis zur Hälfte in
eine Ritze des Fensterbrettes geflüchtet
hatte, sprang hin, erwischte ihn am
Schwanz, holte ihn heraus und
schlang ihn hinunter. Nicht übel – er
hat gut geschmeckt!

Das Licht wurde blauer. Die Vögel begannen zu singen. Und da fiel auf den
Gelbschnabel ein warmer, heller Son-
nenstrahl durch das Blätterlaub. Wir
werden noch leben, dachte der Gelbschnabel und sprang hinzu, pick-
te eine Fliege auf und verschlang sie.

In diesem Augenblick er-
dröhnten Schritte. Ni-
kita kam und streck-
te seine gewaltige
Hand hinter den
Mull. Er öffnete

71

sie und schüttete Fliegen und Gewürm auf das Fensterbrett. Gelbschnabel hatte sich vor Angst in die Ecke geflüchtet. Die Flügel gespreizt, blickte er auf die Hand, allein sie verharrte über seinem Kopf und verschwand dann hinter dem Mull; auf Gelbschnabel aber schauten wiederum die merkwürdigen, brennenden, schillernden Augen.

Als Nikita gegangen war, kam Gelbschnabel wieder zu sich und dachte: Er hat mich doch nicht gefressen und hätte es ja gekonnt. Er frisst also Vögel nicht. Nun, dann brauche ich mich auch nicht zu fürchten.

Gelbschnabel aß sich satt, putzte seine Federn mit dem Schnäbelchen, hüpfte am Fensterbrett entlang, und die Spatzen betrachtend nahm er sich einen alten mit zerrauftem Nacken aufs Korn und begann ihn zu necken, drehte das Köpfchen und übertönte ihn pfeifend: „Fü-ü-t, tschilik, tschilik, fü-ü-t!"Der Spatz ärgerte sich, plusterte die Federn auf und warf sich mit aufgerissenem Schnabel auf den Star – stieß aber in das Mullgewebe. Nun – ist dir's bekommen? Geschieht dir recht!, dachte Gelbschnabel und watschelte auf dem Fensterbrett hin und her.

Dann erschien Nikita wieder, steckte die Hand hinein, dieses Mal aber leer, und kam mit ihr sehr nahe heran. Gelbschnabel sprang auf, hackte mit aller Kraft nach seinen Fingern, sprang zurück und machte sich fertig zum Kampf. Allein Nikita riss nur den Mund auf und lachte laut: „Hahaha!" So verging der Tag – zu fürchten war nichts, das Futter gut, doch es wurde langweilig. Gelbschnabel konnte kaum die Abenddämmerung erwarten und schlief mit Wonne die Nacht durch.

Frühmorgens, als er gefressen hatte, begann er Ausschau zu halten, wie er wohl hinauskäme. Er ging auf dem ganzen Fensterbrett umher, fand aber keinen Spalt. Dann sprang er aufs Tellerchen und trank: Er fing Wasser mit dem Schnabel auf, warf das Köpfchen zurück und schluckte – ein Kügelchen rollte die Kehle hinab.

Der Tag war lang. Nikita brachte Gewürm und reinigte das Fensterbrett mit einer Gänsefeder. Draußen versuchte ein kahlköpfiger Spatz einen Kampf mit einer Dohle, die ihm aber einen solchen Stoß versetzte, dass er kopfüber wie ein Stein ins Laub fiel und von dort mit aufgeplustertem Gefieder hinaufsah.

Eine Elster kam aus irgendeinem Grund ans Fenster geflogen, schwätzte, lief geschäftig hin und her, wackelte mit dem Schwanz, aber es kam nichts Gescheites dabei heraus.

Ein Rotkehlchen sang lange und zart vom heißen Licht der Sonne, vom honigsüßen Klee. Gelbschnabel wurde wehmütig zumute, denn in seiner eigenen Kehle gluckste es schon, er wollte auch singen, aber – doch nicht auf einem Fensterbrett hinter Gittern.

Er spazierte wieder auf dem Fensterbrett herum und sah plötzlich ein entsetzliches Tier: Es ging, es schlich auf weichen, kurzen Pfoten, es kroch mit dem Bauch auf dem Boden. Es hatte einen runden Kopf, mit einigen aufrecht stehenden Spürhaaren um das Maul; die grünlichen Augen aber und die schmalen Augensterne brannten in teuflischer Bosheit. Gelbschnabel hockte sich ängstlich hin und rührte sich nicht.

Der Kater Wassili Wassiljewitsch sprang leicht auf, krallte sich mit seinen langen Krallen am Rand des Fensterbretts fest, blickte durch das Mullgewebe auf Gelbschnabel und riss das Maul auf... Gott im Himmel, im Rachen schimmerten Hauer, länger als sein eigener Starenschnabel! Der Kater schlug mit der Pfote in das Gewebe und zerriss den Mull ... Gelbschnabel

sank das Herz, seine Flügel wurden schlaff ... Doch in diesem Augenblick, gerade zur rechten Zeit, erschien Nikita, ergriff den Kater am gesträubten Fell und warf ihn zur Tür hinaus. Wassili Wassiljewitsch schrie gekränkt auf und verschwand, den Schwanz hinter sich her schleifend.

Stärker als Nikita ist niemand, dachte Gelbschnabel nach diesem Vorfall. Und als Nikita wiederkam, ließ er sich das Köpfchen streicheln, obschon er sich vor Schreck doch wieder auf den Schwanz setzte.

Auch dieser Tag ging zu Ende. Frühmorgens stelzte der frohgestimmte Gelbschnabel wieder auf seinem Platz herum und sah auch gleich das Loch, das der Kater mit seinen Krallen in den Mull gerissen hatte. Gelbschnabel steckte den Kopf hindurch, schaute um sich, kroch hinaus, sprang in die leicht wehende Luft hinein und flatterte mit den Flügeln schlagend über den Boden hin.

In der Tür hob er sich und sah im zweiten Zimmer, am runden Tisch, vier Personen sitzen. Sie saßen – nahmen große Stücke mit den Händen und steckten sie in den Mund. Alle vier wandten den Kopf und schauten ihn an ohne sich zu bewegen. Er begriff, dass er in der Luft anhalten und umdrehen müsse, vermochte aber nicht diese schwere Wendung im Fluge zu machen – er fiel auf einen Flügel, drehte sich herum und setzte sich auf den Tisch, zwischen ein Glas Marmelade und die Zuckerdose ... und sofort sah er auch Nikita vor sich. Da hüpfte er gleich ohne zu überlegen auf die Zuckerdose und von dort auf die Schulter von Nikita, setzte sich, plusterte sich auf und ließ sogar die Augenhäutchen halb herab.

Als Gelbschnabel ein Weilchen auf Nikitas Schulter gesessen hatte, flatterte er hoch zur Decke, fing eine Fliege, setzte sich auf den Gummibaum in der Ecke, kreiste ein wenig unter dem Kronleuchter und flog, inzwischen hungrig geworden, zu seinem Fenster, wo schon frisches Gewürm auf ihn wartete.

Gegen Abend stellte Nikita ein Häuschen mit einem Vorbau auf das Fens-

73

terbrett, das auch ein Türchen und zwei Fensterchen hatte. Gelbschnabel gefiel es, dass es im Häuschen dunkel war; er sprang hinein, drehte sich einmal herum und schlief ein.

In derselben Nacht mauzte der Kater Wassili Wassiljewitsch mit heiserer Stimme, weil er wegen seines versuchten Raubzuges in eine Kammer hinter Schloss und Riegel gesetzt worden war, nicht einmal Mäuse wollte er fangen, saß an der Tür und klagte, dass es ihm selbst peinlich wurde.

So lebte nun, außer dem Kater und dem Igel, noch ein drittes Lebewesen im Hause – Gelbschnabel. Er war sehr selbstständig, klug und unternehmend. Er hörte es gern, wenn Menschen sprachen, und wenn sie sich an den Tisch setzten, horchte er, das Köpfchen zur Seite geneigt, und sagte mit singender Stimme: „Sascha ...", sodann verneigte er sich. Alexandra Leontjewna versicherte, er verbeuge sich vor ihr. Wenn die Mutter

Gelbschnabel erblickte, sagte sie immer zu ihm: „Sei gegrüßt, sei gegrüßt, du grauer, du lebhafter und starker Vogel!" Gelbschnabel hüpfte dann sogleich der Mutter auf die Schleppe des Kleides und schien mit dieser Fahrgelegenheit sehr zufrieden zu sein.

So lebte er bis zum Herbst, wuchs heran, tauschte sein graues mit einem wie Rabenflügel schwarz glänzenden Federkleid. Er lernte gut russisch sprechen, hielt sich fast den ganzen Tag im Garten auf, aber in der Dämmerung kehrte er stets in sein Häuschen auf dem Fensterbrett zurück.

Im August lockten ihn wilde Stare in den Schwarm und lehrten ihn das Fliegen, und als im Garten die Blätter fielen, flog Gelbschnabel eines Morgens früh mit den Zugvögeln übers Meer nach Afrika.

1 Erzähle, wie Gelbschnabel die Welt vor dem Fenster erlebt.
2 Informiere dich über Aussehen und Lebensweise von Staren. Vielleicht findest du auch Fotos.
3 Nikita erzählt in der Schule von Gelbschnabel.
4 Der Vater Tolstoi erzählt seinem Sohn Nikita diese Geschichte. Warum hat er wohl die Sicht Gelbschnabels gewählt?
5 Diskutiert die Frage, ob der Erzähler die Tiere vermenschlicht.

Wir beobachten Tiere

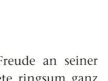

Liam O'Flaherty

Die Maus

Ein kleiner schwarzer Kater spielte in der Sonne. Er schlug mit den Vorderpfoten auf ein Stück Packpapier und stieß es neben einem runden Blumen-
5 beet über den Rasen. Er schlug zierlich zu, jeweils nur mit einem Pfötchen, und verfolgte es mit raschen Sprüngen um sich dann wieder ins kurze Gras zu schmiegen. Der harsche Laut, den je-
10 der Pfotenhieb auf dem Papier hervorrief, machte ihm Spaß.

Plötzlich verspürte er einen Drang nach wilder Bewegung. Er hieb mit beiden Pfötchen auf das Papier und hielt
15 es fest. Dann stellte er sich auf die Hinterpfoten und schleuderte es in die Luft. Als es herabsegelte, streckte er die Krallen aus und schlug ungestüm danach. Während die Krallen es aufris-
20 sen, entstand ein schrilles Geräusch. Das regte ihn auf und er tat, als fürchte er sich, und lief mit aufgestelltem Schwanz davon, so schnell er nur konnte.

25 Er lief um das halbe Blumenbeet herum und tat nun, als verfolge ihn ein Feind. Er sprang in die Blumen hinein, versteckte sich zwischen ihnen und duckte sich. Jetzt war er wirklich wild
30 und auf einen Kampf versessen. Das Fell auf seinem Rücken sträubte sich. Er krümmte den Körper und war sprungbereit. Er war beinah erwachsen und hatte schon Jagdinstinkte.
35 Da ihn niemand in seinem Versteck aufstöberte, wurde er des Spiels bald überdrüssig. Auf den Kampfeseifer folgte eine innige Freude an seiner Umgebung. Es duftete ringsum ganz köstlich. Blumen, die sanfter als sein
40 seidiges Fell waren, berührten ihn auf allen Seiten. Der köstliche Duft und die weichen Blütenblätter weckten den Wunsch in ihm etwas zu liebkosen. Er begann leise zu schnurren und
45 sanft gegen die Blumen zu stoßen. Aber das regte ihn auf und wieder verspürte er den Drang nach wilder Bewegung. Er wälzte sich und streckte sich und schleifte den Bauch über den Bo-
50 den.

Plötzlich hörte er es rufen und setzte sich auf das Hinterteilchen. Der Ruf wurde wiederholt. Er stürzte aus dem Blumenbeet und in die Richtung, aus
55 der er den Ruf vernahm. Dann sah er seine Mutter von der Hausecke her den Rasenhang herunterkommen. Sie lief ganz merkwürdig, fast war es ein Rennen, und dabei hatte sie den Rücken
60 eingezogen und hielt den Kopf dicht über dem Boden. Sie trug etwas im Maul. [...]

Es war eine kleine braune Maus, die sie erwischt hatte, als sie unter dem Kü-
65 chentisch an einem Käsebröckchen knabberte. Sie war nicht verletzt, da die Katze noch nicht ihre Zähne in die Maus vergraben hatte, aber sie war vor lauter Angst und von dem Aufprall der
70 Krallen, als die Katze sich auf sie stürzte, noch ganz betäubt. Als ihr die Katze jetzt auf das Hinterteil klopfte, bewegte sie sich unwillkürlich. Sie

75 schleppte sich etwa zwölf Zentimeter über den Rasen und hielt dann inne, weil ihr Körper so zitterte, dass sie nicht weiterkonnte. Das Zittern war so gering, dass es nicht wahrnehmbar 80 war, ausgenommen am Schnurrbart und an der spitzen Schnauze, die bei jedem verkrampften Atemzug nervös zusammenzuckte.

Sie lag jetzt beinah auf der Seite; der 85 riesige Schwanz glich einer kahlen Wurzel und war lang ausgestreckt. Die braunen Flanken und der Rücken waren von der Berührung mit dem Katzenmaul nass geworden. An den 90 feuchten Stellen war das Fell niedergedrückt und vom Zugriff der Katzenzähne wie eingekerbt.

Der kleine Kater folgte der Maus, sowie das winzige Tier sich zu bewegen be-95 gann. Anstatt mit der gebogenen Pfote nach der Maus zu langen und mit ihr zu spielen, wie er es sonst immer tat, lief er verwirrt im Kreis herum, von einem seltsamen Gefühl eingeschüchtert. Dann warf er sich platt aufs Gras und beobachtete interessiert den langen

Schwanz. Er glich einer Schnur, die 105 langsam weitergezogen wurde. Als die Maus innehielt, kam der kleine Kater ein bisschen näher, streckte die Pfote aus und tippte damit auf den Schwanz. Die Maus kroch noch ein paar Zenti-110 meter weiter und lag dann still. Wieder tippte der kleine Kater auf den Schwanz. Diesmal bewegte sich die Maus nicht. Das Käterchen blickte seine Mutter an und miaute kläglich. 115 Er wusste nicht, was er mit dem kleinen Tier anfangen sollte, das eine vertraute Schnur nach sich schleifte.

Die Katzenmutter saß, nachdem sie die Maus angestupft hatte, aufrecht da. Sie 120 tat so, als interessiere sie sich weder für die Maus noch für ihr Käterchen. Sie begann emsig ihre Brust zu belecken. Als der kleine Kater miaute, gab sie das Lecken auf und wandte sich wieder der 125 Maus zu. Mit wildem Grollen stürzte sie sich auf die Maus, nahm sie ins Maul und warf sie hoch in die Luft. Mit einem Luftsprung lief sie ihr nach und fing sie geschickt mit den Pfoten auf, 130 fiel mit ihr zu Boden und überschlug sich. Dann ließ sie die Maus fallen und klopfte ihr derb aufs Hinterteil. Durch die wilden Rufe, den jähen Flug

135 durch
die Luft und
den derben Zu-
griff der Katzen-
pfoten wurde die
140 Maus aus ihrer Starre gerissen. Sobald sie losgelassen
wurde, begann sie quiekend zu
rennen. Jetzt hatte die Furcht sie ge-
packt und sie bemühte sich verzweifelt
145 zu entkommen.
Die Katze ließ sie ein paar Meter weit
rennen und hoffte, ihr Käterchen
würde es seiner Mutter gleichtun, die
Maus verfolgen und sich auf sie stür-
150 zen. Doch der kleine Kater hatte das
Spiel noch nicht begriffen. Er fürchtete
sich noch immer vor dem seltsamen
Gefühl, das durch den Geruch des
braunen Körpers in ihm erregt worden
155 war, der den schnurartigen Schwanz
hinter sich herzog. Aus alter Gewohn-
heit folgte er der Schnur, klopfte mit
der Pfote darauf und wandte den Kopf
hin und her. [...]
160 Plötzlich entstand ein furchtbares
Getöse, sodass die Schnauze des kleinen Katers hörbar zuschnappte. Ein
Hund hatte ohrenbetäubend gebellt.
Das Käterchen schaute sich um und
165 sah, dass ein großer weißer Hund mit
schwarzen Flecken sich in rasendem
Lauf näherte, und im Näherkommen
bellte er. Sofort vergaß das Käterchen
die Maus. [...]
170 Die überwältigende Größe des heran-
stürmenden Hundes und der ohrenbe-
täubende Lärm, den er machte, ließen
den kleinen Kater entsetzt zusammen-

schrecken. Mit gesträubtem Pelz floh
er fauchend zum Haus hinauf.   175
Die Katzenmutter wandte sich eben-
falls zur Flucht, aber nachdem sie ein
kleines Stück gelaufen war, kehrte
sie um und wollte die Maus holen.
Noch ehe sie zur Maus kam, hatte   180
der Hund die Katze erreicht. Sie
warf sich auf den Rücken und
streckte alle vier Füße mit den ge-
spreizten Krallen in die Luft. Der
Hund konnte sich nicht mehr
bremsen und fiel auf sie. Sie zer-
kratzte ihm die Schnauze und
winselnd ließ er von ihr ab. Blitzschnell fuhr sie hoch und floh. Er
folgte ihr im gleichen Tempo und   190
hatte sie bald eingeholt. Sie balgten
sich die ganze Strecke bis zu einem Lor-
beerstrauch, wo die Katze in Deckung
ging. Der Hund
rannte um den
Busch herum,
bellte und scharrte
den Boden auf.
Das laute Gebell und
die wilde Flucht brachten
die kleine Maus zur Besin-
nung. Sie drehte sich auf den Bauch
und begann sich weiterzuschleppen.
Ihren gelähmten Beinen gelang es
nicht den Körper zu tragen, daher   205
musste sie auf dem Bauch kriechen.
Doch nach und nach fasste sie Mut.
Endlich glückte es ihr sich auf die Bein-
chen zu stellen und sie fing an zu rennen. Sie wusste nicht, wohin sie floh,   210
aber es war die dem Bellen entgegenge-
setzte Richtung.
Dann plötzlich warf sie sich platt ins
Gras, weil ein neuer Schrecken sie be-
drohte. Eine Frau kam über den Rasen   215

gerannt und rief den Hund. Im Vorbeilaufen trat sie fast auf die Maus. Ein Weilchen lag die Maus ganz still und zitterte, bis die Stimme der Frau nur noch aus der Ferne herdrang. Nun rannte sie aus Leibeskräften, bis sie einen Schuppen erreichte. Sie kroch durch ein Loch unter der Tür und verbarg sich in einem Haufen Kleinholz.

Die Frau verjagte den Hund. Danach kam die Katze aus dem Strauch und lief ärgerlich miauend zu der Stelle, wo sie die Maus liegen gelassen hatte. Der kleine Kater rannte aus dem Haus und zu seiner Mutter. Gemeinsam schnupperten sie den Rasen ab und miauten zornig und mit krummem Buckel; den Kopf hatten sie dicht am Boden und die Zunge schaute heraus. Sie konnten die Spur des Flüchtlings nicht wiederfinden.

Die Maus war mittlerweile vor Erschöpfung eingeschlafen und lag wohlbehütet zwischen dem Kleinholz.

1 Woran merkt man, dass die Begegnung mit der Maus für den jungen Kater eine neue Erfahrung ist? Sucht Belege aus dem Text.

2 Wie lernen Katzen das Mäusefangen? Beschreibt den Vorgang für ein Sachbuch.

3 Warum lässt der Erzähler die Maus mit dem Leben davonkommen?

4 In den Erzählungen „Der Gelbschnabel" (S. 70 ff.) und „Die Maus" wird das Geschehen jeweils aus der Sicht der Tiere wiedergegeben. Gibt es Unterschiede?

5 Ein Tier nähert sich dir. Wie nimmt es Kontakt zu dir auf? Beschreibe genau jede Bewegung. Erzähle ganz anschaulich.

Lothar Dittrich, Heinz Schmidbauer

Die Zwergmaus

Zwergmäuse sind bezaubernde und außerordentlich gewandte Kletterer unter den Mäusen. Mit einem Gewicht von nur 5 bis 11 Gramm und einer
5 Körperlänge von 5 bis 7,5 cm ist die Zwergmaus die kleinste unter unseren heimischen Mäusearten. Landschaften mit hohem Graswuchs, also Naturwiesen, Waldlichtungen und Busch-
10 land, aber auch Getreidefelder, sind ihr Lebensraum. Geschickt sichert sich der kleine Kletterer mit dem Schwanz in den Halmen.

Zwergmäuse fressen gern reife Gras-
15 samen und in den Feldern auch Getreidekörner. Doch stellen sie auch häufig Insekten nach. Selbst das dichte Gespinst einer Mottenart kann eine Zwergmaus nicht davon abhalten, sich
20 schließlich doch Zugang zu den fetten Raupen und den Puppen des Schmetterlings zu verschaffen.

Neuere Untersuchungen haben ergeben, dass Insekten einen hohen Anteil
25 ihrer Nahrung ausmachen. In den Getreidefeldern vernichten sie viele Pflanzenschädlinge und so machen die Zwergmäuse den Schaden, den sie durch Ausfressen von Ähren anrich-
30 ten, in hohem Maß wieder wett. Die reichliche Verwendung von Insektiziden[1] in der Feldflur ist aber für die Zwergmaus fatal gewesen. Mit der Aufnahme toter, vergifteter Insekten ha-
35 ben sich viele Mäuse ums Leben gebracht.

Außer Samen und Insekten stehen noch Früchte von Feld- und Waldkräutern auf ihrem Speiseplan, Walderdbeeren zum Beispiel.
40
Große Nahrungsbrocken fassen Zwergmäuse mit den Händen und beißen kleine Stückchen davon ab, sicher verankert in den Pflanzenstängeln mit den gelenkigen Zehen ihrer Hinter-
45 füße.

Die Beobachtung der Fortpflanzung so scheuer und verborgen lebender und dabei doch so behender Tiere ist im Freiland schwierig.
50
Mit Ausnahme der Wintermonate paaren sich die Zwergmäuse zu allen Jahreszeiten. Ein Zwergmausweibchen kann pro Jahr sechs bis sieben Würfe aufziehen. Meist sind es aber weniger
55 und die Fortpflanzung fällt nur in die warmen Monate. [...]

1 **Insektizid:** Gift gegen Insekten

79

Die Zwergmäuse bauen als einzige Vertreter ihrer Familie als Kinder-
60 wiege ein kunstvolles Nest hoch oben in den Halmen, etwa 30 bis 80 cm über dem Boden. Stängel und Blätter nahe beieinander stehender Gräser werden zu einem Gerüst verflochten,
65 das dann von innen weiter ausgebaut wird, bis ein faustgroßes Kugelnest mit Eingang entstanden ist. Die Hauptarbeit beim Nestbau übernimmt das Weibchen und es baut haupt-
70 sächlich in der Nacht. Man konnte beobachten, dass ein Zwergmaus-weibchen in einer einzigen Nacht, in nur etwa acht Stunden, eine Nestku-gel vollenden konnte. Um die Blätter
75 und Stängel haltbar miteinander ver-flechten zu können, spleißt[2] die Maus diese mit den Nagezähnen der Länge nach auf.

2 **spleißen:** spalten

Über die Dauer der Tragzeit bei den Zwergmäusen bestand bis in die 80 jüngste Zeit keine Klarheit. Zuchtex-perimente haben ergeben, dass die Tragzeit bei der Zwergmaus nur 14 Tage beträgt.
Die Neugeborenen sind nackt und 85 blind. Sie wiegen knapp ein Gramm und sind ungefähr 2 cm lang. Anfäng-lich noch recht hilflos, wachsen sie aber, fürsorglich von der Mutter im Nest betreut, schnell heran. Dem Vater 90 wird der Zugang zum Nest verwehrt. Meist hat ihn das Weibchen längst aus dem Revier vertrieben.
Etwa 14 Tage lang werden die Jungen im Nest gesäugt. Feste Nahrung trägt 95 ihnen die Mutter nicht zu. Sie leckt ihre Kinder ausgiebig und wärmt sie, bis das eigene Fell die Jungen vor Kälte schützt. Die Mutter leckt auch den Kot und Urin der Jungen auf, sodass 100 das Mäusenest blitzsauber bleibt und

Raubtieren, die sich mit der Nase orientieren, nicht auffällt. Ist Gefahr im Verzug, verlässt die Mutter schnell das Nest um nicht durch ihren Körpergeruch den Aufenthaltsort der Jungen zu verraten.

Wenn die Jungen 14 Tage alt geworden sind, verlassen sie das Nest zum ersten Mal und erkunden dessen nähere Umgebung. Sie sind jetzt etwas mehr als halb so groß wie die Mutter, behaart und schon völlig selbstständig. Bald darauf beginnen sie nach Nahrung zu suchen, denn ungefähr am 18. Lebenstag werden sie zum letzten Mal gesäugt.

Die Mutter verlässt jetzt häufiger und für längere Zeit ihre Kinder und diese erkunden mit einem enormen Nagetrieb in der Nähe ihres Nestes, was für sie genießbar ist. Dabei zerstören sie oft sogar ihre eigene Kinderwiege. Wenn Zwergmäuse in einem Getreidefeld zur Welt gekommen sind, entdecken sie natürlich nun das Getreide als schmackhafte Nahrungsquelle. Vor allem die gerade heranreifenden Körner finden ihre Aufmerksamkeit.

Ausgefressene, noch auf dem Halm stehende und nicht völlig ausgereifte Ähren können dem Kundigen die Anwesenheit der kleinen Kletterkünstler verraten, und wenn man sich jetzt in der Dämmerung auf die Lauer legt, kann man mit etwas Geduld und Geschick die muntere Mäusegesellschaft entdecken und beobachten, die allerdings erst abends und dann vor allem in der Nacht besonders aktiv ist.

Die Mäusemutter ist noch bei den Jungen und an ihrer bedeutenderen Größe und dem etwas rötlichen Fell von den Kindern gut zu unterscheiden. Sie bleibt noch ein paar Tage in ihrer Nähe, bis sie die Jungen verlässt um sich erneut zu paaren und an einem anderen Ort für den nächsten Wurf ein neues Nest zu bauen.

Wie alle jungen Mäuse sind auch die jungen Zwergmäuse eine muntere, spiellustige Gesellschaft. Vier bis fünf Wochen alt geworden, werden sie das Areal[3], in dem ihr Nest gestanden hat, verlassen und sich ein eigenes Territorium[4] und einen Geschlechtspartner suchen. Im Alter von zwei Monaten können die jungen Weibchen dann selbst schon ihre ersten Jungen haben.

3 **Areal:** Bereich, Gebiet
4 **Territorium:** Gebiet

---

1   Die Entwicklung der jungen Mäuse verläuft sehr schnell. Zähle die einzelnen Stufen auf.

2   Hast du auch schon einmal junge Tiere erlebt? Was konntest du beobachten?

Helmut Barth

Heia Safari

Der Tierfilmer Helmut Barth war zusammen mit Phil Leakey, dem Sohn eines bekannten Afrikaforschers, und sechs afrikanischen Mitarbeitern auf Safari[1] im Tsavo-Nationalpark in Kenia. Am Galanafluss beobachteten sie den Zug eines Wanderameisenvolkes.

Träge und braun floss der sechzig Meter breite Galanafluss dahin. [...]
Unweit vom Ufer, auf einer Anhöhe, stießen wir auf ein fußbreites dunkles
5 Band, eine Ameisenstraße. Zu beiden Seiten säumten „Soldaten" als Wächter den Weg, die in aufrechter Haltung drohend ihre Waffen in die Höhe streckten. Ein pulsierender Strom von
10 Arbeitsameisen bewegte sich in beide Richtungen. Die Luft war erfüllt von einem pausenlosen Knistern und Rascheln. Nach wenigen Schritten standen wir vor einem Biwak[2], dem Nest
15 der Königin. Ein zwei Meter breiter Steinhaufen mit Quadern und dürftigen Sträuchern beherbergte die große Masse der Wander- oder Siafu-Ameisen. Einige senkrecht stehende Fels-
20 platten wirkten wie Zinnen und Wachtürme einer mittelalterlichen Festung, die Spalten und Überschneidungen wie Wehrgänge und Burgtore. In diesem wehrhaften Gewimmel
25 wollte ich mit riesenhaft vergrößerndem Kameraauge die Beutezüge, Fressorgien[3], Machtkämpfe und Überle-

bensraffinessen[4] belauern und wirkungsvoll ins Bild setzen.
Als ich das niedere Spezialstativ in 30 das Biwak setzte, musste ich die schmerzliche Erfahrung machen, dass die Kamera nur für fünfzehn Sekunden bedient werden konnte. Während dieser kurzen Zeitspanne schwärmten 35 die Siafu-Soldaten über Hände, Gesicht und Körper. Die Angreifer setzten gemeinsam auf ein mysteriöses[5] Signal hin ihre Beißwerkzeuge an und zerschnitten meine Haut. Vom 40 Schmerz gepeinigt machte ich einen Satz zwischen die bereit stehenden Afrikaner, die so schnell wie möglich die Plagegeister mit Sträuchern und Handbesen abstreiften. Einige hart- 45 näckig verbissene Soldaten konnten nur mit den Fingern abgezupft werden. Trotz der Hitze mummte ich meinen Körper am folgenden Tag von Kopf bis Fuß ein, trug Lederhand- 50 schuhe und verschnürte die Öffnungen an Armen und Beinen so fest wie möglich. Vergeblich! Als ob sie meine Absicht als Herausforderung empfunden hätten, überfielen mich die Amei- 55 sen in Scharen und fanden ihren Weg auf meine Haut. Das schmerzvolle Resultat: Unter qualvollen Schreien und schallendem Gelächter meiner schwarzen Freunde lieferte ich meinen 60 Zuschauern die schnellste Entkleidungsszene, die man jemals in Afrika

1 **Safari:** Gruppenreise (nach Afrika) zum Jagen oder Fotografieren
2 **Biwak:** behelfsmäßiges Lager
3 **Orgie:** ausschweifendes Fest
4 **Raffinesse:** schlaues Vorgehen
5 **mysteriös:** geheimnisvoll

zu sehen bekam. Überdimensionale[6] Beißzangen schienen mich wie Folterwerkzeuge zu bedrohen, als ich im Sucher die Wirkung meines vielfach vergrößernden Makro-Objektivs sah. Schon vor Sonnenaufgang hatten „Ameisenkundschafter" das Steinbiwak verlassen und eine chemische Spur gelegt, auf der das Heer der Arbei-

Rachen ein und begannen an den Augen zu schneiden. Das Tier versuchte der tödlichen Gefahr zu entkommen, indem es sich fallen ließ, landete aber dicht neben der Ameisenstraße. Nach zehn Minuten waren Schwanz und Beine vom Rumpf getrennt und ich verfolgte den Transport der „Träger" über zwanzig Meter weit bis in das

ter und Soldaten folgte. Ihre Jagd auf Raupen, Eidechsen, Spinnen und Skorpione wurde für mich zu einem beklemmenden Stück Wahrheit der Natur. [...]

An einem Baumstamm krabbelten Hunderte von „Spähern" nach oben und verteilten sich über die Äste. Auf einem Zweig, zwei Meter über dem Boden, jagte ein Chamäleon[7] nach Insekten. In wenigen Sekunden verteilten sich die räuberischen Siafus über das grüne, dreihörnige Jackson-Chamäleon, das nun selbst zur Beute geworden war. Die Angreifer drangen in den

Biwak. Ein gigantischer Kampf ums Überleben rollte vor meinen Augen ab. [...]

Als ich in der Nähe des Ameisenbiwaks mit der dreiviertel Meter langen Monitorechse Bewegungsstudien filmte, passierte etwas Unvorhergesehenes. Das Tier versuchte uns zu entkommen und rannte auf das Steinbiwak zu um sich zu verstecken. In Sekundenschnelle fielen die Siafus über die Riesenechse her, die keinerlei Anstalten machte ihrem Schicksal zu entfliehen. Während ich noch filmte, packte Phil die Echse am Schwanz und rannte damit zum nahe gelegenen Fluss. Das Wasser spülte die Angreifer hinweg und unser Filmstatist, der eine sichere

6 **überdimensional:** über das normale Maß hinausgehend
7 **Chamäleon:** Echse

Siafu-Beute gewesen wäre, schlängelte
115 davon.

Die Wanderameisen sind nicht ständig auf der Wanderschaft. Das periodische[8] Beziehen eines festen Nestes, wie etwa in unserem Steinhaufen, dient
120 der Eiablage durch die Königin und der Entwicklung der Puppen. Nach zwei Wochen war der spannende Augenblick gekommen, wo die große Königin, selbst zu keiner Bewegung fähig,
125 zu einem anderen Platz getragen wurde. In einer mehr als faustdicken Traube aus ineinander gehakten Arbeitern wälzte sich das Knäuel vorwärts, in dessen Mitte sich geschützt
130 das Weibchen befand. Der Weg der „königlichen Kutsche" war wie immer gesäumt von wachenden Soldaten. Durch gegenseitiges Festhalten bildeten die Tiere an einem Hindernis eine
135 Hängebrücke, über die der Zug mit Eiern, Larven und Königin seinen Weg nahm. Ich platzte fast vor Neugier, wie sah wohl die Siafu-Königin aus? Phil meint: „Keine fünf Menschen haben je
140 ein lebendes Weibchen gesehen!" Waly Green hatte einen glänzenden Einfall, der uns weiterbrachte. Mit Hilfe von Carbon-Dioxid betäubten wir die Ameisen und drangen schließ-

lich bis zur Königin vor. Es war für 145 mich als Kameramann ein aufregendes Erlebnis, das winzige Köpfchen und den sechs Zentimeter langen, braunroten Körper zu filmen, was vor mir noch keinem Kollegen vergönnt gewesen 150 war.

Bevor die schwarze Heerschar aus dem Schlaf erwachte, sammelten wir Tausende von Siafus mit einem Staubsauger auf. Dann brachten wir den Amei- 155 senstaat auf eine kleine Felsinsel am seichten Ufer das Galanaflusses und warteten voll Spannung auf das „Brückenbilden". Nachdem die vollkommen blinden Insekten sich mit der 160 Umgebung vertraut gemacht hatten, galt ihr instinktives Verhalten nur noch der Organisation zum Schutz des Staates. Sie bildeten Brückenpfeiler in Richtung Uferböschung. Immer mehr 165 und mehr Ameisen verhakten sich ineinander, hielten sich mit den Beinen fest. Auf der Wasserfläche wuchs eine lebende Brücke heran. Öfters wurden die Erbauer von der Strömung fortge- 170 spült, aber sofort durch andere ersetzt. Wir staunten über die hochentwickelte Organisation, bei der ein großer Teil Siafus über die Körper der Artgenossen hinweg das Festland er- 175 reichte und so das Überleben der Kolonie sicherstellte.

---

8 periodisch: wiederkehrend

---

1   Was erfährst du hier über die Wanderameise? Schreibe die Informationen aus dem Text heraus und verfasse danach einen eigenen Text über diese Tiere.
2   Der Text „Heia Safari" kann dich anregen, selbst einmal Ameisen oder andere Tiere zu beobachten.

In Knaurs Tierlexikon findet ihr über die Wanderameisen folgende Information:

Wanderameisen Zu diesen Ameisen werden die in Afrika lebenden Treiberameisen (Dorylii) und die in Südamerika beheimateten Heeresameisen (Ecitonii) gezählt, die beide, obwohl nicht näher miteinander verwandt, die Eigenschaft haben von Zeit zu Zeit ungeheure Massenwanderungen zu unternehmen. Sie ziehen mit Königinnen, Männchen und der ganzen in verschiedenen Entwicklungsstadien befindlichen Brut umher, wobei die großen, mit mächtigen Kiefern ausgerüsteten Arbeiterinnen, die als Soldaten bezeichnet werden, den Heerzug von den Flanken her decken. Die Marschkolonnen der Heeresameisen erreichen nicht selten über 100 Meter Länge und mehrere Meter Breite. Jene der Treiberameisen sind ungeheuer lang: Ein Vorübermarsch eines solchen Zuges dauert 24 Stunden und länger. Auf diesen Wanderzügen wird jegliches Lebewesen, das dem Zug nicht ausweichen kann, bis auf das Skelett gefressen. Nicht nur zahlreiche Schädlinge wie Mäuse und Ratten, sondern auch Haustiere, die aus ihren Ställen nicht entweichen können, vollgefressene, unbewegliche Riesenschlangen und Krokodile werden überfallen und verzehrt.

Ist die Brut, durch die im Verlaufe des Wanderzuges gemachte Beute gut genährt, herangewachsen, so legt das Volk für einige Zeit ein festes Nest in hohlen Bäumen, Erd- oder Felsspalten an. Anstelle eines Nestes können auch vorübergehend Trauben nach Art eines festgesetzten Bienenschwarms gebildet werden. In diesen lebenden Nestern verlaufen Gänge, die von Individuen ausgespart und umsäumt werden. Diese Gänge benutzen die Beute machenden Arbeiterinnen als Ein- und Ausschlupf und als Verkehrsweg ins Innere der Traube, wo die verpuppten Larven von Pflegerinnen zwischen den Kiefern festgehalten werden. Sind aus den inzwischen abgelegten Eiern die Larven und aus den Puppen die Vollinsekten geschlüpft, so beginnen die Wanderzüge von neuem.

1 Wie ist der Lexikonartikel aufgebaut? Vergleiche diese Darstellung mit dem Bericht von Helmut Barth auf S. 82 ff.

2 Welche Tiere in eurer näheren Umgebung könnt ihr beobachten? Überlegt, wie ihr eure Beobachtungen schriftlich darstellen könnt.

Wilhelm Busch

Fink und Frosch

Im Apfelbaume pfeift der Fink
Sein Pinkepink!
Ein Laubfrosch klettert mühsam nach
Bis auf des Baumes Blätterdach
Und bläht sich auf und quakt: „Ja ja! 5
Herr Nachbar, ick bin och noch da!"

Und wie der Vogel frisch und süß
Sein Frühlingslied erklingen ließ,
Gleich muss der Frosch in rauhen Tönen
Den Schusterbass dazwischen dröhnen. 10

„Juchheija heija!", spricht der Fink.
„Fort flieg' ich flink!"
Und schwingt sich in die Lüfte hoch.

„Wat!", ruft der Frosch „dat kann ick och!"
Macht einen ungeschickten Satz, 15
Fällt auf den harten Gartenplatz,
Ist platt, wie man die Kuchen backt,
Und hat für ewig ausgequakt.

Wenn einer, der mit Mühe kaum
Geklettert ist auf einen Baum, 20
Schon meint, dass er ein Vogel wär',
So irrt sich der.

1 Fünf Strophen – fünf Teile? Wie lässt sich diese Stropheneinteilung erklären?
2 Bevor der Fink davonfliegt, könnte sich zwischen ihm und dem Frosch noch
   ein Dialog entwickeln. Schreibt auf, was die beiden sich zu sagen haben. (Es
   muss sich nicht reimen!) Ihr könnt diese Szene auch spielen.
3 Die Fabel enthält einen Schlusssatz. Formuliere eine Lehre, die den Schlusssatz ersetzen könnte.

Phädrus

Wolf und Lamm

Der Durst trieb einmal Wolf und Lamm zum selben Bach.
Der Wolf stand höher und weit unterhalb das Lamm.
Da reizte gleich den Wolf des Rachens wilde Gier
Und darum brach der Räuber einen Streit vom Zaun.
5 „Du hast das Wasser, das ich trinken will, getrübt!"
Verschüchtert warf das wollig weiche Lämmchen ein:
„Mein lieber Wolf, ich bitte dich, wie kann ich das?
Das Wasser fließt doch erst von dir zu mir herab."
Die Macht der Wahrheit war selbst für den Wolf zu stark.
10 „Du schmähtest", rief er, „mich vor einem halben Jahr!"
„Da war ich", sprach das Lamm, „noch gar nicht auf der Welt!"
„Dann war's dein Vater eben, ja, beim Herakles[1]!",
Schrie jener und zerriss es wider Fug und Recht.
Die Fabel geht auf den, der Menschen ohne Schuld
15 Durch falsche Unterstellung ins Verderben zieht.

1 Herakles: Halbgott der griechischen Sage

1 Könnte man diese Fabel in Strophen gliedern? Begründet euren Vorschlag.
2 Der Wolf wird vor Gericht gestellt. Entwerft eine Anklageschrift.
3 Manchmal fällt es schwer, sich gegen Unterstellungen zu wehren. Kannst du eine Geschichte dazu erzählen?

Gotthold Ephraim Lessing

Der Wolf und das Schaf

Der Durst trieb ein Schaf an den Fluss; eine gleiche Ursache führte auf der andern Seite einen Wolf herzu. Durch die Trennung des Wassers gesichert und durch die Sicherheit höhnisch gemacht rief das Schaf dem Räuber hinüber: „Ich mache dir doch das Wasser nicht trübe, Herr Wolf? Sieh mich recht an; habe ich dir nicht etwa vor sechs Wochen nachgeschimpft? Wenigstens wird es mein Vater gewesen seyn." Der Wolf verstand die Spötterey; er betrachtete die Breite des Flusses und knirschte mit den Zähnen. „Es ist dein Glück", antwortete er, „dass wir Wölfe gewohnt sind, mit euch Schafen Geduld zu haben"; und ging mit stolzen Schritten weiter.

1 Lessing erzählt die Fabel anders als Phädrus. Was hat er verändert?

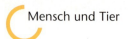

Jean de La Fontaine

Der Hahn und der Fuchs

Auf einem Baume saß ein alter Hahn,
Ein schlauer Kopf in allen Lebenslagen.
„Freund", sprach ein Fuchs und dämpfte sein Organ,
„Wir wollen uns von heute an vertragen,
5　Ein allgemeiner Friede ist befohlen.
Ich komme, dir's zu künden; steige nieder
Und küsse mich, von nun an sind wir Brüder.
Gleich muss ich weiter auf beschwingten Sohlen
Noch zwanzig andre Leute aufzusuchen.
10　Komm nur herab, dort unter jenen Buchen
Kannst du mit deinen Kindern Käfer picken.
Komm schnell, dass wir uns in die Augen blicken
Und herzlich küssen, weil nun Friede ist."
„Freund", sprach der Hahn, „es hätte nie
15　Mir süß're Botschaft werden können
Als diese Friedensmelodie.
Wie schön, dass du ihr Überbringer bist!
Dort seh ich noch zwei Hunde rennen,
Vermutlich wählte man die schnellen Tiere
20　Zur Friedensbotschaft als Kuriere.
Sie fliegen fast, gleich sind sie hier;
Dann küssen wir uns alle vier!"
„Leb wohl", rief da der Fuchs, „mein Weg ist weit;
Wir wollen zu gelegenerer Zeit
25　Die Freude feiern." Und der Bursche nahm
Die Beine untern Arm und jagte fort,
Betrübt, dass er um seine Beute kam.
Der alte Hahn doch saß noch lange dort
Und wollte sich vor Lachen biegen.
30　Welch doppelter Genuss, Betrüger zu betrügen!

1　Was könnte dem Fuchs der Reihe nach durch den Kopf gehen, während der Hahn redet? Formuliert seine Gedanken.
2　Vergleicht die beiden Fabeln „Der Hahn und der Fuchs" und „Der Wolf und das Schaf" (S. 87). Sucht nach Gemeinsamkeiten und Unterschieden.

ÜBER TIERE GIBT ES VIEL ZU ERZÄHLEN

Eine Stunde im Wartezimmer eines Tierarztes.

Ein Vormittag in einem Tierheim.

Tiere in deiner Nachbarschaft.

Beobachte mal ein „Herrchen" oder „Frauchen" mit seinem Hund. Erzähle davon.

Kannst du dir vorstellen, welches Tier du einmal sein möchtest?

Wenn du oder deine Familie eine Videofilm-kamera besitzt, kannst du einen Film über dein Lieblingstier drehen und es auf diese Weise deiner Klasse vorstellen.

- Widmet eine Wand eures Klassen-zimmers für eine Weile einem Tier eurer Wahl.

- Sucht mehrere Lexikonartikel und Sachtexte, die über die Lebensgewohn-heiten des Tieres informieren.

- Berichtet in der Klasse davon.

- Stellt Bücher zu diesem Tier in eurem Klassenzimmer zusammen.

- Sammelt Tierfotos oder macht selbst welche.

- Ihr könnt solche Bilder und Texte auch in einer Mappe zusammen-stellen.

Erlebnisse mit meinem Tier

Wir sammeln Geschichten: Es gibt sehr unterschiedliche Erlebnisse, traurige, witzige, unmögliche, haarsträubende, lustige, alltägliche Erlebnisse.

Gedichte zum Selbermachen

Mira Lobe

Deutsch ist schwer

Deutsch ist schwer.
Das kann ich beweisen,
bitte sehr!
Herr Maus heißt zum Beispiel Mäuserich.
5 Herr Laus aber keineswegs ...
Herr Ziege heißt Bock,
aber Herr Fliege nicht ...
Frau Hahn heißt Henne,
aber Frau Schwan nicht ...
10 Frau Pferd heißt Stute,
Frau Truthahn ...,
und vom Schwein die Frau
heißt ...
Und die Kleinen sind ...
15 Ob ich mir das merke?
Und Herr Kuh ist gar ein doppeltes Tier,
heißt Ochs oder ...,
und alle zusammen sind Rinder.
Aber die ...
20 sind Kälber!
Na, bitte sehr,
sagt doch selber:
Ist Deutsch nicht schwer?

1   Anja möchte wissen, was das ist – ein Reim.
    Peter sagt: „Das ist doch ganz einfach. Ein Reim ist, wenn ...“
    Aber dann verheddert er sich. So einfach ist das wohl nicht, oder?
    Versuche den beiden zu erklären, was deiner Meinung nach ein Reim ist.
2   Wie erklärt ihr euch, dass wir für viele Tiere unterschiedlich viele Namen
    haben?

◄ *Paul Klee:* Die Zwitschermaschine (1922)

Janosch

Abzählverse

Abzählverse kennt ihr natürlich alle:

Eins, zwei, drei, vier, fünf, sechs, sieben,
eine alte Frau kocht Rüben,
eine alte Frau kocht Speck,
und du bist weg.

Sieben Kinder stellen sich im Kreis auf. Wer zählt aus?

1 Diese Zeilen stammen von Janosch, einem bekannten
  Kinderbuchautor und Zeichner. Sie sind allerdings wild
  durcheinander geraten. Wenn ihr sie richtig ordnet,
  ergeben sich drei Strophen.
2 Abzählverse könnt ihr auch selber machen!

Bimmelbahn und Schokokuss –
du bist der, der suchen muss.

du musst suchen.
drei Mark Strafe, Schweinerei!

Katzenschwanz und Eulenvater
hundert Sachen Affenzahn.

Pustekuchen –
Wurst mit Pelle

eine alte Seifenkiste,
Affenkiste Seifenkahn

Himmel Hölle
Der ist frei

Backenzahn und grüner Kater
Eins, zwei, drei, Herr Polizist,

Hans A. Halbey

Sieh fern!

Wenn im trauten Flimmerzimmer
der bewusste bunte Schimmer
über blanke Scheiben zieht
und das Auge fern-erglüht –

5   Flipper, Flapper und Langnese,
Kuhlenkämpfe, Alpenkäse,
Daktari, Reklame, Hit,
Tagesschauder, Trimm-dich-fit,
Mainzelmännchen und Kontraste,
10 Mannix, Kannix, Antipaste,
Gartengiftzwerg, Was bist DU?
Grzimek, Tarzan, Winnetou,
Kinderstunde, Ufo, Krimischoppen,
Ostern, Western, Schinkenkloppen,
15 Amsel, Drossel, Kommissar
und der letzte Fernsehstar –

Dann, ihr lieben Kinderlein,
stellt sich RIESEN-GLOTZKRAFT ein!

1   Ihr könnt die mittlere Strophe so umschreiben, dass ihr nach
dem Verfahren des Verfassers aktuellere Fernsehsendungen
und Namen von Fernsehstars verwendet.

93

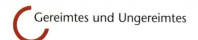

Jürgen Spohn

Wie heißt du denn?

Dieter-Peter Seisogut
Katharina Ohnemut
Manuela Lassdassein
Ina-Tina Dummundklein
5 Dorothea Immerwieder
Adelgunde Ohnelieder
Anneliese Lieberspäter
Udo-Hermann Freundverräter
Hans-Joachim Achselzucker
10 Heiner-Hugo Fernzielspucker
Maximilian Nachbarschreck
Margarethe Laufnichtweg
Karoline Küssmichmal
Friederike Miregal
15 Ludovico Zeigmalher
Michaela Gehtnichtmehr
Karl-Matthias Immerich
Rosalinde Werliebtmich

1 Wer kann zu diesem Gedicht einige passende Zeilen hinzudichten?
2 Jens macht zunächst eine Liste mit Namen:
   Annelore – Kai-Uwe – Elisabeth – Karl-Andreas – Hildegunde.
   Einige Namen muss er jedoch wieder streichen. Er stellt fest: Nicht nur die
   Anzahl der Silben ist wichtig, auch auf den Wechsel zwischen betonten und
   unbetonten Silben muss er achten.

Josef Reding

Uno, due, tre

Uno, due, tre.
Am Anfang sagt' ich: Nee!
Carlo kann ich nicht verstehn,
wenn wir zwei zur Schule gehn.
5   Darum, für den Weg nach Haus,
such ich einen anderen aus.

Quattro, cinque, sei.
Der Carlo rief nur: „Hei!"
Ich jetzt eure Sprache lern!
10 Du mir helfen? Bitte? Gern?"
Da hab herzlich ich gelacht
und mit Carlo Deutsch gemacht.

Sette, otto, nove.
Die Feindschaft ist für Doofe.
Sie will nichts vom anderen lernen,   15
will vom anderen sich entfernen.
Feindschaft macht die Menschen dumm,
macht sie krumm und schließlich stumm.

Dieci, das heißt zehn.
Bis zehn kann ich schon gehn,   20
kann schon italienisch zählen,
kann die richtge Pizza wählen,
kann auch Carlos Lieder singen
und ihn oft zum Lachen bringen.

25 Uno, due, tre.
Sprachen tun nicht weh.
Wenn einer fremde Sprachen spricht,
dann verhöhnt und foppt ihn nicht.
Jeder kann – wir wolln's bedenken –
30 in seiner Sprache uns beschenken.

1 Und so kann man das Gedicht vortragen:
– Eine Gruppe spricht das Gedicht,
– die zweite Gruppe murmelt zu jeder Strophe die entsprechenden italienischen
  Zahlen und
– die dritte Gruppe klopft dazu (aber leise, bitte).
Vielleicht probiert ihr noch andere Möglichkeiten aus.

2 Ob man anstelle der italienischen Zahlen auch die englischen einsetzen
kann?

One, two, three.
Am Anfang dacht' ich: Nie!
Charly kann ich nicht verstehn,
wenn ...

Wer macht weiter?
Welche Zeilen wollt ihr übernehmen, welche verändern?

Dann entsteht zwar ein Gedicht – oder?

James Krüss

Wenn die Möpse Schnäpse trinken

Wenn die Möpse Schnäpse trinken,
wenn vorm Spiegel Igel stehn,
wenn vor Föhren Bären winken
wenn die Ochsen boxen gehn,

5 wenn im Schlafe Schafe blöken,
wenn im Tal ein Wal erscheint,
wenn in Wecken Schnecken stecken,
wenn die Meise leise weint,
wenn Giraffen Affen fangen,

10 wenn ein Mäuslein Läuslein wiegt,
wenn an Stangen Schlangen hangen,
wenn der Biber Fieber kriegt,
dann entsteht zwar ein Gedicht,
aber sinnvoll ist es nicht!

1 Wo man das Gedicht vortragen könnte: in der Deutschstunde, in der Aula, in der Badewanne. Euch fallen bestimmt weitere Möglichkeiten ein.
Probiert aus, wie unterschiedlich man das Gedicht vortragen könnte.

2 Was könnte James Krüss auf diese Postkarte antworten?

Ungewöhnliche Gedichte hat auch Christian Morgenstern verfasst:

Das große Lalulā

Kroklokwafzi? Sememi!
Seiokrontro – prafriplo:
Bifzi, bafzi; hulalemi:
quasti basti bo...
5 Lalu lalu lalu lalu la!

Hontraruru miromente
zasku zes rü rü?
Entepente, leiolente
klekwapufzi lü?
10 Lalu lalu lalu lalu la!

Simarar kos malzipempu
silzuzankunkrei!
Marjomar dos: Quempu Lempu
Siri Suri Sei!
Lalu lalu lalu lalu la!   15

Gruselett

Der Flügelflagel gaustert
durchs Wiruwaruwolz,
die rote Fingur plaustert,
und grausig gutzt der Golz.

Die Trichter

Zwei Trichter wandeln durch die Nacht.
Durch ihres Rumpfs verengten Schacht
fließt weißes Mondlicht
still und heiter
auf ihren
Waldweg
u. s.
w.

1   Hier möchte man ja wohl auch mit James Krüss behaupten, das seien zwar Gedichte, aber sinnvoll ...? Oder seid ihr da anderer Meinung?

2   Die Gedichte unterscheiden sich deutlich voneinander. Welche Unterschiede fallen dir auf?

3   Zum „Gruselett" und zum „Großen Lalulā" könnt ihr eine weitere Strophe hinzudichten. Wo fällt es euch leichter?

4   Diese Gedichte (so könnte man sagen) sind Einladungen an den Leser sich selbst Vorstellungen zu machen. Zum „Gruselett" könnt ihr z. B. ein Bild malen: Wie sehen der „Flügelflagel", der „Golz" und die „rote Fingur" in eurer Vorstellung aus? „Das große Lalulā" solltet ihr vortragen. Wer probiert's?

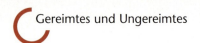

Gedichte können, wie ihr seht, ganz unterschiedlich aussehen, und was ein Gedicht ist, lässt sich offenbar nur schwer sagen.

Ernst Jandl

lauter lauter lauter **lauter lauter** lauter leise leute

Reinhard Döhl

ApfelApfelApfelApfel
ApfelApfelApfelApfelApfelA
felApfelApfelApfelApfelApfe
ApfelApfelApfelApfelApfelApf
pfelApfelApfelApfelApfelApfel
ApfelApfelApfelApfelApfelApfe
pfelApfelApfelApfelApfelApfel
ApfelApfelApfelApfelApfelApfe
pfelApfelApfelApfelApfelApfel
elApfelApfelApfelApfel**Wurm**Ap
elApfelApfelApfelApfel
pfelApfelApfelApfel
felApfelApfelA
pfelApfel

Gerri Zotter

Die Brücke

Worte Worte Worte
Worte Worte Worte Worte
Worte   Worte
Worte   Worte
Worte   Worte
ICH Worte   Worte DU

1 Würdet ihr die „Wortbilder" noch als Gedicht bezeichnen?
2 Solche Gedichte könnt ihr auch schreiben! Versucht es einmal mit Loch, Hürdenläufer, Ordnung, Unordnung, Fehler,
   Gedicht.

Renate Welsh

Die Wand

Worte
Worte
Worte
Worte
Worte
Worte
Worte
Worte
Worte
Worte
Worte
Worte
Worte
Worte
Worte
Worte
Worte
Worte
Worte
Worte
Worte
Worte
Worte
Worte
Worte
Worte
ICH Worte DU

Herbstbilder und andere Gedichte

Martina stellt sich den Herbst so vor ... und Silvia so ...

und so sieht Peter den Herbst ...

1 Wie sieht dein Herbstbild aus?
2 Auch Wörter wecken Vorstellungen:

Martinszug	Allerheiligen	Kartoffelernte	Altweibersommer
Weinlese	Stoppelfelder	Herbststürme	Herbstnebel
Zugvögel	Herbstlaub	Totensonntag	

Vielleicht regen dich einige dieser Vorstellungen dazu an, eine Herbstge-
schichte zu erzählen.

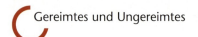

Auch das folgende Gedicht ist ein „Herbstbild".

Georg Heym

Der Herbst

Viele Drachen stehen in dem Winde,
tanzend in der weiten Lüfte Reich.
Kinder stehn im Feld in dünnen Kleidern,
sommersprossig und mit Stirnen bleich.

5   In dem Meer der goldnen Stoppeln segeln
kleine Schiffe, weiß und leicht erbaut;
und in Träumen seiner leichten Weite
sinkt der Himmel wolkenüberblaut.

Weit gerückt in unbewegter Ruhe
10   steht der Wald wie eine rote Stadt.
Und des Herbstes goldne Flaggen hängen
von den höchsten Türmen schwer und matt.

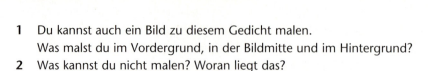

1   Du kannst auch ein Bild zu diesem Gedicht malen.
    Was malst du im Vordergrund, in der Bildmitte und im Hintergrund?
2   Was kannst du nicht malen? Woran liegt das?
3   Nicht alle Angaben in dem Gedicht sind leicht verständlich.
    Wo hast du Verständnisschwierigkeiten?
    Versucht diese Verständnisschwierigkeiten gemeinsam zu klären.

Bertolt Brecht

Drachenlied

Fliege, fliege, kleiner Drache
Steig mit Eifer in die Lüfte
Schwing dich, kleine blaue Sache
Über unsre Häusergrüfte!

5 Wenn wir an der Schnur dich halten
Wirst du in den Lüften bleiben
Knecht der sieben Windsgewalten
Zwingst du sie, dich hochzutreiben.

10 Wir selbst liegen dir zu Füßen!
Fliege, fliege, kleiner Ahne[1]
Unsrer großen Aeroplane[2]
Blick dich um, sie zu begrüßen!

1 **Ahne:** Vorfahre
2 **Aeroplane:** Flugzeuge

1 Wer spricht hier? Wie stellt ihr euch den Sprecher dieses Gedichts vor?
2 Vergleicht dieses Gedicht mit dem von Georg Heym. Was überwiegt eurer Meinung nach: die Gemeinsamkeiten oder die Unterschiede?
3 Rhythmisch (vgl. S. 263) fällt eine Zeile aus dem Rahmen. Prüft durch genaues Sprechen, ob ihr die Zeile findet. Probiert dann aus, ob ihr die Zeile so verändern könnt, dass sie rhythmisch besser zu den übrigen passt.

Theodor Fontane

Herr von Ribbeck auf Ribbeck

Herr von Ribbeck auf Ribbeck im Havelland,
ein Birnbaum in seinem Garten stand,
und kam die goldene Herbsteszeit
und die Birnen leuchteten weit und breit,
5   da stopfte, wenn's Mittag vom Turme scholl,
der von Ribbeck sich beide Taschen voll,
und kam in Pantinen[1] ein Junge daher,
so rief er: „Junge, wiste 'ne Beer?"
Und kam ein Mädel, so rief er: „Lütt Dirn,
10 kumm man röwer, ick hebb 'ne Birn."

So ging es viel Jahre, bis lobesam[2]
der von Ribbeck auf Ribbeck zu sterben kam.
Er fühlte sein Ende. 's war Herbsteszeit,
wieder lachten die Birnen weit und breit;
15 da sagte von Ribbeck: „Ich scheide nun ab.
Legt mir eine Birne mit ins Grab."
Und drei Tage drauf, aus dem Doppeldachhaus,
trugen von Ribbeck sie hinaus,
alle Bauern und Büdner[3] mit Feiergesicht
20 sangen „Jesus, meine Zuversicht",
und die Kinder klagten, das Herze schwer:
„He is dod nu. Wer giwt uns nu 'ne Beer?"

1 **Pantinen:** Holzpantoffeln
2 **lobesam:** verdienstvoll
3 **Büdner:** armer Dorfbewohner

So klagten die Kinder. Das war nicht recht –
ach, sie kannten den alten Ribbeck schlecht;
25 der neue freilich, der knausert und spart,
hält Park und Birnbaum strenge verwahrt.
Aber der alte, vorahnend schon
und voll Misstraun gegen den eigenen Sohn,
der wusste genau, was damals er tat,
30 als um eine Birn' ins Grab er bat,
und im dritten Jahr aus dem stillen Haus
ein Birnbaumsprössling sprosst heraus.

Und die Jahre gehen wohl auf und ab,
längst wölbt sich ein Birnbaum über dem Grab,
35 und in der goldenen Herbsteszeit
leuchtet 's wieder weit und breit.
Und kommt ein Jung' übern Kirchhof her,
so flüstert 's im Baume: „Wiste 'ne Beer?"
Und kommt ein Mädel, so flüstert 's: „Lütt Dirn,
40 kumm man röwer, ick gew' di 'ne Birn."

So spendet Segen noch immer die Hand
des von Ribbeck auf Ribbeck im Havelland.

1   Versucht das Gedicht Strophe für Strophe einmal in eurer Sprache nachzuer-
    zählen. Vergleicht dann, was ihr sprachlich alles verändert habt.
2   Stellt euch vor, eine Reisegruppe besucht heute das Gut des alten Herrn von
    Ribbeck. Ein Reiseführer erzählt nun die alte Geschichte auf seine Weise …
3   Das Gedicht zählt mit zu den bekanntesten deutschen Gedichten. Wie erklärt
    ihr euch das?

Sarah Kirsch

Schneelied

Um den Berg um den Berg
fliegen sieben Raben
das werden meine Brüder sein
die sich verwandelt haben

5 Sie waren so aufs Essen versessen
sie haben ihre Schwester vergessen
sie flogen die Goldkuh schlachten
ach wie sie lachten

Eh sie zur Sonne gekommen sind
10 waren sie blind

Mein Haus ich blas die Lichter aus
bevor ich schlafen geh
kann ich die schwarzen Federn sehn
im weißen gefrorenen Schnee

1 Wer kennt das Märchen „Die sieben Raben", wie es die Brüder Grimm erzählen?

Es ist die Geschichte eines Mädchens, das sich auf die Suche nach ihren sieben älteren Brüdern macht. Die waren nach der Geburt ihrer Schwester in Raben verwandelt worden. Schließlich findet das Mädchen sie in einem Glasberg und kann sie erlösen.

Wenn ihr euch den Text dieses Märchens besorgt, könnt ihr genauer vergleichen, was Sarah Kirsch von diesem Stoff übernimmt und wie sie ihn verändert.

Roswitha Fröhlich

Am Himmel spielt heute
das Wolkentheater.
Links neben der Sonne
der gestiefelte Kater.
5 Ihm gegenüber –
greift er ihn an? –
ein flatterhafter Riesenmann.
Kommt ein Wind,
pfeift ihn fort.
10 Jetzt tanzt Teufels Großmutter dort.
Wiegt sich her,
wiegt sich hin,
wackelt mit dem Warzenkinn.
Schneidet Fratzen,
15 Hände wie Tatzen!
Packt den Kater im Flug!
Höllenspuk!
Dann – allerhand –
eine Regenwand.
20 Vorhang fällt.

1 Welche Überschrift würdest du diesem Gedicht geben?

Christine Busta

April

Tage wie Vögel und locker wie junges Haar.
Auf den Stufen hüpft Regen und malt seine flüchtigen Zeichen.
Er spielt mit der Sonne. Bald wird sie dein Fenster erreichen
Und steigt dir ins Zimmer, das lange voll Schatten war.

1 Passt die Überschrift „April" zu diesem Gedicht? Welche Vorstellungen ver-
bindest du mit dem Monat April?
2 Vielleicht kannst du deine Vorstellungen – ähnlich wie Christine Busta – in ein
mehrzeiliges Gedicht fassen. (Es muss sich nicht unbedingt reimen.)

Claude Monet: Felder im Frühling (Ausschnitt) 1887

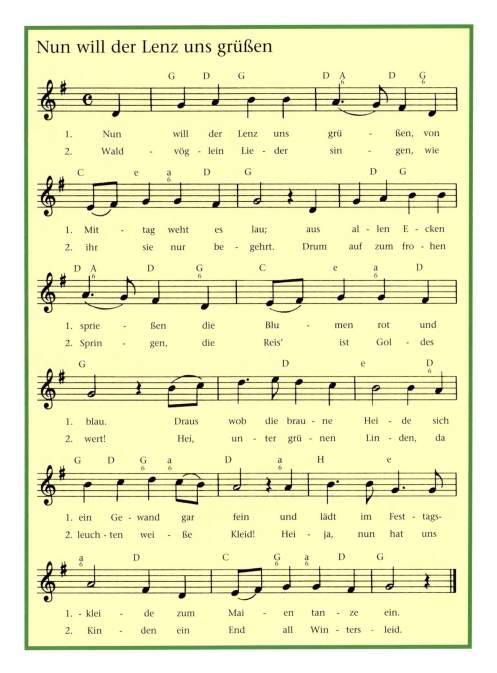

Nun will der Lenz uns grüßen

1. Nun will der Lenz uns grü-ßen, von Mit-tag weht es lau; aus al-len E-cken sprie-ßen die Blu-men rot und blau. Draus wob die brau-ne Hei-de sich ein Ge-wand gar fein und lädt im Fest-tags-klei-de zum Mai-en tan-ze ein.

2. Wald-vög-lein Lie-der sin-gen, wie ihr sie nur be-gehrt. Drum auf zum fro-hen Sprin-gen, die Reis' ist Gol-des wert! Hei, un-ter grü-nen Lin-den, da leuch-ten wei-ße Kleid! Hei-ja, nun hat uns Kin-den ein End all Win-ters-leid.

1 Auch in Malerei und Musik spielen Jahreszeitenmotive eine große Rolle. Text und Melodie des bekannten Liedes sind ebenso wie Monets Bild Ende des 19. Jahrhunderts entstanden. Welche Vergleichsmöglichkeiten seht ihr?

Das Gedicht der Woche

Fredrik Vahle

Gedicht für dich

Nur für dich
ist dieses Gedicht.
Ich widme es dir.
Nein, du kennst es noch nicht.
Es hat ruhigen Atem,
drum mach dir's bequem
In der Sofaecke, wie angenehm!
Du gähnst?
Du kannst dich auch räkeln und strecken.
Das Gedicht macht auch so Spaß,
das wirst du entdecken.
Es steht nämlich hier
auf diesem Papier.
Nein, es ist nicht von Goethe.
Es ist einfach von mir.
Für solchen Tüdelkram
nehm ich mir Zeit.
Dann wird mir das Herz
wie die Welt so weit,
und ich laufe hinaus
aus Stunk, Stress und Rummel,
und schon beißt sie mich ...
die poetische Hummel.
Dann mache ich Verse ganz nebenbei
aus Aufmerksamkeit und Träumerei ...
Was? ...
Das Gedicht? ...
Ach, das. Das geht so.
Hör dir's nur an, und schon macht 's dich froh.
Du wirst sehn, es ist kürzer, als du denkst.
Und außerdem kennst du es ja schon längst.
Es steht nämlich hier auf diesem Papier.
Es ist jetzt zu Ende, und ich widme es dir!

Was ihr in der Klasse machen könnt

Überlegt:
Wo könnt ihr eine Lyrikecke einrichten?
Vielleicht macht ihr eine besondere Pinnwand oder ein festes Plakat für euer
„**Gedicht der Woche**" oder für euer
„**Gedicht des Monats**".
Wer wählt aus – eine Jury,
die ganze Klasse ... ?
Wo findet ihr Gedichte, die euch gefallen?
Vielleicht in einer öffentlichen Bücherei?

Auf der Suche nach dem „Gedicht der Woche"

Habt ihr euch schon einmal in einer öffentlichen Bibliothek nach Gedichten umgeschaut?

- Gibt es dort eine besondere Lyrikecke, eine Abteilung mit Gedichten für Kinder und Jugendliche?
- Wie ist sie geordnet? Nach Gedichtsammlungen? Nach Autorinnen und Autoren?
- Findet ihr beim Blättern Gedichte, die euch gefallen?
- Gibt es Hinweise über die Autorinnen und Autoren, eventuell ein Vor- oder ein Nachwort?

 Stellt Informationen und Hinweise zusammen für einen Bericht in der Klasse.

Zum Thema Frühling, Sommer, Herbst oder Winter kannst du eine Text-Bild-Collage machen.

Das geht so:
Zuerst sammelst du entsprechende Bilder aus Zeitschriften, am besten Fotos. Dann schneidest du aus dem Bildmaterial alle Bildteile heraus, die dir gefallen, und ordnest sie auf einem großen Bogen Papier oder einem Karton zu einem neuen Bild zusammen.
Hast du dich schon für ein bestimmtes Gedicht entschieden oder suchst du dir jetzt erst ein passendes aus?
Willst du eine Kopie des Textes verwenden oder schreibst du es selbst?
Jetzt werden Text und Bildelemente aufgeklebt.

Im „Winterbild" von Detlev von Liliencron steht nur die erste Zeile an der richtigen Stelle, alle anderen sind vertauscht:

Ein großer Rabe, auf den Ast gedrückt,
im Wind wie rot die Nase, jemine[2],
Hält rechts sie seinen Teller, kühn geschmückt
Sticht ab als einziger Farbenstrich vom Schnee.
Im Schürzentuch die Linke, Frost tut weh,
Mit eines sauren Herings Glorie.
Nein doch, ein altes Mütterchen gebückt,
Kommt mühsam, hüstelnd, trippelnd
angerückt.

Wer bringt die Zeilen in die richtige Reihenfolge? Probiert aus, ob ihr ein solches Strophen- oder Zeilen-Verwirrspiel auch mit anderen Gedichten machen könnt.

2 **jemine:** o je, o Schreck

In dem folgenden Gedicht von *Peter Huchel*, „Krähenwinter", sind die Strophen durcheinander geraten. Ihr könnt sie aber sicher in die richtige Reihenfolge bringen.

1   Schwarzes Laub, das flatternd schreit,
    säumen sie die Dunkelheit,
    flügeltief geduckt den Nacken,
    plumpt der Schnee vom Eichenzacken.

2   Licht der Erde, du wirst arm,
    landen sie im harten Schwarm,
    scharren sie im Schnee der Wege,
    liegt der Wind am Hügel träge.

3   Dorf der Armen, magre Kost,
    drahtig hängt das Netz im Frost.
    Dunst der Nacht verwischt die Schneisen,
    klagt ein Wild im Tellereisen.

4   Über Luch[1] und Rohr und Seen
    schickt der Winter Nebelkrähen,
    Schatten überm blanken Eise
    rudern sie im Winde leise.

1 **Luch:** sumpfige Wiese

Auf Seite 106 f. findet ihr ein Frühlingsbild von Monet und ein Frühlingslied. Zum Thema „Frühling" könnt ihr weitere Lieder und künstlerische Darstellungen sammeln.

„Sind wir denn nicht die klugen Schildbürger?"

Es gibt viele Geschichten, in denen man sehr merkwürdige Leute kennen lernt. Manchmal sind diese Leute mit purer Dummheit geschlagen. Manchmal treten sie aber nur scheinbar als Einfaltspinsel auf. Schaut man genauer hin, merkt man, dass sie bauernschlau, durchtrieben, gerissen, witzig oder scharfsinnig handeln. Oft müssen sie sich wehren mit Worten.

Knifflige Situationen meistern sie, weil sie nicht auf den Mund gefallen sind. Diese Leute werden meistens „Schalke", „Narren" oder „Schelme" genannt. Man begegnet ihnen zum Beispiel in Schwänken und Schelmengeschichten. Solche merkwürdigen Leute sind auch die Schildbürger, die in der Stadt Schilda leben und „wirken".

Im Rathaus fehlt Licht

Wie die gelernten Maurer und Zimmerleute gingen wir [...] ans Bauen. Da alle Bürger der Stadt dabei mithalfen und keiner an Fleiß und Ausdauer hinter den lieben Nachbarn zurückstehen wollte, kamen wir mit der Arbeit weit schneller vom Fleck, als wir anfangs gedacht hatten. Wir brauchten nämlich vom ersten Spatenstich bis zum letzten Hammerschlag nur vier Wochen und dreizehn Tage, die Sonntage eingerechnet.

So groß war der Arbeitseifer auf allen Seiten, dass wir uns gar nicht die Zeit nahmen zwischendurch auf den Bauplan zu schauen. Wozu auch? Wir schoben ihn unter ein leeres Kalkfass und bauten das Rathaus auswendig.

Als es fertig war und wir es feierlich einweihen wollten, erlebten wir allerdings eine peinliche Überraschung. Noch heute sträuben sich mir beim bloßen Gedanken daran die Haare.

Wir Männer von Schilda hatten uns auf dem Marktplatz versammelt. Jeder, versteht sich, im guten Rock und den Feiertagshut auf dem Kopf. Über dem Rathaustor, das verschlossen war, hing ein blumengeschmücktes Schild mit der Aufschrift „Willkommen".

Das Schild hatte ich geschrieben, die Festrede hielt unser Bürgermeister, Herr Samuel Hechelmann.

Leider ist mir der Wortlaut der Rede entfallen. Aber es war eine schöne und laute und lange Ansprache, die es verdient hätte, aufgeschrieben zu werden.

„Und nunmehr, verehrte Mitbürger" – so etwa schloss sie –; „wollen wir also den Fuß über diese Schwelle setzen und uns der Größe des Augenblickes bewusst sein. Im Rathaus von Schilda, das wünsche und hoffe ich, möge zu allen Zeiten das Licht der Weisheit leuchten – so strahlend und hell wie an diesem Tag!"

„Hoch!", riefen alle und schwenkten die Hüte. Danach trat der Meister Schmied an das Rathaustor, zog aus der Hosentasche den schweren Schlüssel und öffnete. Wir hinein wie das große Wasser!

111

Kaum aber waren wir richtig drin, warf der Wind hinter uns die Tür zu.

55 Pardauz! Da verstummte der Jubel mit einem Schlag und entsetzt rief mein lieber Vetter, der Schneider Siebenkäs: „Herr, steh mir bei! Ich bin blind geworden! Ich sehe nichts mehr ..."

60 Wir anderen sahen auch nichts. Stockfinster war es nun plötzlich im Rathaus. Wir merkten: Hier leuchtete weder das Licht der Weisheit noch sonst etwas.

65 „Kehrt!", schrie Herr Samuel Hechelmann, „kehrt und hinaus!"
In der Finsternis rannten wir dahin und dorthin. Wir holten uns Beulen und blaue Flecken. Ein Heidengezeter

70 erhob sich: „Auweh, meine Nase!" und „Lässt du gefälligst mein Ohr los!" Mich trat einer gegen das linke Schienbein, dass ich die Engel singen hörte. Dann packte mich wer bei der Gurgel

75 und würgte mich. Ich, nicht faul, gab dem Grobian einen Fußtritt. Es kann aber sein, dass mein Stiefelabsatz den

Falschen traf. Jedenfalls herrschte im Rathaus ein unbeschreibliches Durcheinander. 80

Endlich stieß jemand die Tür auf! Wir hatten genug von dem Blindekuhspiel und tappten ins Freie.

Du liebe Zeit, wie wir aussahen! Wie nach der Kirchweih! 85

Der Schmied hatte Nasenbluten, der Bürgermeister ein blaues Auge. Der Bärenwirt hinkte, dem Metzger Kalbfell fehlte ein Backenzahn. Da war keiner, der nicht gestöhnt und gescholten 90 hätte. Der eine rieb sich das Schienbein, der andere hielt sich den Allerwertesten.

„Helft mir!", schrie herzzerreißend der Schneider Siebenkäs. „Helft mir! Ich 95 Ärmster bin blind geworden! Ich sehe noch immer nichts! Helft mir!"

Wir halfen ihm, denn das war nicht schwierig.

Im Handgemenge hatte ihm wer einen 100 Schlag auf den Hut versetzt. Der Hut war dem Schneider so tief in die Stirn gerutscht, dass er ihm beide Augen verdeckte. Ich riss ihm den Hut vom Schädel – und fertig.

„Gottlob!", rief mein lieber Vetter. „Dem Himmel sei Dank, dass ich wieder sehen kann!"

Wir ließen ihn jubeln und wandten uns ernsteren Dingen zu.

„Woran liegt es wohl", überlegten wir, „dass wir in unserem schönen Rathaus kein Licht haben?"

Offenbar hatte der Bau einen Fehler. Er musste uns in der Eile unbemerkt unterlaufen sein. Welcher Art aber dieser Fehler war, konnten wir nicht herausbringen.

„Holt doch den Bauplan!", rief schließlich mein Schwiegervater.

„Wir haben ihn unter das leere Kalkfass geschoben, er kann ja nicht weg sein!"

Der Bauplan lag freilich noch immer dort. Nur war er vom Kalk zerfressen und fiel auseinander, als wir ihn unter der Tonne hervorzogen.

„Tröstet euch!", sagte daraufhin mein Schwager Kalbfell, „wir brauchen den traurigen Wisch nicht! Auch ohne ihn werden wir Licht in das Rathaus bringen. Sind wir denn nicht die klugen Schildbürger?"

Die ägyptische Finsternis dauerte, wie in der Bibel zu lesen steht, nur drei Tage. Wir hofften also, dass auch das Dunkel in unserem Rathaus sich lichten werde, wenn wir drei Tage verstreichen ließen. Am vierten Tag aber war es in unserem Rathaus noch immer genauso finster wie anfangs.

„Das geht nicht mit rechten Dingen zu!", sagte mein lieber Vetter, der Schneider Siebenkäs. „Dieses Haus muss verhext sein!"

„Wir sollten nicht gleich an das Schlimmste denken", entgegnete Samuel Hechelmann. „Kann denn die Sache nicht ebenso gut einen anderen Grund haben?"

„Ja – aber welchen?", fragte mein Oheim, der Bäcker Sauerbrot.

„Wenn ich das wüsste, wäre mir wohler!", seufzte Herr Samuel. „Lasst uns in aller Ruhe darüber nachdenken!"

Wir beratschlagten hin und her, zogen dies in Erwägung, erörterten jenes. Darüber verging eine gute Weile, dann meldete sich mein Schwager, der Mann meiner jüngsten Schwester, der Metzger Kalbfell, zum Wort.

„Liebe Mitbürger!", sprach er, „vergleichen wir einmal das Rathaus von Schilda mit meinem Wurstkessel! Wie der Wurstkessel leer ist, wenn ich am Morgen das Schlachthaus betrete, so ist auch das Rathaus leer. In dem Wurstkessel fehlt es am Wasser, im Rathaus fehlt es am Licht. – Seid ihr mitgekommen?"

„Jawohl!", rief in unser aller Namen Herr Samuel Hechelmann. „Rede nur weiter!"

„Wenn ich nun meinen Wurstkessel füllen will", sagte der Metzger, „so muss ich zum Brunnen gehen und Wasser holen. Das muss ich sodann in den Kessel schütten; und wenn ich so drei- bis viermal gegangen bin, ist der Wurstkessel voll. – Ihr versteht mich doch?"

„Was den Wurstkessel angeht, habe ich alles genau verstanden", sagte mein Oheim, der Bäcker. „Ich frage

113

mich nur, was dein Kessel mit unserem Rathaus zu tun hat."

„Gedulde dich!", sagte mein Schwager nachsichtig. „Wie ich den Kessel mit [190] Wasser fülle, so könnten und sollten wir auch das Rathaus mit Licht füllen. Nichts scheint mir leichter als dies! Heute Mittag, wenn draußen die Sonne am hellsten strahlt, lassen wir alle [195] in Schilda verfügbaren Körbe und Töpfe und Krüge und Eimer mit Sonnenlicht volllaufen ..."

„Ja?", unterbrach ihn Herr Samuel Hechelmann, „und was dann?"

„Dann tragen wir einfach das Sonnen- [200] licht in das Rathaus, schütten es drinnen aus – und so fort, bis das Rathaus bis obenhin voller Licht ist und nichts mehr hineingeht!"

Da riefen wir: „Ja, du hast recht gespro- [205] chen! Das tun wir! Wir werden das Rathaus von Schilda voll Licht schütten, bis es überschwappt!"

(nacherzählt von Otfried Preußler)

1 Wie gehen die Schildbürger miteinander um?
2 Diese Geschichte wird von jemandem erzählt, der sich in Schilda sehr gut auskennt. Ist dieser Erzähler stolz darauf, ein Schildbürger zu sein?
3 Was könnte der Schmied, was der Bäcker vorschlagen, damit Licht ins Rathaus kommt?

„Wir, die gesamte weibliche Gemeinde von Schilda ..."

Ursprünglich galten die Bürger und Bürgerinnen von Schilda, einer kleinen Stadt im Land Utopia[1], als außergewöhnlich gescheite Leute. Deshalb fragten die hohen Regierungen gerade die Schildbürger um Rat, wenn sie einen brauchten. Und das kam oft vor. Bald zogen alle Männer aus Schilda fort um in den großen Städten als Berater aufzutreten. Das gefiel den Frauen und Mädchen von Schilda überhaupt nicht.

Also beriefen die Frauen in Schilda eine Versammlung ein um zu beraten, was nun zu tun sei. Nach langem Hin und Her einigten sie sich ihre Männer heimzurufen. Gemeinsam ließen sie einen Brief aufsetzen, den sie mit Boten überall dorthin schickten, wo sich ein Schildbürger aufhielt. Es war ein langer, ausführlicher Brief ... 5

10 Wir, die gesamte weibliche Gemeinde von Schilda, senden euch, unseren treuen lieben Ehemännern, unseren herzlichsten Gruß. Wir sind in großer Sorge. Da wir Schildbürger, Gott sei Dank, mit außergewöhnlicher Weisheit und Klugheit gesegnet sind, seid ihr Männer von fernen Herren und Fürsten von Haus und Hof, Frauen und Kindern abgefordert worden, 15 um ebendiese Weisheit in Dienst zu stellen. Nun haben diese Fürsten sicher den Wunsch euch so lange als nur möglich bei sich zu behalten und versuchen euch mit allen möglichen Gaben und Versprechungen anzubinden. Wir Frauen fürchten nun, dass ihr allzu lange von zu Hause wegbleibt. Uns und unserem Hab und Gut ist damit weder geraten noch geholfen. 20 Wir haben hier so viel Arbeit, dass wir uns um nichts mehr richtig kümmern können. Die Ernte verdirbt, das Vieh verwildert, das Gesinde verweigert den Gehorsam und die Kinder sind vernachlässigt, von unseren Unannehmlichkeiten ganz zu schweigen. In Anbetracht all dessen können wir Frauen es nicht unterlassen, euch hiermit geschlossen an eure Pflicht 25 zu erinnern und euch zur unverzüglichen Heimkehr aufzufordern. Bedenkt, wie lange wir schon ohne euch auskommen müssen, denkt an die Kinder, die schon anfangen nach ihren Vätern zu fragen! Was meint ihr wohl, welchen Dank sie euch zeigen werden, wenn sie als Erwachsene feststellen werden, wir sehr ihnen euer Trost und eure Hilfe gefehlt haben? Glaubt ihr wohl, 30 eure Herren und Fürsten werden euch ewig so wohlgesinnt sein? Wenn sie

---

1 **Utopia:** erdachtes Land

euch nicht mehr brauchen, werden sie euch zum Teufel jagen! Gerade so, wie der Jäger seinen alten Hund am nächsten Baum aufhängt, weil er mit seinen stumpfen Zähnen nicht mehr den Hasen reißen kann. So werden ausgediente Diener für ihre Mühen belohnt!

35 *Es wäre doch viel nützlicher für uns alle, wenn ihr euch zu Hause um eure eigenen Geschäfte kümmert und in Frieden mit euren Frauen, Kindern, Verwandten und Freunden lebt. Was hindert euch denn daran, auch von zu Hause aus fremden Leuten zu dienen? Wer euch wirklich braucht, der schickt nach eurem Rat. Wer das nicht tut, dem ist auch nicht sonderlich*

40 *Not darum!*

Aber ihr selber werdet das alles viel besser abwägen können, als wir es zu schreiben imstande sind. Deshalb hoffen wir, dass ihr nicht lange zögert und euch bald aufmacht um endlich heimzukommen. Andernfalls werdet ihr in euren Nestern bald fremde Vögel finden, die euch vor die Türe

45 *setzen, wenn es euch einfällt, dass ihr auch noch Familien habt! Darum lasst euch vor eurem eigenen Schaden warnen.*

Dies wurde gemeinschaftlich beschlossen und geschrieben zu Schilda, unterzeichnet mit eurem eigenen Siegel.

Eure treuen Frauen,
50 *die auf euch warten.*

(nacherzählt von Michael Fraund und Andreas Wattender)

Die Männer gehorchten. Sie kehrten zurück nach Schilda. Kaum zu Hause, wollten sie nie wieder fort. Sie beschlossen Narren zu werden. Denn Dummköpfe wird keiner um Rat fragen, so hofften sie.

1 Wie könnten die schwierigen Fragen gelautet haben, zu denen die Schildbürger in fernen Ländern um Rat gefragt wurden?

2 Nach langem Hin und Her einigten sich die Frauen von Schilda ihre Männer heimzurufen. Wie könnte die Beratung abgelaufen sein?

3 Entwerft unterschiedliche Antwortbriefe der angeschriebenen Männer.

4 „Sie beschlossen Narren zu werden" – kennt ihr weiteren Unsinn, den die Schildbürger angerichtet haben? Erzählt ihn euren Mitschülern und Mitschülerinnen.

Schelme gibt es überall

Von der klugen Tochter

(serbisch)

Es war einmal ein armer Mann in einer Hütte, der hatte niemanden als seine Tochter, die aber sehr weise war. Die lehrte auch den Vater weise zu spre-
5 chen und sich etwas zu erbitten.
Eines Tages kam er so auch zum Kaiser und sprach ihn um eine Gabe an. Der Kaiser fragte ihn, woher er sei und wer ihn so weise sprechen gelehrt habe.
10 Der Mann verneigte sich und antwor-
tete: „Meine Tochter, Herr!"
„Und wer hat es deine Tochter gelehrt?"
„Die Not."
15 Da gab ihm der Kaiser dreißig Eier und sprach: „Wenn deine Tochter so klug und gescheit ist, wie du sagst, so soll sie mir aus den Eiern dreißig Küken brü-
ten. Ich werde sie fürstlich belohnen.
20 Aber wenn es ihr nicht gelingt, so soll es ihr übel ergehen."

Bekümmert ging der arme Mann mit den dreißig Eiern nach Hause und erzählte alles seiner Tochter. Die Tochter sah sich die Eier an und erkannte so- 25
fort, dass sie gekocht waren. Sie nahm einen Kessel voll Wasser und stellte ihn aufs Feuer. Als das Wasser zu kochen begann, warf sie eine Handvoll weiße Bohnen hinein und sagte zum 30
Vater: „Leih dir von guten Menschen ein Ochsengespann und einen Pflug aus und dann pflüge das Brachland am Wege, wo der Kaiser vorüberkommen wird. Sobald du ihn siehst, stecke die 35
Bohnen in die Erde und rufe dazu: Hej, Ochsen, auf dass die gekochten Boh-
nen aufgehen und reiche Ernte tragen! Der Kaiser wird sich wundern und dich fragen, wie gekochte Bohnen aufge- 40
hen können. Du aber antworte: Eben-
so, wie aus gekochten Eiern Küken schlüpfen können!"
Der Vater tat, wie ihm die Tochter geraten hatte, und ging am Wegrand pflü- 45
gen. Bald darauf kam der Kaiser mit sei-
nen Räten daher. Da steckte der Arme schnell eine Bohne nach der anderen in die Erde und rief dabei: „Hej, Ochsen, auf dass die gekochten Bohnen 50
aufgehen und reiche Ernte tragen!"
Der Kaiser blieb stehen, schaute dem Treiben des Mannes ein Weilchen kopfschüttelnd zu und sprach ihn dann an: „Mein Leben lang habe ich 55
keinen solchen Unsinn gehört. Wie können gekochte Bohnen aufgehen?"
Der Mann verneigte sich und antwor-
tete: „Warum sollen sie nicht aufge-

60 hen, wenn aus gekochten Eiern Küken schlüpfen können?"

Der Kaiser wusste sogleich, was gemeint war, und trug dem Mann auf am nächsten Tag wieder im Schloss zu er-
65 scheinen.

Da gab ihm der Kaiser einen Arm voll Lein[1] und sagte: „Daraus sollst du mir bis morgen ein Seil und Segel für ein großes Schiff machen. Wenn nicht, so
70 verlierst du deinen Kopf!"

Der Arme erschrak zu Tode und lief weinend nach Hause, wo er alles seiner Tochter erzählte. Die aber sagte: „Keine Angst, du wirst schon nicht um dei-
75 nen Kopf kommen!"

Dann gab sie ihm ein Holzscheit, sagte ihm, was er tun solle, und schickte ihn wieder ins Schloss.

„Du bist schon zurück?", staunte der
80 Kaiser.

Und der Mann sagte: „Ich bringe Euch ein Holzscheit. Meine Tochter lässt Euch ausrichten, Ihr sollt daraus ein Spinnrad und einen Webstuhl ma-
85 chen. Dann macht sie Euch aus dem Lein Seil und Segel."

Da sah der Kaiser, dass die Tochter des armen Mannes wieder einmal schlauer gewesen war als er.

Er gab dem Mann einen kleinen Be-
90 cher und befahl: „Deine Tochter soll mit diesem Becher das Meer ausschöpfen, sodass an seiner Stelle ein Feld entsteht. Wenn sie das nicht fertigbringt, bist du deinen Kopf los!"
95 Der Mann nahm den Becher, ging nach Hause und berichtete seiner Tochter, was der Kaiser diesmal verlangte.

Die Tochter gab dem Vater ein Büschel
100 Werg[2] und riet ihm, was er dem Kaiser ausrichten sollte.

Der Mann ging wieder ins Schloss, verneigte sich vor dem Kaiser und sagte: „Meine Tochter will gern Euren
105 Wunsch erfüllen. Sobald Ihr mit dem Werg hier alle Quellen verstopft habt, damit kein Wasser ins Meer fließen kann, wird sie es mit dem Becher ausschöpfen."
110 Da sah der Kaiser ein, dass das Mädchen ihn an Klugheit übertraf, und er rief: „Ich will deine Tochter sehen! Bring sie sofort her!"

Der Arme brachte seine Tochter ins
115 Schloss. Der Kaiser war von ihrer Schönheit angetan, aber er wollte sie noch weiter auf die Probe stellen. Also fragte er sie: „Weißt du, was aus der weitesten Ferne zu hören ist?"
120 „Ehrwürdiger Kaiser, am weitesten sind der Donner und die Lüge zu hören."

Der Kaiser war mit ihrer Antwort zufrieden. Er wandte sich an seine Höf-
125

1 **Lein:** Stoffart
2 **Werg:** Faserabfall

linge und sprach: „Sagt mir, wie viel ist mein Bart wert?"

Die Räte und Höflinge schwiegen. Da wandte sich der Kaiser an die Tochter des armen Mannes und fragte sie: „Und du, weißt du, welchen Preis mein Bart hat?"

„Ich weiß es, o Herr. Er ist so viel wert wie drei Regen zur Sommerzeit."

Da stellte der Kaiser keine Fragen mehr, sondern erklärte: „Ich will, dass du meine Frau wirst."

Das Mädchen lächelte und antwortete: „Wie du willst, aber erst musst du mir mit eigener Hand auf ein Blatt Papier schreiben, dass du einwilligst, solltest du einst auf mich böse werden und mich wegschicken, dass ich mitnehmen kann, was mir das Liebste ist."

Der Kaiser nahm ein Blatt Papier und schrieb nieder, was das Mädchen gesagt hatte. Und dann wurde die Hochzeit gefeiert. Der Kaiser lebte mit seiner jungen Frau glücklich und zufrieden.

Seinen Räten aber gefiel es ganz und gar nicht, dass die Kaiserin ihrem Mann weisere Ratschläge gab, als sie es taten, und so begannen sie ihre junge Herrin zu verleumden und sagten, der Kaiser habe keinen eigenen Willen mehr und im Land regiere nicht er, sondern seine Frau.

Und sie gossen so lange Öl ins Feuer, bis sie schließlich erreichten, was sie erreichen wollten. Der Kaiser wurde seiner jungen Frau gram und fuhr sie böse an, sie solle sich davonscheren.

Die Kaiserin sagte kein Wort zu ihrer Verteidigung, nur bat sie ihren Mann: „Gestatte mir noch ein letztes Mal unter deinem Dach zu schlafen. Am Morgen gehen wir dann auseinander."

Der Kaiser erlaubte es und ging dann zu seinen Räten, mit denen er noch lange bei schwerem Wein beisammen saß.

Die Frau ließ indes heimlich die Kutsche anspannen. In der Nacht trug sie den schlafenden Kaiser aus seinen Gemächern in die Kutsche und entführte ihn in eine Felsenhöhle.

Am Morgen erwachte der Kaiser, rieb sich die Augen und schaute sich verwundert um.

„Wer hat mich hierher gebracht?"

„Ich", sagte die Kaiserin.

„Wie konntest du es wagen! Habe ich dir nicht gesagt, dass du nicht länger meine Frau bist?"

Da zog sie das Blatt Papier hervor und sprach: „Lies, was du geschrieben hast!"

Und der Kaiser las: „Wenn ich je meiner Frau gram werde und sie im Zorn davonjage, darf sie von meinem Hof mitnehmen, was ihr das Liebste ist. Das gelobe ich."

Da küsste er sie und fuhr mit ihr ins Schloss zurück, wo sie noch viele Jahre glücklich und zufrieden lebten.

1 Welche weiteren Aufgaben könnte der Kaiser für die kluge Tochter aushecken? Wie wehrt sie sich?

2 Soll ich ihn überhaupt nehmen? – Versucht euch in die Lage der klugen Tochter zu versetzen und überlegt zusammen mit ihrem Vater, ob sie den Kaiser denn heiraten soll.

Hundert Rupien von Allah

(afghanisch)

Auch in den afghanischen Bergen liebte das Volk Nasreddin und seine Streiche.

Hodscha Nasreddin war sehr oft ohne Geld. Zwar hatte er einen reichen Nachbarn, aber der war weit davon entfernt, ihm jemals etwas zu borgen oder gar zu schenken, und lachte ihn obendrein noch aus.

Einmal ging es Nasreddin wieder besonders schlecht. So schlecht, dass er und seine Frau kein Stück Brot mehr im Haus hatten. Da kletterte Nasreddin aufs Dach und rief laut zum Himmel: „Allmächtiger Allah, erbarme dich deines unglücklichen Dieners und schicke ihm hundert Rupien. Aber es müssen unbedingt hundert sein! Wenn es auch nur eine Rupie weniger ist, nehme ich gar nichts und verhungere lieber, so wahr ich Nasreddin heiße."

pien zusammen und warf sie auf das Nachbardach. Nasreddin knöpfte das Bündel auf, zählte die Rupien, blickte zum Himmel auf und rief: „O allmächtiger Allah, gepriesen sei deine Güte! Du hast mir hundert Rupien geschickt, aber dein unredlicher Bote hat unterwegs eine gestohlen."

Der Nachbar meinte, dass es nun genug des Spaßes sei, lief zu Nasreddin und verlangte von ihm das Geld zurück.

Hodscha Nasreddin aber antwortete entrüstet: „Die Rupien hat mir der allmächtige Allah selbst geschenkt und nur er kann sie von mir zurückverlangen. Übrigens habe ich dich im Verdacht eine von den hundert Rupien Allahs gestohlen zu haben; wer sonst soll es gewesen sein? Sei froh, wenn ich dir verzeihe und dich nicht beim Richter verklage!"

Das hörte der Nachbar und er beschloss Nasreddin einen Streich zu spielen. Er band neunundneunzig Ru-

Der Nachbar aber wollte sich nicht damit abfinden. Er ging zum Richter und war schon bald mit dem Auftrag zurück, Nasreddin solle sofort vor dem Richter erscheinen.

Hodscha Nasreddin las den richterlichen Bescheid und meinte zu dem
55 Nachbarn: „Du weißt ja, dass ich kein anständiges Gewand habe, in dem ich vor den Richter treten könnte. Du musst mir deinen Chalat und deinen Esel leihen oder ich gehe nicht hin!"
60 Als der Nachbar sah, dass er sonst wohl sein Geld nie zurückbekommen würde, gab er nach: Er lieh Nasreddin seinen Chalat und seinen Esel.

Beide traten vor den Richter und der
65 Nachbar wiederholte seine Klage. Der Richter fiel sogleich über Nasreddin her und schimpfte ihn einen Betrüger und Dieb. Nasreddin aber ließ ihn gar nicht ausreden, er fiel ihm ins Wort

und rief: „Das ist ein Irrtum! Glaube 70 diesem Menschen kein Wort. Er lügt! Es sollte mich nicht wundern, wenn er auch noch diesen Esel und den Chalat, den ich anhabe, als sein Eigentum erklärt!" 75

Da wurde der Nachbar fuchsteufelswild und schrie: „Natürlich ist es mein Esel, natürlich ist es mein Chalat! Gib sie mir sofort zurück!"

Nun wurde der Richter zornig und 80 sprach zu dem Nachbarn: „Du wolltest mich also an der Nase herumführen, du Schurke! Scher dich augenblicklich davon und merke dir: Wenn du dich noch einmal hier sehen lässt, brumme 85 ich dir eine Strafe auf, dass dir Hören und Sehen vergeht!"

1 Stell dir vor, du solltest als kluger Richter oder kluge Richterin die Verhandlung so führen, dass diesmal Nasreddin in die Enge getrieben wird. Was würdest du tun?

2 Man kann nicht ewig streiten! – Wie versöhnen sich Nasreddin und sein Nachbar?

Was für einer war Till Eulenspiegel?

Till war ein lustiger, lebensfroher Mensch. Er machte aber solche Streiche, bei denen die Leute lachen mussten statt ihn auszuschimpfen.

Er war ein Wandersmann und ließ sich in einem Dorf nieder, bis ihm der Boden zu heiß wurde.

Dieser Till war echt gut.

Wenn ihm etwas gesagt wurde, führte er es wortwörtlich aus und nicht so, wie es eigentlich gemeint war.

Karlhans Frank

„Du bist ja ein richtiger kleiner Till Eulenspiegel."
„Bill Keulenziegel? Will Beulenriegel?"
„Till Eulenspiegel!"
„Was ist denn das für einer, dieser Till Eulenspiegel?"
5 „Till Eulenspiegel war ein Wörterwurstler und Wortewender, ein lustiger
Schlingel und listiger Schalk, ein lästiges Schlitzohr noch dazu.
Er war Genauhingucker und Zwischentonhörer,
ein bisschen durchtriebener Narr und ein bisschen pfiffiger Clown.
Till liebte die hochnäsigen Herrschaften nicht
10 und spielte ihnen bunte Streiche."
„Erzähle mir von Till."

Wie Eulenspiegel Ärmel an den Rock warf

Als Eulenspiegel nach Berlin kam, ging er zu einem Schneider als Knecht.

Der Meister war ein gewissenhafter Mann und hielt etwas von genauer Ar-
5 beit. Deshalb belehrte er seinen Knecht folgendermaßen: „Wenn du bei mir arbeiten willst, dann musst du so ordentlich nähen können, dass man es gar nicht sieht."

10 Das war für Eulenspiegel die rechte Art seinen Affen von der Leine zu lassen. Er nahm Nadel und Faden und den zugeschnittenen Rock und kroch damit unter einen großen Bottich. Den Stoff
15 auf den Knien, versuchte er jetzt das Gewand zu nähen. Das war in dieser Düsternis natürlich schwierig.

Der Meister blickte stumm auf dieses Gebaren. Hin und wieder schüttelte er
20 verständnislos den Kopf. Schließlich erkundigte er sich, wozu das gut wäre.

„Aber Meister, Ihr sagtet doch, ich soll nähen, dass es niemand sieht. Unter diesem Bütten hier sieht mich keiner."
25 Der Schneider wusste nicht, ob er schimpfen oder lachen sollte. Weil Eulenspiegel aber so unschuldig tat, glaubte er an nichts Böses. Also rief er seinen Knecht aus dem Versteck her-
30 vor und hieß ihn für jedermann sichtbar zu nähen.

Als der dritte Tag sich neigte und der Abend dämmerte, überfiel den Schneider eine große Müdigkeit. Kaum noch
35 konnte er die Augen offen halten. Deshalb beschloss er schlafen zu gehen. Er warf Eulenspiegel den halb fertig genähten Wolfspelz zu, den er gerade in der Mache hatte, und sprach: „Hier,
40 näh den Wolf und geh danach auch ins Bett!"

Nun war aber Eulenspiegel nicht minder müde als sein Herr, sodass er kaum noch den Faden in die Nadel bekam.
45 Trotzdem nahm er den Bauernpelz folgsam entgegen. Kaum war er allein in der Werkstatt, trennte er die fertigen Nähte auf. Darauf heftete er die Teile so zusammen, dass ein Wolfskörper ent-
50 stand. Den stopfte er mit Lumpen aus und stellte ihn unter den Tisch. Dann ging er schlafen.

Am nächsten Morgen stand der Meister auf und weckte Eulenspiegel. Doch
55 wie staunte er, als sie die Werkstatt betraten! Hockte doch unter dem Tisch ein Wolf und blickte sie mit dunklen Knopfaugen an.

„Was in drei Teufels Namen hast du
60 aus dem Bauernpelz gemacht?"

„Den Wolf natürlich, wie Ihr mir befohlen habt."

Wieder tat Eulenspiegel, als könne er kein Wässerchen trüben. Der Meister

raufte sich die Haare. Was für einen elenden Dummkopf hatte er sich nur ins Haus geholt! Trotzdem zwang er sich noch einmal zur Ruhe.

„Weil der Bauernrock aus einem Wolfspelz ist, nannte ich ihn den Wolf. Jeder beliebige Narr hätte gewusst, dass er keinen richtigen Wolf nachbilden, sondern einen Rock aus Wolfspelz nähen sollte. Wie dumm bist du eigentlich?"

„Es wäre mir wahrlich lieber gewesen, Ihr hättet Euch gestern Abend so klar ausgedrückt wie heute Morgen. Es war nämlich eine elende Plackerei, das Vieh so hinzukriegen, dass es einem Wolf ähnlich sieht. Wie mühelos hingegen hätte ich die einfache Näherei besorgt, die jeder kann!"

Der Schneider begann zu zweifeln, ob er oder sein Knecht nicht richtig bei Trost wäre. Da kein Schaden entstanden war, ließ er den Vorfall auf sich beruhen.

Nach weiteren vier Tagen geschah es wieder abends. Der Bettzipfel zog so stark, dass der Meister nicht mehr widerstehen konnte. Für seinen Knecht allerdings, fand er, war es zum Schlafengehen noch zu früh. Deshalb reichte er ihm einen Rock und zwei Ärmel zum Annähen und befahl: „Wirf noch die Ärmel an den Rock und geh danach auch schlafen!"

Obwohl Eulenspiegel ebenfalls hundemüde war, konnte er dennoch seiner schalkhaften Natur nicht widerstehen. Er hängte den Rock an einen Ha-

124

ken, zündete zwei Kerzen an und stellte sie rechts und links der Jacke auf. Danach begann er die Ärmel an den Rock zu werfen. Dieses unsinnige Spiel trieb er bis zum Aufstehen. Als der Meister die Werkstatt betrat, staunte er.

„Was, zum Henker, tust du hier?"
Eulenspiegel erklärte, dass er lediglich den Auftrag seines Meisters ausführe und die Ärmel an den Rock werfe. Wie aber zu erwarten, blieben sie nicht kleben, und er beschwerte sich: „Warum habt Ihr mir eine Arbeit aufgetragen, von der Ihr wusstet, dass sie verlorene Mühe ist?"
Der Schneider zeigte jedoch kein Mitgefühl und lachte.

„Warum bist du solch ein Dummkopf, dass du die Wörter wohl, aber nicht ihren Sinn verstehst? Selbstverständlich solltest du die Ärmel nicht anwerfen, sondern annähen. Jedes Wickelkind hätte das gewusst, nur eben du nicht."
Diese Rede fuchste Eulenspiegel, dessen Augen rot vor Müdigkeit waren.

„Nennt die Dinge, wie sie sind, und nicht so, dass man sich erst seinen Reim darauf machen muss. Bin ich vielleicht ein Dichter? Hätte ich Euer Lied gekannt, wäre ich wenigstens zu ein paar Stunden Schlaf gekommen.

Deshalb macht Ihr Euch jetzt an die Arbeit, während ich mir den versäumten Schlaf nachhole. Ich denke nicht daran, für Eure Schuld zu büßen."
Mit diesem Vorschlag war der Meister überhaupt nicht einverstanden. Sollte er vielleicht einen Schläfer bei sich durchfüttern? Keinen Schlafknecht, sondern einen Schneider hatte er angestellt und damit basta. Jetzt begannen sich beide zu streiten und zu zanken, was das Zeug hielt. Schließlich bestand der Schneider sogar noch darauf, von seinem Knecht die vergeudeten Kerzen ersetzt zu bekommen. „Unwissenheit schützt vor Strafe nicht", erklärte er. Das aber ging dem Knecht nun doch über die Hutschnur. Er nahm seine paar Habseligkeiten und stiefelte grußlos davon. Der Schneider aber barmte[1] um seine Kerzen. Ihm war noch immer kein Licht aufgegangen, wen er in seinen vier Wänden beherbergt hatte.

1 **barmen:** jammern

1 „Bin ich vielleicht ein Dichter?" –
Was meint Till Eulenspiegel mit dieser Frage?
2 „Jetzt begannen sich die beiden zu streiten und zu zanken, was das Zeug hielt." Was sagt die Frau des Schneiders nach diesem Streit zu ihrem Mann?
3 Erfindet eine ähnliche Geschichte zum Thema „Eulenspiegel verdingt sich bei einem Koch". Sammelt dazu missverständliche Redensarten aus der Küche, z. B. „die Eier abschrecken", „die Sahne schlagen" usw.

Dieser Till ...!

Geschichten über Till Eulenspiegel, den man manchmal auch Dyl Ulenspiegel schrieb, wurden zum ersten Mal um 1500 gedruckt. Viele dieser Geschichten kannte man aber schon früher.

Im ersten Ulenspiegel-Buch „Ein kurtzweilig lesen über Dyl ..." stehen rund neunzig „Historien" (Erzählungen). Darin gerät Eulenspiegel in viele Streitigkeiten. Er bekommt es zu tun mit: Wirten (12-mal), Bauern (10-mal), Pfarrern (7-mal), Bierbrauern, Brotbäckern, Metzgern, Köchen (7-mal), Schmieden, Schuhmachern, Stiefelmachern (5-mal), Schneidern, Tuchmachern, Taschenmachern (5-mal), Brillenmachern, Pfeifenmachern, Schreinern (3-mal).

Er begegnet auch dem Grafen von Bernburg, dem Landgrafen von Hessen, dem Herzog von Lüneburg, den Königen von Dänemark und Polen sowie dem Bischof von Magdeburg und dem Papst.

In den Historien zieht Eulenspiegel durch die folgenden Orte, Städte und Gegenden:
Sachsen, an der Saale, Harz, Braunschweig, Magdeburg, Peine, Nürnberg, Halberstadt, Uelzen, Anhalt, Lüneburg, Prag, Erfurt, Thüringen, Bamberg, Frankfurt, Quedlinburg, Wolfenbüttel, Rostock, Wismar, Stade, Einbeck, Berlin, Brandenburg, Stendal, Aschersleben, Leipzig, Lübeck, Helmstedt, Dresden, Hildesheim, Paris, Hannover, Bremen, Hamburg, Eisleben, Köln, Rostock, Frankfurt/Oder, Antwerpen, Mölln.

Manchmal war es verboten, die Historien nachzudrucken, zu verkaufen oder zu lesen.

Schelmengeschichten zum Vorspielen

Wie Eulenspiegel den Wirt mit dem Klang von dem Geld bezahlt

SPIELRAUM: *Klassenzimmer, Schulgang, Pausenhof*

BÜHNENBILD: *Zwei Räume: Herberge mit Gastraum und Küche*

REQUISITEN: *Bänke, Töpfe, Münzen, Gong oder ähnliches,*
vielleicht: Besteck, Kochlöffel, Semmel, Sanduhr, Geldkassette,
Rechenschieber (mit Holzrollen)

PERSONEN: *Eulenspiegel, Wirt, Gäste,*
vielleicht: Magd

1   Die folgenden Spielanweisungen haben Schüler und Schülerinnen gesammelt.
Welche sind sinnvoll? Welche sind unpassend? Bedenke bei deinem Urteil:
„Was für einer war Till Eulenspiegel?" Lies nun den Text auf Seite 128 ff.

I. Eulenspiegel wartet endlos lange auf das Mittagessen

Lange Zeit war Eulenspiegel zu Köln in der Herberge; da begab es sich, dass die Kost wurde so spät zum Feuer gebracht, dass es hoch Mittag war, ehe
5 die Kost fertig war. Das verdross Eulenspiegel sehr, dass er so lange fasten sollte.

Eulenspiegel rutscht auf der Bank hin und her, geht wiederholt um den Tisch, gähnt, späht wiederholt in die Küche, streicht sich den Bauch, macht Kaubewegungen, dreht wiederholt eine Sanduhr um, unterhält sich mit den anderen Gästen, lacht, bestellt mehrfach etwas zu trinken, trommelt mit dem Besteck auf den Tisch, blinzelt zur Magd, schaut in kurzen Abständen auf die Armbanduhr. Eulenspiegel zieht den Wirt an der Nase, steckt heimlich ein Trinkgefäß ein, redet mit der Katze, hilft ihr beim

Mäusefang, befühlt bewundernd den Kleiderstoff der übrigen Gäste.

II. Eulenspiegel befolgt den Rat des Wirts

Da sah der Wirt ihm wohl an, dass es schnell ihn verdross, und der Wirt sprach zu ihm: „Wer nicht beiten[1] 10 kann, bis die Kost fertig ist, der möchte essen, was er hätte." Eulenspiegel ging und aß eine Semmel auf und ging da sitzen bei dem Herd.

Eulenspiegel isst zunächst schnell und gierig, dann langsam, genüsslich, zieht den Bratenduft tief ein, hält den Rest der Sem-

1 **beiten:** warten

128

mel über den Kochtopf, löffelt verstohlen
Soße, spuckt in den Topf.

III. Man tischt auf und Eulenspiegel isst nicht mit

15 Und da es zwölf schlug, wurde der
Tisch gedeckt, die Kost wurde darauf
gebracht, der Wirt ging sich mit den
Gästen setzen und Eulenspiegel blieb
in der Küche. Der Wirt sprach: „Wie,
20 willst du dich nicht zu Tische setzen?"
– „Nein", sprach er, „ich mag nicht essen, ich bin durch den Geschmack von
dem Gebratenen voll geworden."

*Die Gäste lachen Eulenspiegel aus, sie
klopfen mit beiden Händen auf ihre Ober-
schenkel, deuten auf Eulenspiegel. Eulenspiegel macht die übrigen Gäste nach.*

IV. Die Gäste essen und zahlen

Der Wirt schwieg und aß mit den Gäs-
25 ten und sie bezahlten nach der Essens-
zeit die Urte[2]. Der eine wanderte, der
andere blieb ...

*Alle Gäste essen aus einer Schüssel,
schmatzen, alle Gäste essen betont vornehm, dem Wirt geht das Wechselgeld
aus, manche Gäste zahlen mit vielen kleinen Münzen, die sie aus verschiedenen
Taschen zusammenklauben, der Wirt
hält ausdauernd die Hand hingestreckt.
Eulenspiegel stellt sich dazu und hält
auch die Hand auf.*

2 Urte: Zeche

V. Eulenspiegel soll bezahlen, er tut es auf seine Weise

... und Eulenspiegel saß bei dem Feuer.
Da kommt der Wirt mit dem Zahlbrett
und wurde zornig und sprach zu Eu- 30
lenspiegel, dass er zwei Cöllnische
Weißpfennige für das Mahl auflegen
sollte. Eulenspiegel sprach: „Herr Wirt!
Seid Ihr ein solcher Mann, dass Ihr
Geld von einem nehmt, der Eure 35
Speise nicht isst?" Der Wirt sprach
feindlich, dass er das Geld geben solle.
Hätte er nicht gegessen, so wäre er
doch des Geschmackes voll geworden.
Er wäre da über dem Braten gesessen, 40
das wäre so viel, als hätte er an der Tafel
gesessen und hätte davon gegessen,
das wollte er ihm für ein Mahl rechnen.
Eulenspiegel zog einen Cöllnischen 45
Weißpfennig hervor und warf den auf
die Bank. „Herr Wirt, hört Ihr wohl
diesen Klang?" Der Wirt sprach: „Diesen Klang höre ich wohl." Eulenspiegel
war rasch bei dem Pfennig und steckte 50
ihn wieder in den Säckel und sagte: „So
viel wie Euch der Klang hilft von dem
Pfennig, so viel hilft mir der Geruch
von dem Braten in meinem Bauch."
Der Wirt wurde unwirsch, denn er 55
wollte den Weißpfennig haben, und
Eulenspiegel wollte ihm den nicht geben und wollte das Gericht entscheiden lassen.

*Der Wirt und Eulenspiegel flüstern, spre-
chen langsam, übertreibend deutlich,
brüllen, schnappen nach Luft. Im Streit-
gespräch umkreisen sich beide. Eulenspiegel fasst den Wirt zum Tanzen, trägt*

ihn in die Küche. Eulenspiegel stimmt ein Lied an, die andern Gäste singen mit. Eulenspiegel zieht ein Messer, rennt zur Tür.

VI. Eulenspiegel bekommt die Zehr[3] geschenkt

60 Der Wirt wollte aber das Gericht nicht und ließ ihn damit fahren. Und Eulenspiegel zog von dannen, sodass ihm der Wirt die Zehrung schenken musste, und er zog wieder von dem Rhein in
65 das Land zu Sachsen.

3 **Zehr, Zehrung:** Mahlzeit

2 Was sagt der Wirt, was sagt Eulenspiegel und was machen beide mit den Händen? Wie verlässt Eulenspiegel die Herberge? Was macht er an der Tür? Kommt er noch einmal zurück?

Eine Wanderbühne im 16. Jahrhundert

Eulenspiegel und die Metzger

DIE SPIELER:

*Eulenspiegel, Der Metzger Veit, Der Metzger Klaus, Die Eierfrau, Die Gemüsefrau,
Der vornehme Herr, Johann (Diener), Die erste Hausfrau, Die zweite Hausfrau,
Ein Junge, Ein Mädchen, Der Büttel[1]*

EULENSPIEGEL: Zu Erfurt in der schönen Stadt
ich auch ein froh Erlebnis hatt'.
Am Markttag war's, wo jedermann,
der Geld hat, sich was kaufen kann.

5 Mich hungert's nach 'nem Braten sehr,
doch war mein Beutel leider leer.
Zwei Metzger führt' ich an der Nas',
und das gab einen Riesenspaß.
Eulenspiegel springt beiseite. Die Spielfläche ist einige Sekun-
10 *den leer, dann kommen die dicken Metzger Veit und Klaus
mit ihren Fleischkörben und eine Eier- und eine Gemüsefrau
mit ihren großen Körben. Sie stellen sich auf, packen einen
Teil ihrer Waren aus und warten auf die Käufer.*
DER METZGER VEIT: Aber das sage ich dir, mein lieber
15 Klaus, preise nur nicht deine schlechte Ware wieder so
laut an wie beim letzten Markttag, sonst setzt es einmal
Prügel.
DER METZGER KLAUS: Ich tue, was mir beliebt, Freund Veit,
und werde dir gleich aufs Maul klopfen, wenn du meine
20 Ware noch einmal schlecht machst.
Will auf Veit losgehen.
DIE EIERFRAU: Nun seht euch diese Mannsbilder an. Sie
können doch nicht einen Augenblick Frieden halten!
DIE GEMÜSEFRAU: Hört auf, ihr Streithähne, die ersten
25 Käufer kommen.
*Es kommen nacheinander zwei Frauen mit Einholekörb-
chen, ein Junge, ein Mädchen und ein vornehmer Herr mit
Diener. Sie verteilen sich auf die Stände der beiden Frauen
und des Metzgers Veit. Bei Klaus gehen sie vorbei. Nun wird*
30 *gefeilscht und gekauft. […]*

*Auf welchem Teil der
Spielfläche steht oder
bewegt sich Eulen-
spiegel?*

*Wie springt ein
Schelm? Wie „kom-
men" dicke Metzger
auf den Markt?*

*Wie warten Metzger
auf Käufer, wie die
Eier- und Gemüse-
frauen?*

*Wie bewegen sich
die verschiedenen
Käufer?*

---

1 Büttel: Ordnungshüter

Eulenspiegel kommt, geht langsam an den Ständen vorbei und bleibt schließlich – etwas zögernd – vor dem leeren Stand des Metzgers Klaus stehen.

DER METZGER KLAUS *laut anpreisend:* Hier gibt es das beste
35 Fleisch von ganz Erfurt! Wie wäre es, Euer Gnaden, wollt Ihr nicht einen schönen Braten mit nach Hause nehmen?

EULENSPIEGEL: Was soll ich mitnehmen?

DER METZGER KLAUS *zeigt ihm ein Stück Fleisch:* Diesen
40 herrlichen Schweinsbraten.

EULENSPIEGEL: Nun, wenn Ihr meint, Meister, so gebt ihn her.

Der Metzger reicht Eulenspiegel den Braten.

EULENSPIEGEL: Ich danke Euch, guter Meister.

45 *Will gehen. Der Metzger läuft hinter ihm her, hält ihn am Rockzipfel fest und ruft.*

DER METZGER KLAUS: Haaalt! Wollt Ihr denn nicht bezahlen?

EULENSPIEGEL *ganz unschuldig:* Von der Bezahlung habt
50 Ihr mir doch nichts gesagt. Ihr batet mich nur den Braten mit mir zu nehmen.

DER METZGER KLAUS *empört:* Aber doch nicht ohne ihn zu bezahlen. Gebt mir nun das Geld oder ich verlange den Braten zurück.

55 EULENSPIEGEL *ganz ruhig:* Mitnichten! Geschenkt ist geschenkt.

Zum Metzger Veit: Könnt Ihr das nicht bezeugen, guter Freund?

DER METZGER VEIT *hämisch:* Ich schwöre einen heiligen
60 Eid darauf, dass er Euch das Fleisch aufgedrängt hat ohne ein Wort von Bezahlung zu reden.

DER VORNEHME HERR: Ja, dann gehört das Fleisch gewiss dem Fremden.

EULENSPIEGEL *spöttisch:* Seht Ihr, lieber Meister, gut Recht
65 muss gut Recht bleiben. Ich danke Euch nochmals.
Ab.

DER METZGER KLAUS *will auf Metzger Veit losgehen, der sich vergnügt die Hände reibt:* Ich schlage dir alle Zähne aus dem Gesicht, du Neidhammel.

70 DER METZGER VEIT *krempelt sich die Hemdsärmel hoch:* Hoho, dann komm einmal her, du Prahlhans!

„Kommt" Eulenspiegel wie die anderen Käufer? Nimmt er das Fleisch in die Hand? Hält er es unter seine Nase? Ist er schon etwas weitergeschlendert?

Was macht der Metzger, wenn er empört ist? Wo trägt Eulenspiegel den Braten?

Wie geht Eulenspiegel „ab"?

DER BÜTTEL *kommt:* Auseinander, ihr Streithähne! Denkt an den Marktfrieden, sonst muss ich euch in Gewahrsam nehmen.

75 *Der Marktbetrieb geht weiter. […]*

EULENSPIEGEL *kommt noch einmal zurück und geht auf den Metzger Veit zu:* Ich habe mir überlegt, dass der Braten, den mir Euer Nachbar dort geschenkt hat, für meine Gäste nicht ausreichen wird.

Wo war Eulenspiegel inzwischen?

80 DER METZGER VEIT: Da wollt Ihr gewiss noch etwas von mir dazukaufen.

Welches Wort betont Veit?

EULENSPIEGEL: Ihr habt es erraten, Meister, und weil Ihr mir soeben so freundlich beistandet, will ich Euch jetzt auch gefällig sein.

85 DER METZGER VEIT *zeigt ihm ein Stück Fleisch:* Dies hier ist ein sehr schöner Braten.

EULENSPIEGEL *greift zu:* Ja, der gefällt mir, den nehme ich.

DER METZGER VEIT: Halt, halt, erst müsst Ihr bezahlen!

EULENSPIEGEL: Gewiss, gewiss, Meister, wo denkt Ihr denn

90 hin? Ich will den Braten nicht eher anrühren und mitnehmen, bevor Euch meine Worte gefallen. Seid Ihr einverstanden damit?

Alle anderen Verkäufer und Marktbesucher passen auf.

DER METZGER VEIT: Ja, das ist mir recht.

95 EULENSPIEGEL *zieht einen Beutel aus der Tasche und hält ihn vor den Metzger; zum Beutel:* Wohlauf, Herr Beutel, bezahle die Leute!

Klimpert viel Geld im Beutel?

Nun, wie gefallen Euch diese Worte, Meister? Behagen sie Euch nicht?

100 DER METZGER VEIT: Diese Worte gefallen mir wohl und berühren mich angenehm.

EULENSPIEGEL *nimmt mit einem schnellen Griff den Braten an sich; zu den Umstehenden, besonders zum Metzger Klaus:* Liebe Freunde, ihr seid Zeugen, die Worte gefielen ihm

105 und der Braten ist mein.

Will gehen. Metzger Veit will ihm den Braten wieder entreißen.

DER METZGER VEIT: Gib mir den Braten zurück, du Betrüger!

110 DER METZGER KLAUS: Oho, ich kann es beschwören, bei meiner Seelen Seligkeit, dass der Fremde im Recht ist.

Wie steht der Metzger da? Beugt er sich vor, lehnt er sich zurück?

EULENSPIEGEL *im Abgehen:* Na, dann nichts für ungut, Freunde, lebt wohl.

133

Greift sich den Jungen.

115 Komm mit, Bürschlein, ich will dir eine lustige Mär[2] erzählen.

Ab mit dem Jungen. Nach und nach gehen auch die anderen Marktbesucher lachend ab.

DIE GEMÜSEFRAU *geht auf die Eierfrau zu und zeigt auf die*
120 *beiden Metzger:* Da haben die beiden einmal zusammen in den gleichen sauren Apfel beißen müssen.

DIE EIERFRAU: Das freut mich aufrichtig, Frau Nachbarin.

DIE BEIDEN METZGER *wie aus einem Munde:* Schweigt still, ihr Klatschbasen!

125 DER METZGER VEIT: Sonst könnte es Rührei geben.

DIE EIERFRAU *mit der Gebärde des Kratzens:* Davon rate ich dir ab, wenn dir deine Augen lieb sind.

DER JUNGE *kommt angelaufen, laut:* Ich soll den beiden Metzgermeistern einen recht schönen Gruß vom Jun-
130 ker[3] Eulenspiegel ausrichten und er hätte schon besseres, wenn auch nicht billigeres Fleisch gekauft.

DER METZGER KLAUS: Was, der Eulenspiegel?

DER METZGER VEIT: Der Eulenspiegel hat uns genasführt?
[...]

135 DER METZGER KLAUS *packt seine Sachen zusammen:* Kommt, Freund Veit, wir wollen ihm nacheilen, vielleicht erwischen wir ihn noch.
[...]

Wie schafft es Eulenspiegel, dass der Junge mitgeht?

Wie laut sprechen die Gemüsefrau und die Eierfrau?

Der Junge ist atemlos. Wie stößt er seinen Satz heraus?

---

2 **Mär** veraltet für: Kunde, Nachricht
3 **Junker** hier: junger Herr

1 Theater werben oft mit Szenenfotos. Darauf wird ein einprägsamer Augenblick festgehalten.

Welche Stellen wären für Szenenfotos geeignet?
Welchen Gesichtsausdruck sollen die Darsteller haben?
Welche Handbewegung machen sie?
Wie ist ihre Körperhaltung?
Welche Gegenstände gehören auf das Bild?

Am besten gelingen Szenenfotos nach einigen Stellproben.

Ihr könnt
Schelmengeschichten
bei einem Klassenfest
vorspielen.

Eure Klasse kann
zusammen ein Buch
mit Schelmen-
geschichten machen.

Schalke, Narren, Schelme unter uns

Ihr könnt selbst Schelmengeschichten erfinden, z. B. vom
„Wörterwurstler und Wortewender" Eulenspiegel.

Stellt dazu Wörter und Redensarten zusammen, die man so
oder so verstehen kann, z. B.
in den Federn liegen,
auf den Putz hauen,
die Weinstube,
der Zitronenfalter.

Was fällt euch noch ein?

Auch Wörter werden älter und ändern
dabei oft ihre Bedeutung. Wer kann mit
den Wörtern von früher Sätze von heute
bilden?

Einst hieß Schalk, wer rohe Knechtsarbeit
verrichten musste.
Heute ...

Ehedem hieß Narr, wer in den Augen anderer
als Irrer galt.
Heute ...

Früher hieß Schelm, wer Tierkadaver enthäu-
tete.
Heute ...

SCHALKE, NARREN, SCHELME IM KALENDER

Geschichten über die Schildbürger, über
Eulenspiegel und andere kennt jeder von euch.
Ihr könntet für euer Klassenzimmer einen
Wochenkalender gestalten.
- Jede(r) sucht sich eine Geschichte aus.
- Jede(r) schreibt für ein Wochenblatt einen
  Auszug aus seiner Geschichte auf.
- Jede(r) malt auf einem zweiten
  Wochenblatt ein treffendes Bild zu seiner
  Geschichte.

Schelmengeschichten zum Anfassen

In jedem Klassenzimmer ist eine Ecke frei. Hier ist Platz für ein Museum.
Gegenstände, die in den euch bekannten Schelmengeschichten eine wichtige Rolle spielen, könnt ihr ausstellen, z. B. das Saatsalz der Schildbürger,
das Holzscheit der klugen Tochter, die hundert Rupien von Nasreddin.

Die Märchensammlung der Brüder Grimm

JACOB UND WILHELM GRIMM

Märchen gibt es schon viel länger als Märchenbücher. Sie wurden über lange Zeit mündlich weitererzählt. Woher kommen aber die Märchenbücher, die wir heute haben? Seit wann gibt es sie?

Versetzen wir uns um 180 Jahre zurück, in eine Zeit, in der es kein Radio, kein Fernsehen, kein Telefon gab, nur wenige Menschen lesen und schreiben konnten. Man sitzt in einer Küche oder in einer Spinnstube, im Wohnzimmer eines Bürgerhauses oder im oft einzigen Zimmer eines Handwerkerhäuschens. Vielleicht ist es ein langer Winterabend, an dem die Menschen sich noch etwas erzählen, bevor sie zu Bett gehen.

Zu dieser Zeit lebten in Kassel die beiden Brüder Jacob und Wilhelm Grimm, 22 und 21 Jahre alt. Ihr Leben war vom Umgang mit Büchern bestimmt: Jacob verdiente seinen Lebensunterhalt als Bibliothekar, später wurden beide Wissenschaftler und schrieben so viele Bücher über Sprache und Literatur, dass man einen ganzen Bücherschrank damit füllen könnte.

Eines davon, das berühmteste, war eher eine Nebenarbeit: Zu Weihnachten 1812 erschienen die „Kinder- und Hausmärchen". Die Grimms widmeten dieses Buch ihrer Freundin Bettina von Arnim, die später eine bekannte Schriftstellerin wurde. Vielleicht bekam ihr Sohn, der kleine Johannes Freimund, die Märchensammlung zu Weihnachten geschenkt.

Woher hatten die Brüder Grimm all diese Märchen? Einzelne davon nahmen sie aus Büchern. Vor allem schrieben sie aber auf, was sie selbst kannten und von Freunden und vielen Helfern hörten. Über die Schwierigkeiten dabei berichtet Wilhelm Grimm:

„Ich wollte mir in Marburg von der alten Frau alles erzählen lassen, was sie wüsste, aber es ist mir schlecht ergangen. [...] Und so wäre nicht allein meine Mühe verloren gewesen, hätte ich nicht jemand gefunden, der eine Schwester des Hospitalvogts[1] zur Frau hat und den ich endlich dahin gebracht, dass er seine Frau dahin gebracht, ihre Schwägerin dahin zu bringen, von der Frau ihren Kindern die Märchen sich erzählen zu lassen und aufzuschreiben. Durch so viele Schachte und Kreuzgänge wird das Gold erst ans Licht gebracht."

Als die Brüder den zweiten Band ihrer Sammlung vorbereiteten, kam ihnen ein besonderer Glücksfall zu Hilfe. In dem Dorf Zwehrn bei Kassel lernten sie eine Schneidersfrau

---

1 **Vogt:** eine Art Verwalter

◀ *Karl Friedrich Schinkel:* Felsentor (1818)

kennen, die einen wahren Schatz von Märchen vor ihnen ausbreitete, darunter auch
„Die kluge Bauerntochter". Wilhelm Grimm schreibt über sie:
„Diese Frau, noch rüstig und nicht viel über fünfzig Jahre alt, heißt Viehmännin, hat
ein festes und angenehmes Gesicht, blickt hell und scharf aus den Augen und ist wahr-
scheinlich in ihrer Jugend schön gewesen. Sie bewahrt diese alten Sagen fest in dem
Gedächtnis, welche Gabe, wie sie sagt, nicht jedem verliehen sei und mancher gar nichts
behalten könne; dabei erzählt sie bedächtig, sicher und ungemein lebendig mit eigenem
Wohlgefallen daran, erst ganz frei, dann, wenn man will, noch einmal langsam, sodass
man ihr mit einiger Übung nachschreiben kann."
Die Märchensammlung war so beliebt, dass sie noch zu Lebzeiten der Brüder siebenmal
neu gedruckt werden musste.

Märchen zum Mitmachen

Brüder Grimm

Allerleirau

Es war einmal ein König, der hatte eine Frau mit goldenen Haaren, und sie war so schön, dass sich ihresgleichen nicht mehr auf Erden fand. Es geschah, dass
5 sie krank lag, und als sie fühlte, dass sie bald sterben würde, rief sie den König und sprach:
„Wenn du nach meinem Tode dich wieder vermählen willst, so nimm kei-
10 ne, die nicht ebenso schön ist, als ich bin, und die nicht solche goldene Haare hat, wie ich habe; das musst du mir versprechen." Nachdem es ihr der König versprochen hatte, tat sie die Au-
15 gen zu und starb.
Der König war lange Zeit nicht zu trösten und dachte nicht daran, eine zwei-

te Frau zu nehmen. Endlich sprachen seine Räte: „Es geht nicht anders, der König muss sich wieder vermählen, 20 damit wir eine Königin haben." Nun wurden Boten weit und breit umhergeschickt eine Braut zu suchen, die an Schönheit der verstorbenen Königin ganz gleichkäme. Es war aber keine in 25 der ganzen Welt zu finden, und wenn man sie auch gefunden hätte, so war doch keine da, die solche goldene Haare gehabt hätte. Also kamen die Boten unverrichteter Sache wieder 30 heim.
Nun hatte der König eine Tochter, die war geradeso schön wie ihre verstorbene Mutter und hatte auch solche

goldene Haare. Als sie herangewachsen war, sah sie der König einmal an und sah, dass sie in allem seiner verstorbenen Gemahlin ähnlich war, und fühlte plötzlich eine heftige Liebe zu ihr. Da sprach er zu seinen Räten: „Ich will meine Tochter heiraten, denn sie ist das Ebenbild meiner verstorbenen Frau, und sonst kann ich doch keine Braut finden, die ihr gleicht." Als die Räte das hörten, erschraken sie und sprachen: „Gott hat verboten, dass der Vater seine Tochter heirate, aus der Sünde kann nichts Gutes entspringen und das Reich wird mit ins Verderben gezogen." Die Tochter erschrak noch mehr, als sie den Entschluss ihres Vaters vernahm, hoffte aber ihn von seinem Vorhaben noch abzubringen. Da sagte sie zu ihm: „Eh' ich Euren Wunsch erfülle, muss ich erst drei Kleider haben, eins so golden wie die Sonne, eins so silbern wie der Mond und eins so glänzend wie die Sterne; ferner verlange ich einen Mantel von tausenderlei Pelz und Rauwerk[1] zusammengesetzt und ein jedes Tier in Euerm Reich muss ein Stück von seiner Haut dazu geben." Sie dachte aber: „Das anzuschaffen ist ganz unmöglich und ich bringe damit meinen Vater von seinen bösen Gedanken ab." Der König ließ aber nicht ab und die geschicktesten Jungfrauen in seinem Reiche mussten die drei Kleider weben, eins so golden wie die Sonne, eins so silbern wie der Mond und eins so glänzend wie die Sterne; und seine Jäger mussten alle Tiere im ganzen Reich auffangen und ihnen ein Stück von ihrer Haut abziehen; daraus ward ein Mantel von tausenderlei Rauwerk gemacht. Endlich, als alles fertig war, ließ der König den Mantel herbeiholen, breitete ihn vor ihr aus und sprach: „Morgen soll die Hochzeit sein."

Als nun die Königstochter sah, dass keine Hoffnung mehr war ihres Vaters Herz umzuwenden, so fasste sie den Entschluss zu entfliehen. In der Nacht, während alles schlief, stand sie auf und nahm von ihren Kostbarkeiten dreierlei, einen goldenen Ring, ein goldenes Spinnrädchen und ein goldenes Haspelchen; die drei Kleider von Sonne, Mond und Sternen tat sie in eine Nussschale, zog den Mantel von allerlei Rauwerk an und machte sich Gesicht und Hände mit Ruß schwarz. Dann befahl sie sich Gott und ging fort und ging die ganze Nacht, bis sie in einen großen Wald kam. Und weil sie müde war, setzte sie sich in einen hohlen Baum und schlief ein.

Die Sonne ging auf und sie schlief fort und schlief noch immer, als es schon hoher Tag war. Da trug es sich zu, dass der König, dem dieser Wald gehörte, darin jagte. Als seine Hunde zu dem Baum kamen, schnupperten sie, liefen rings herum und bellten. Sprach der König zu den Jägern: „Seht doch, was dort für ein Wild sich versteckt hat." Die Jäger folgten dem Befehl, und als sie wiederkamen, sprachen sie: „In dem hohlen Baum liegt ein wunderliches Tier, wie wir noch niemals eins gesehen haben: An seiner Haut ist tausenderlei Pelz; es liegt aber und schläft." Sprach der König: „Seht zu, ob ihr's lebendig fangen könnt, dann bindet's auf den Wagen und nehmt's

---

1 **Rauwerk:** auch Rauchware: Pelzware

mit." Als die Jäger das Mädchen anfassten, erwachte es voll Schrecken und rief ihnen zu: „Ich bin ein armes Kind, von Vater und Mutter verlassen, erbarmt euch meiner und nehmt mich mit." Da sprachen sie: „Allerleirau, du bist gut für die Küche, komm nur mit, da kannst du die Asche zusammenkehren." Also setzten sie es auf den Wagen und fuhren heim in das königliche Schloss. Dort wiesen sie ihm ein Ställchen an unter der Treppe, wo kein Tageslicht hinkam, und sagten: „Rautierchen, da kannst du wohnen und schlafen." Dann ward es in die Küche geschickt, da trug es Holz und Wasser, schürte das Feuer, rupfte das Federvieh, belas² das Gemüs, kehrte die Asche und tat alle schlechte Arbeit.

Da lebte Allerleirau lange Zeit recht armselig. Ach, du schöne Königstochter, wie soll's mit dir noch werden! Es geschah aber einmal, dass ein Fest im Schloss gefeiert ward, da sprach sie zum Koch: „Darf ich ein wenig hinaufgehen und zusehen? Ich will mich außen vor die Türe stellen." Antwortete der Koch: „Ja, geh nur hin, aber in einer halben Stunde musst du wieder hier sein und die Asche zusammentragen." Da nahm sie ihr Öllämpchen, ging in ihr Ställchen, zog den Pelzrock aus und wusch sich den Ruß von dem Gesicht und den Händen ab, sodass ihre volle Schönheit wieder an den Tag kam. Dann machte sie die Nuss auf und holte ihr Kleid hervor, das wie die Sonne glänzte. Und wie das geschehen war, ging sie hinauf zum Fest und alle

traten ihr aus dem Weg; denn niemand kannte sie und meinten nicht anders, als dass es eine Königstochter wäre. Der König aber kam ihr entgegen, reichte ihr die Hand und tanzte mit ihr und dachte in seinem Herzen: „So schön haben meine Augen noch keine gesehen." Als der Tanz zu Ende war, verneigte sie sich, und wie sich der König umsah, war sie verschwunden, und niemand wusste, wohin. Die Wächter, die vor dem Schlosse standen, wurden gerufen und ausgefragt, aber niemand hatte sie erblickt.

Sie war aber in ihr Ställchen gelaufen, hatte geschwind ihr Kleid ausgezogen, Gesicht und Hände schwarz gemacht und den Pelzmantel umgetan und war wieder Allerleirau. Als sie nun in die Küche kam und an ihre Arbeit gehen und die Asche zusammenkehren wollte, sprach der Koch: „Lass das gut sein bis morgen und koche mir da die Suppe für den König, ich will auch einmal ein bisschen oben zugucken: aber lass mir kein Haar hineinfallen, sonst kriegst du in Zukunft nichts mehr zu essen." Da ging der Koch fort und Allerleirau kochte die Suppe für den König und kochte eine Brotsuppe, so gut es konnte, und wie sie fertig war, holte es in dem Ställchen seinen goldenen Ring und legte ihn in die Schüssel, in welcher die Suppe angerichtet ward. Als der Tanz zu Ende war, ließ sich der König die Suppe bringen und aß sie, und sie schmeckte ihm so gut, dass er meinte niemals eine bessere Suppe gegessen zu haben. Wie er aber auf den Grund kam, sah er da einen goldenen Ring liegen und konnte nicht begreifen, wie er dahin geraten war. Da be-

² **belesen:** Unbrauchbares aussortieren

fahl er, der Koch sollte vor ihn kommen. Der Koch erschrak, wie er den Befehl hörte, und sprach zu Allerleirau: „Gewiss hast du ein Haar in die Suppe fallen lassen; wenn's wahr ist, so kriegst du Schläge." Als er vor den König kam, fragte dieser, wer die Suppe gekocht hätte. Antwortete der Koch: „Ich habe sie gekocht." Der König aber sprach: „Das ist nicht wahr; denn sie war auf andere Art und viel besser gekocht als sonst." Antwortete er: „Ich muss es gestehen, dass ich sie nicht gekocht habe, sondern das Rautierchen." Sprach der König: „Geh und lass es heraufkommen."

Als Allerleirau kam, fragte der König: „Wer bist du?" – „Ich bin ein armes Kind, das keinen Vater und Mutter mehr hat." Fragte er weiter: „Wozu bist du in meinem Schloss?" Antwortete es: „Ich bin zu nichts gut, als dass mir die Stiefeln um den Kopf geworfen werden." Fragte er weiter: „Wo hast du den Ring her, der in der Suppe war?" Antwortete es: „Von dem Ring weiß ich nichts." Also konnte der König nichts erfahren und musste es wieder fortschicken. Über eine Zeit war wieder ein Fest, da bat Allerleirau den Koch wie voriges Mal um Erlaubnis zusehen zu dürfen. Antwortete er: „Ja, aber komm in einer halben Stunde wieder und koch dem König die Brotsuppe, die er so gerne isst." Da lief es in sein Ställchen, wusch sich geschwind und nahm aus der Nuss das Kleid, das so silbern war wie der Mond, und tat es an. Da ging sie hinauf und glich einer Königstochter; und der König trat ihr entgegen und freute sich, dass er sie wiedersah, und weil eben der Tanz anhub,

so tanzten sie zusammen. Als aber der Tanz zu Ende war, verschwand sie wieder so schnell, dass der König nicht bemerken konnte, wo sie hinging. Sie sprang aber in ihr Ställchen und machte sich wieder zum Rautierchen und ging in die Küche, die Brotsuppe zu kochen. Als der Koch oben war, holte es das goldene Spinnrad und tat es in die Schüssel, sodass die Suppe darüber angerichtet wurde. Danach ward sie dem König gebracht, der aß sie und sie schmeckte ihm so gut wie das vorige Mal und ließ den Koch kommen, der musste auch diesmal gestehen, dass Allerleirau die Suppe gekocht hätte. Allerleirau kam da wieder vor den König, aber sie antwortete, dass sie nur dazu da wäre, dass ihr die Stiefeln an den Kopf geworfen würden und dass sie von dem goldenen Spinnrädchen gar nichts wüsste. Als der König zum dritten Mal ein Fest anstellte, da ging es nicht anders als die vorigen Male. Der Koch sprach zwar: „Du bist eine Hexe, Rautierchen, und tust immer etwas in die Suppe, davon sie so gut wird und dem König besser schmeckt, als was ich koche"; doch weil es so bat, so ließ er es auf die bestimmte Zeit hingehen. Nun zog es ein Kleid an, das wie die Sterne glänzte, und trat damit in den Saal. Der König tanzte wieder mit der schönen Jungfrau und meinte, dass sie noch niemals so schön gewesen wäre. Und während er tanzte, steckte er ihr, ohne dass sie es merkte, einen goldenen Ring an den Finger und hatte befohlen, dass der Tanz recht lang währen sollte. Wie er zu Ende war, wollte er sie an den Händen festhalten, aber sie riss sich los und

sprang so geschwind unter die Leute, dass sie vor seinen Augen verschwand.
285 Sie lief, was sie konnte, in ihr Ställchen unter der Treppe, weil sie aber zu lange und über eine halbe Stunde geblieben war, so konnte sie das schöne Kleid nicht ausziehen, sondern warf nur den
290 Mantel von Pelz darüber und in der Eile machte sie sich auch nicht ganz rußig, sondern ein Finger blieb weiß. Allerleirau lief nun in die Küche, kochte dem König die Brotsuppe und
295 legte, wie der Koch fort war, den goldenen Haspel hinein. Der König, als er den Haspel auf dem Grunde fand, ließ Allerleirau rufen: Da erblickte er den weißen Finger und sah den Ring, den
300 er im Tanze ihr angesteckt hatte. Da ergriff er sie an der Hand und hielt sie fest, und als sie sich losmachen und fortspringen wollte, tat sich der Pelz-

mantel ein wenig auf und das Sternenkleid schimmerte hervor. Der Kö- 305 nig fasste den Mantel und riss ihn ab. Da kamen die goldenen Haare hervor und sie stand da in voller Pracht und konnte sich nicht länger verbergen. Und als sie Ruß und Asche aus ihrem 310 Gesicht gewaschen hatte, da war sie schöner, als man noch jemand auf Erden gesehen hat. Der König aber sprach: „Du bist meine liebe Braut und wir scheiden nimmermehr voneinan- 315 der." Darauf ward die Hochzeit gefeiert und sie lebten vergnügt bis an ihren Tod.

1 Jüngere Kinder, die noch nicht lesen können, wünschen sich Bilder zu den Texten, wenn ihnen vorgelesen wird. Male zu diesem Märchen ein Bild.
2 Spielt die drei Begegnungen des Königs mit Allerleirau vor. Wie unterscheiden sie sich?
3 Kennt ihr noch andere Märchen, in denen jemand lange Zeit unerkannt in einer fremden Gestalt lebt?
4 Erfindet selbst ein solches Märchen. Überlegt euch, was alles dazu gehört, damit es richtig märchenhaft wird.

Brüder Grimm

Die kluge Bauerntochter

Es war einmal ein armer Bauer, der hatte kein Land, nur ein kleines Häuschen und eine alleinige Tochter, da sprach die Tochter: „Wir sollten den
5 Herrn König um ein Stückchen Rottland[1] bitten." Da der König ihre Armut hörte, schenkte er ihnen ein Eckchen Rasen, den hackten sie und ihr Vater um und wollten ein wenig Korn und
10 derart Frucht darauf säen. Als sie den Acker beinah herum hatten, so fanden sie in der Erde einen Mörsel[2] von purem Gold. „Hör", sagte der Vater zu dem Mädchen, „weil unser Herr König
15 ist so gnädig gewesen und hat uns diesen Acker geschenkt, so müssen wir ihm den Mörsel dafür geben." Die Tochter aber wollt' es nicht bewilligen und sagte: „Vater, wenn wir den Mör-
20 sel haben und haben den Stößer nicht, dann müssen wir auch den Stößer herbeischaffen, darum schweigt lieber still." Er wollte ihr aber nicht gehorchen, nahm den Mörsel, trug ihn zum
25 Herrn König und sagte, den hätte er gefunden in der Heide, ob er ihn als eine Verehrung annehmen wollte. Der König nahm den Mörsel und fragte, ob er nichts mehr gefunden hätte. „Nein",
30 antwortete der Bauer. Da sagte der König, er sollte nun auch den Stößer herbeischaffen. Der Bauer sprach, den hätten sie nicht gefunden, aber das half ihm so viel, als hätt' er's in den
35 Wind gesagt, er ward ins Gefängnis ge-

setzt und sollte so lange da sitzen, bis er den Stößer herbeigeschafft hätte. Die Bedienten mussten ihm täglich Wasser und Brot bringen, was man so in dem Gefängnis kriegt, da hörten sie, 40 wie der Mann also fort schrie: „Ach, hätt' ich meiner Tochter gehört! Ach, ach, hätt' ich meiner Tochter gehört!" Da gingen die Bedienten zum König und sprachen das, wie der Gefangene 45 also fort schrie: „Ach, hätt' ich doch meiner Tochter gehört!" und wollte nicht essen und nicht trinken. Da befahl er den Bedienten, sie sollten den Gefangenen vor ihn bringen, und da 50 fragte ihn der Herr König, warum er also fort schrie: „Ach, hätt' ich meiner Tochter gehört!" „Was hat Eure Tochter denn gesagt?" „Ja, sie hat gesprochen, ich sollte den Mörsel nicht brin- 55 gen, sonst müsst' ich auch den Stößer schaffen." „Habt Ihr so eine kluge Tochter, so lasst sie einmal herkommen." Also musste sie vor den König kommen, der fragte sie, ob sie denn so 60 klug wäre, und sagte, er wollte ihr ein Rätsel aufgeben, wenn sie das treffen könnte, dann wollte er sie heiraten. Da sprach sie gleich, ja, sie wollt's erraten. Da sagte der König: „Komm zu mir, 65 nicht gekleidet, nicht nackend, nicht geritten, nicht gefahren, nicht in dem Weg, nicht außer dem Weg, und wenn du das kannst, will ich dich heiraten." Da ging sie hin und zog sich aus split- 70 ternackend, da war sie nicht gekleidet, und nahm ein großes Fischgarn und setzte sich hinein und wickelte es ganz

---

1 **Rottland:** unfruchtbares Land
2 **Mörsel (Mörser):** Gefäß zum Zerkleinern harter Stoffe

um sich herum, da war sie nicht
75 nackend, und borgte einen Esel fürs
Geld und band dem Esel das Fischgarn
an den Schwanz, darin er sie fort-
schleppen musste, und war das nicht
geritten und nicht gefahren: Der Esel
80 musste sie aber in der Fahrgleise
schleppen, sodass sie nur mit der großen Zehe auf die Erde kam, und war
das nicht in dem Wege und nicht
außer dem Wege. Und wie sie so daher-
85 kam, sagte der König, sie hätte das Rätsel getroffen und es wäre alles erfüllt.
Da ließ er ihren Vater los aus dem Gefängnis und nahm sie bei sich als seine
Gemahlin und befahl ihr das ganze kö-
90 nigliche Gut an.

Nun waren etliche Jahre herum, als der
Herr König einmal auf die Parade[3] zog,
da trug es sich zu, dass Bauern mit
ihren Wagen vor dem Schloss hielten,
95 die hatten Holz verkauft; etliche hatten Ochsen vorgespannt und etliche
Pferde. Da war ein Bauer, der hatte drei
Pferde, davon kriegte eins ein junges
Füllchen[4], das lief weg und legte sich
100 mitten zwischen zwei Ochsen, die vor
dem Wagen waren. Als nun die Bauern
zusammenkamen, fingen sie an sich
zu zanken, zu schmeißen und zu lär-
men, und der Ochsenbauer wollte das
105 Füllchen behalten und sagte, die Ochsen hätten's gehabt: und der andere
sagte, nein, seine Pferde hätten's gehabt und es wäre sein. Der Zank kam
vor den König und er tat den Aus-
110 spruch, wo das Füllen gelegen hätte, da
sollt' es bleiben; und also bekam's der
Ochsenbauer, dem's doch nicht ge-

hörte. Da ging der andere weg, weinte
und lamentierte[5] über sein Füllchen.
Nun hatte er gehört, wie dass die Frau 115
Königin so gnädig wäre, weil sie auch
von armen Bauersleuten gekommen
wäre: ging er zu ihr und bat sie, ob sie
ihm nicht helfen könnte, dass er sein
Füllchen wiederbekäme. Sagte sie: „Ja, 120
wenn Ihr mir versprecht, dass Ihr mich
nicht verraten wollt, so will ich's Euch
sagen. Morgen früh, wenn der König
auf der Wachtparade ist, so stellt Euch
hin mitten in die Straße, wo er vorbei- 125
kommen muss, nehmt ein großes
Fischgarn und tut, als fischtet Ihr, und
fischt also fort und schüttet das Garn
aus, als wenn Ihr's voll hättet", und
sagte ihm auch, was er antworten soll- 130
te, wenn er vom König gefragt würde.
Also stand der Bauer am andern Tag da
und fischte auf einem trockenen Platz.
Wie der König vorbeikam und das sah,
schickte er seinen Laufer hin, der sollte 135
fragen, was der närrische Mann vor-
hätte. Da gab er zur Antwort: „Ich fische." Fragte der Laufer, wie er fischen
könnte, es wäre ja kein Wasser da.

3 **Parade:** glanzvoller Truppenaufmarsch
4 **Füllchen:** Fohlen

5 **lamentieren:** jammern

145

140 Sagte der Bauer: „So gut als zwei Ochsen können ein Füllen kriegen, so gut kann ich auch auf dem trockenen Platz fischen." Der Laufer ging hin und brachte dem König die Antwort,
145 da ließ er den Bauer vor sich kommen und sagte ihm, das hätte er nicht von sich, von wem er das hätte: und sollt's gleich bekennen. Der Bauer aber wollt's nicht tun und sagte immer:
150 „Gott bewahr!" Er hätt' es von sich. Sie legten ihn aber auf ein Gebund Stroh und schlugen und drangsalierten[6] ihn so lange, bis er's bekannte, dass er's von der Frau Königin hätte. Als der Kö-
155 nig nach Haus kam, sagte er zu seiner Frau: „Warum bist du so falsch mit mir, ich will dich nicht mehr zur Gemahlin: Deine Zeit ist um, geh wieder hin, woher du kommen bist, in dein
160 Bauernhäuschen." Doch erlaubte er ihr eins, sie sollte sich das Liebste und Beste mitnehmen, was sie wüsste, und das sollte ihr Abschied sein. Sie sagte: „Ja, lieber Mann, wenn du's so be-
165 fiehlst, will ich es auch tun", und fiel über ihn her und küsste ihn und sprach, sie wollte Abschied von ihm nehmen. Dann ließ sie einen starken Schlaftrunk kommen, Abschied mit
170 ihm zu trinken: der König tat einen großen Zug, sie aber trank nur ein wenig. Da geriet er bald in einen tiefen Schlaf, und als sie das sah, rief sie einen

Bedienten und nahm ein schönes weißes Linnentuch und schlug ihn da 175 hinein und die Bedienten mussten ihn in einen Wagen vor die Türe tragen und fuhr sie ihn heim in ihr Häuschen. Da legte sie ihn in ihr Bettchen und er schlief Tag und Nacht in einem fort; 180 und als er aufwachte, sah er sich um und sagte: „Ach Gott, wo bin ich denn?", rief seinen Bedienten, aber es war keiner da. Endlich kam seine Frau und sagte: „Lieber Herr König, Ihr habt 185 mir befohlen, ich sollte das Liebste und Beste aus dem Schloss mitnehmen, nun hab ich nichts Besseres und Lieberes als dich, da hab ich dich mitgenommen." 190
Dem König stiegen die Tränen in die Augen und er sagte: „Liebe Frau, du sollst mein sein und ich dein" und nahm sie wieder mit ins königliche Schloss und ließ sich aufs neue mit ihr 195 vermählen; und werden sie ja wohl noch auf den heutigen Tag leben.

6 **drangsalieren**: quälen

1 Der eine ist mächtig, die andere ist klug. Der Mächtige bedroht die Kluge, aber die Kluge ... Könnt ihr den Satz zu Ende führen?
2 Schreibt selbst ein Märchen zum Thema „Die rettende List".

Märchen – einmal so und einmal anders

Brüder Grimm

Rumpelstilzchen

Es war einmal ein Müller, der war arm, aber er hatte eine schöne Tochter. Nun traf es sich, dass er mit dem König zu sprechen kam, und um sich ein An-
5 sehen zu geben, sagte er zu ihm: „Ich habe eine Tochter, die kann Stroh zu Gold spinnen." Der König sprach zum Müller: „Das ist eine Kunst, die mir wohl gefällt! Wenn deine Tochter so
10 geschickt ist, wie du sagst, so bring sie morgen in mein Schloss: da will ich sie auf die Probe stellen." Als nun das Mädchen zu ihm gebracht ward, führte er es in eine Kammer, die ganz
15 voll Stroh lag, gab ihr Rad und Haspel[1] und sprach: „Jetzt mache dich an die Arbeit, und wenn du diese Nacht durch bis morgen früh dieses Stroh nicht zu Gold versponnen hast, so
20 musst du sterben." Darauf schloss er die Kammer selbst zu und sie blieb allein darin. Da saß nun die arme Müllerstochter und wusste um ihr Leben keinen Rat: Sie verstand gar nichts da-
25 von, wie man Stroh zu Gold spinnen konnte, und ihre Angst ward immer größer, dass sie endlich zu weinen anfing. Da ging auf einmal die Tür auf und trat ein kleines Männchen herein
30 und sprach: „Guten Abend, Jungfer Müllerin, warum weint Sie so sehr?" – „Ach", antwortete das Mädchen, „ich soll Stroh zu Gold spinnen und verstehe das nicht." Sprach das Männ-
35 chen: „Was gibst du mir, wenn ich dir's

spinne?" – „Mein Halsband", sagte das Mädchen. Das Männchen nahm das Halsband, setzte sich vor das Rädchen und schnurr, schnurr, schnurr, drei-
40 mal gezogen, war die Spule voll. Dann steckte es eine andere auf und schnurr, schnurr, schnurr, dreimal gezogen, war auch die zweite voll: Und so ging's fort bis zum Morgen, da war alles Stroh
45 versponnen und alle Spulen waren voll Gold. Bei Sonnenaufgang kam schon der König, und als er das Gold erblickte, erstaunte er und freute sich, aber sein Herz ward nur noch goldgie-
50 riger. Er ließ die Müllerstochter in eine andere Kammer voll Stroh bringen, die noch viel größer war, und befahl ihr das auch in einer Nacht zu spinnen, wenn ihr das Leben lieb wäre. Das
55 Mädchen wusste sich nicht zu helfen und weinte, da ging abermals die Türe auf und das kleine Männchen erschien und sprach: „Was gibst du mir, wenn ich dir das Stroh zu Gold
60 spinne?" – „Meinen Ring von dem Fin-

1 **Haspel**: Gerät, das Garn abwickelt

ger", antwortete das Mädchen. Das Männchen nahm den Ring, fing wieder an zu schnurren mit dem Rade und hatte bis zum Morgen alles Stroh zu glänzendem Gold gesponnen. Der König freute sich über die Maßen bei dem Anblick, war aber noch immer nicht Goldes satt, sondern ließ die Müllerstochter in eine noch größere Kammer voll Stroh bringen und sprach: „Die musst du noch in dieser Nacht verspinnen: gelingt dir's aber, so sollst du meine Gemahlin werden. – Wenn's auch eine Müllerstochter ist", dachte er, „eine reichere Frau finde ich in der ganzen Welt nicht." Als das Mädchen allein war, kam das Männlein zum dritten Mal wieder und sprach: „Was gibst du mir, wenn ich dir noch diesmal das Stroh spinne?" – „Ich habe nichts mehr, das ich geben könnte", antwortete das Mädchen. – „So versprich mir, wenn du Königin wirst, dein erstes Kind." – „Wer weiß, wie das noch geht", dachte die Müllerstochter und wusste sich auch in der Not nicht anders zu helfen, sie versprach also dem Männchen, was es verlangte, und das Männchen spann dafür noch einmal das Stroh zu Gold. Und als am Morgen der König kam und alles fand, wie er gewünscht hatte, so hielt er Hochzeit mit ihr und die schöne Müllerstochter ward eine Königin.

Über ein Jahr brachte sie ein schönes Kind zur Welt und dachte gar nicht mehr an das Männchen: Da trat es plötzlich in ihre Kammer und sprach: „Nun gib mir, was du versprochen hast." Die Königin erschrak und bot dem Männchen alle Reichtümer des Königreichs an, wenn es ihr das Kind lassen wollte, aber das Männchen sprach: „Nein, etwas Lebendes ist mir lieber als alle Schätze der Welt." Da fing die Königin so an zu jammern und zu weinen, dass das Männchen Mitleiden mit ihr hatte: „Drei Tage will ich dir Zeit lassen", sprach es, „wenn du bis dahin meinen Namen weißt, so sollst du dein Kind behalten."

Nun besann sich die Königin die ganze Nacht über auf alle Namen, die sie jemals gehört hatte, und schickte einen Boten über Land, der sollte sich erkundigen weit und breit, was es sonst noch für Namen gäbe. Als am andern Tag das Männchen kam, fing es an mit Kaspar, Melchior, Balzer und sagte alle Namen, die sie wusste, nach der Reihe her, aber bei jedem sprach das Männlein: „So heiß ich nicht." Den zweiten Tag ließ sie in der Nachbarschaft herumfragen, wie die Leute da genannt würden, und sagte dem Männlein die ungewöhnlichsten und seltsamsten Namen vor: „Heißt du vielleicht Rippenbiest oder Hammelswade oder Schnürbein?" Aber es antwortete immer: „So heiß ich nicht." Den dritten Tag kam der Bote wieder zurück und erzählte: „Neue Namen habe ich keinen einzigen finden können, aber wie ich an einen hohen Berg um die Waldecke kam, wo Fuchs und Has sich gute Nacht sagen, so sah ich da ein kleines Haus und vor dem Haus brannte ein Feuer und um das Feuer sprang ein gar zu lächerliches Männchen, hüpfte auf einem Bein und schrie:

‚Heute back ich, morgen brau ich, übermorgen hol ich der Königin ihr Kind; ach, wie gut ist, dass niemand weiß, dass ich Rumpelstilzchen heiß!'"

145 Da könnt ihr denken, wie die Königin
froh war, als sie den Namen hörte, und
als bald hernach das Männlein herein-
trat und fragte: „Nun, Frau Königin,
wie heiß ich?", fragte sie erst: „Heißest
150 du Kunz?" – „Nein." – „Heißest du
Heinz?" – „Nein." – „Heißt du etwa
Rumpelstilzchen?"

„Das hat dir der Teufel gesagt, das
hat dir der Teufel gesagt", schrie das
155 Männlein und stieß mit dem rechten
Fuß vor Zorn so tief in die Erde, dass es
bis an den Leib hineinfuhr: dann
packte es in seiner Wut den linken Fuß
mit beiden Händen und riss sich selbst
160 mitten entzwei.

In der frühesten Fassung hat das Mär-
chen folgenden Schluss:
Um Mitternacht kommt das kleine
Männchen und spricht: „Weißt du
nun meinen Namen oder ich nehme
das Kind mit." Da nennt sie allerlei Namen, endlich sagt sie: „Solltest du 165
wohl Rumpenstünzchen heißen?"
Wie das Männchen das hört, erschrickt es und spricht: „Das muss dir
der Teufel gesagt haben" und fliegt auf
dem Kochlöffel zum Fenster hinaus. 170

1 Welcher Schluss gefällt euch besser?
2 Findet ihr, dass es in diesem Märchen gerecht zugeht?
3 Schreibt nach Wahl im Namen Rumpelstilzchens einen Beschwerdebrief an
   die Königin oder einen Antwortbrief der Königin, in dem sie ihr Verhalten
   verteidigt.
4 Wenn ihr wollt, könnt ihr für das Märchen einen anderen Schluss entwerfen.

Hans Manz

Herzliche Grüße vom Rumpelstilzchen

Als ich so alt war wie du, vielleicht noch um einen langen Winter jünger, besuchte mich Rumpelstilzchen. Nicht bloß im Vorbeigehen. Nicht
5 so, dass es schwupp hereingekommen und schnickschnack wieder verschwunden wäre. Es besuchte mich dreimal zu einer Zeit, da es früh dunkelte und der Morgen spät dämmerte,
10 und blieb von Mal zu Mal länger bei mir.

Jetzt muss ich aber wohl zuerst einmal berichten, wie es überhaupt dazu gekommen war.

15 Ich hatte vorige Weihnacht von Vater und Mutter einen schwarzen, rechteckigen Kasten geschenkt bekommen. Er steckte in einer gleichfalls schwarzen, glänzenden, nach Leder riechen-
20 den Hülle, die auf der Oberseite eine Reihe ausgestanzter kreisrunder Löcher aufwies.

Der Vater nestelte aus der Hülle eine Lackschnur hervor, an deren Ende sich
25 ein Stecker befand, drückte den in die Steckdose, tippte mit dem Zeigefinger auf eine Taste. Ein Türchen sprang federnd in die Höhe. Der Vater bat, flüsternd fast und mit geheimnisvollem
30 Gesicht, mich zu gedulden, trug in seinen beiden Händen weitere, aber viel kleinere Kästchen herbei, die er neben dem größeren schwarzen Kasten auf den Tisch scheppern ließ, und forderte
35 mich auf eines auszuwählen. Ich zeigte auf jenes, auf dem ein lottriges Häuschen mitten im Wald abgebildet war und eine Pyramide von vier aufeinan-

der stehenden Tieren. Die Mutter zog mich zu sich heran, während der Vater
40 aus dem kleinen Kästchen ein noch kleineres, noch flacheres hob, es unterm aufgesperrten Türchen versenkte, dieses zuklappte, auf eine zweite Taste tippte und den Atem anhielt.
45 Es rauschte. Plötzlich aber war eine Stimme zu hören, eine Frauenstimme, ordentlich laut, sehr deutlich, die sich bald einschmeichelnd, bald drohend oder erschrocken auf und ab bewegte.
50 Die Stimme erzählte die Geschichte von den aufgetürmten Tieren, von Räubern, von Menschen, welche den Hahn, die Katze, den Hund, den Esel hatten schlachten wollen.
55 Als die Geschichte zu Ende war, zeigte ich, da mir die Abenteuer der Tiere gefallen hatten, auf ein zweites Kästchen, auf dem ein Ziegen und ein Wolf aufgemalt waren.
60 Die Mutter jedoch hatte bereits die Kerzen am Baum ausgeblasen und der Vater sagte, ich könne nun in meinem Zimmer Geschichten aus dem ledergeschützten Kasten herauslocken, so
65 viele ich wolle und so oft ich möge, zeigte mir, wie ich mit dem großen Kasten, den kleinen Kästchen, den Tasten und der Lackschnur hantieren könne.
70 Ich habe es ausprobiert, mit großer Freude, wunderglaubigen Ohren, bewundernden Augen für diese Kästchen im Kasten, welche Geschichten herbeizaubern konnten, zum Beispiel
75 auch die von einem wunderlichen

kleinen Männchen, das Rumpelstilzchen hieß.

Bevor ich nun endlich von ihm und seinen Besuchen erzähle, will ich zugeben, dass ich den Lederkasten desto seltener benützte, je länger die Tage wurden, ihn endlich unbeachtet liegen ließ, weil ich mich sommers, so oft es geht, draußen herumtreibe und spät und müde ins Bett falle.

Erst als der Wind die Blätter wieder von den Bäumen gezerrt hatte, wurde der Kasten abermals in Betrieb gesetzt. Die Mutter war es, die ihn aus meinem Schränklein holte, neben mein Bett legte und mich zu seiner Benützung ermunterte. Ich hatte unterdessen die Namen des Kastens, des Kästchens, der Kästchen in den Kästchen längst erlernt, ebenso die Titel der Geschichten. Ich legte also die Kassette auf die Spulnocken[1], hatte ohne langes Überlegen das Band von Rumpelstilzchen herausgegriffen. Ich weiß nicht, ob es daran lag, dass ich ein Jahr älter geworden war oder weil ich den Rekorder nicht mehr in gleicher Weise als Wunder empfand wie früher. Jedenfalls war ich selbst sehr erstaunt, dass mir Rumpelstilzchens Geschichte nicht mehr richtig gefiel. Das heißt keineswegs, dass sie mir langweilig vorgekommen wäre. Im Gegenteil: Sie regte mich auf, weil in ihr einiges enthalten war, was mich störte oder was ich einfach nicht verstand. Ich ließ sie gerade deshalb laufen und wieder laufen, hoffte, dass ich den Rätseln nach und nach auf die Spur kommen würde.

1 **Spulnocken:** Zapfen, auf denen die Kassette befestigt wird

Und eines Abends, als ich im Bett lag, die Abspieltaste hinunterdrückte, stand Rumpelstilzchen in meinem Zimmer. Es stand neben dem Bett, breitspurig, die Arme hinter dem Rücken versteckt, sah mich mit durchdringenden Blicken an. Seine Stirn reichte gerade bis zur Bettkante und doch war sein Gesicht verrunzelt, sein Kopf- und Barthaar eisgrau. Ich merkte, dass es zuhören wollte. Es blickte mich unverwandt an, als ob es mir etwas mitteilen wolle, nickte dann und wann mit dem Kopf, schüttelte ihn indessen weit öfter, wobei, wie mir schien, seine Augen traurig wurden.

Im Rekorder knackte es. Die Spieltaste schnellte hoch, weil das Band abgelaufen war. Und im selben Augenblick war Rumpelstilzchen verschwunden. Ich konnte lange nicht einschlafen, und als ich mir das Erlebnis durch den Kopf gehen ließ, fiel mir plötzlich auf, dass Rumpelstilzchen immer an jenen Höhepunkten und Wendungen der Geschichte den Kopf bewegt hatte, die mich seit langem verwirrten.

Am folgenden Abend hatte ich mich eben erst unter der Decke eingenistet, als Rumpelstilzchen schon dastand, sich aber in der Mitte des Bettvorlegers auf die untergeschlagenen Beine setzte und sagte: „Ich höre." Ich wollte die Taste hinunterschnippen. Aber Rumpelstilzchen wehrte ab und fügte hinzu: „Dich will ich hören. Dich."

Ich wusste sofort, dass es meine Zweifel und Verwirrungen kennen lernen wollte, und so fragte ich ohne Umstände: „Warum hast du der Müllerstochter geholfen?"

„Weil ich Erbarmen hatte mit ihr. Sie

ist ohne eigene Schuld in diese missliche Lage geraten. Nur weil ihr Vater das Maul zu voll genommen hatte."

„Wenn du ihr aus Erbarmen beigestanden bist: Weshalb hast du dann einen Lohn verlangt von ihr?"

„Das Halsband, den Ring wollte ich nicht zum Lohn. Du weißt ja selbst, dass ich Gold herstellen konnte, so viel, wie ich wollte. Es reizte mich nur zu wissen, ob die Müllerstochter auch Zeichen der Dankbarkeit kennt."

„Ja, aber das Kind hast du ihr wegnehmen wollen!"

„Hättest du das Kind diesem Vater überlassen? Diesem Vater und König, der ein wehrloses Mädchen in kalte Kammern einsperrte und der, wenn das Stroh gewöhnliches Stroh geblieben wäre, ihm ohne Erbarmen den Kopf abgeschlagen hätte? Und möchtest du das Kind einer Mutter sein, die einen so hartherzigen Mann dennoch heiratet, nur damit sie Königin sein kann?" – „Nein, das möchte ich nicht. Aber warum hast du dann das Kind nicht einfach geholt und gerettet, statt deinen Namen erraten zu lassen?"

„Das war ein Fehler, ja. Ich habe mich vom Betteln der Königin erweichen lassen."

„Dann bist du wohl auch eher traurig gewesen als zornig, stimmt's?"

„Sieh mich an! Weder habe ich mein Bein bis zum Leib in die Erde gestoßen noch habe ich mich entzwei gerissen. Das erzählte man nur, damit ich den Eindruck eines teuflischen, quengelnden Bösewichts mache, dem man jede Gemeinheit zutrauen darf."

Ich blieb eine ganze Weile lang stumm und sagte endlich: „Ich habe gewusst, dass du anders bist. Du hast nämlich zur Königin gesagt, dass dir etwas Lebendiges lieber wäre als alle Schätze dieser Welt."

„Und ich weiß, was dir am allermeisten zu schaffen gemacht hat: dass die Geschichtenerzählerin ihre Stimme schnippisch und keifend verstellte, wenn sie von mir sprach, den Worten einen warmen, mitfühlenden Klang gab, wenn sie von der Königin redete."

„So war es, du hast Recht. Ich habe an meinen Gedanken gezweifelt, weil ich annahm, dass doch auch die Erzählerin die Wahrheit hätte bemerken müssen. Sie ist schließlich eine erwachsene Frau, die mehr weiß als ich."

Aber diese Worte konnte Rumpelstilzchen nicht mehr hören. Es war verschwunden. Zurück blieb nur der Geruch nach Rauch von einem Holzfeuer. Ich dachte, ich würde Rumpelstilzchen nicht mehr sehen. Aber am nächsten Abend kam es, als ich eben das Licht löschen wollte, übrigens ohne vorher den Rekorder eingeschaltet zu haben. Es kletterte den hintern Bettpfosten hinauf und bat, über Nacht am Fußende liegen zu dürfen, wie das zuweilen Katzen täten. Es sei so warm hier. Es kuschelte sich zusammen und fing gleich zu schnarchen an. Nicht deswegen aber habe ich kein Auge zugemacht. Ich wollte Rumpelstilzchen bewachen, bis die ersten Geräusche von Vater und Mutter zu hören waren, und weckte es, als es so weit war. Es rutschte den Bettpfosten hinunter, dankte und sagte, ich solle allen Kindern Grüße bestellen, die es so sähen und liebten, wie es wirklich wäre.

1   Vergleicht das Rumpelstilzchen aus dieser Geschichte mit dem Rumpelstilz-
    chen aus Grimms Märchen. Gibt es Unterschiede?
2   Entwerft Verteidigungsreden für andere „böse" Märchenfiguren.
3   Stellt euch vor, ihr bekommt Besuch von einer Märchenfigur. Welche
    wünscht ihr euch? Erzählt, was passiert.

Iring Fetscher

Die Geiß und die sieben jungen Wölflein

Es war einmal eine glückliche und zufriedene Wolfsfamilie. Vater Wolf, Mutter Wolf und sieben kleine Wolfskinder, die als Siebenlinge zur Welt gekommen waren und noch nicht allein in den Wald gehen durften.

Eines Tages, als Vater Wolf schon auf Arbeit gegangen war, sagte Mutter Wolf zu ihren Kindern: „Kinder, ich muss heute zum Bettenhaus ‚Moos und Flechte' gehen, um für euch neue Betten zu kaufen, denn die alten sind ganz durchgelegen und nicht mehr bequem, von anderen Mängeln ganz zu schweigen. Seid schön brav und geht nicht aus der Höhle, während ich weg bin, man weiß nie, wer durch den Wald kommt: Jäger, Polizisten, Soldaten oder andere bewaffnete Leute, die es mit jungen Wölfen nicht gut meinen. Gegen Mittag werde ich wiederkommen und allen, die brav gewesen sind, etwas Schönes mitbringen."

„Ja, ja, natürlich, natürlich", antworteten die sieben kleinen Wölflein ungeduldig, denn sie wollten, dass die Mutter endlich gehen sollte, damit sie ungestört toben und Moosschlachten veranstalten konnten. Sobald die Mutter Wolf gegangen war, begannen die kleinen Wölflein ausgelassen zu spielen. Als aber vielleicht eine Stunde vergangen war, scharrte es am Höhleneingang und eine Stimme rief:

„Kommt heraus, ihr lieben Kinderchen, eure Mama ist wieder da und hat jedem etwas Feines mitgebracht, kommt nur schnell, damit ihr es an der hellen Sonne auch gut sehen könnt." Aber während sie dies sagte, klang die Stimme so scheppernd und meckernd, dass die Wölflein laut riefen:

„Nein, wir kommen nicht hinaus, du bist nicht unsere Mama, du bist die alte Meckerziege, unsere Mama hat eine tiefe, schöne Stimme!" Da ärgerte sich die böse Geiß und überlegte, wie sie es anstellen sollte, dass ihre Stimme so tief und wohltönend würde wie die von Mama Wolf.

In ihrer Ratlosigkeit ging sie – wie das viele Tiere im Walde tun – zu einem alten Uhu, der überall als das weiseste Tier bekannt war. „Lieber Uhu", sagte die Geiß, „wie kann ich es nur anstellen, dass meine Stimme so tief und wohltönend wird wie die einer Wolfsmutter?"

Der alte Uhu legte den Kopf auf die Seite und dachte einen Augenblick nach, dann sagte er: „Am besten wird es sein, wenn du bei mir Gesangsunterricht nimmst, aber ich kann's nicht umsonst machen."

„Das lass nur meine Sorge sein", meinte die Geiß, „du kannst von mir einen Liter feinster, vollfetter Ziegenmilch haben, aus der man echten Ziegenkäse machen kann."

„Ein Liter ist nicht genug", meinte der alte Uhu, „aber für zwei will ich's wohl machen."

„Nun gut", meinte die Geiß, „wenn du dir unbedingt den Magen mit so viel Käse verderben willst, sollen es auch zwei Liter sein", und sie begannen die Gesangsstunde.

Der alte Uhu aber war ein so guter Lehrer und die Geiß wegen ihres Interesses in der Täuschung der Wolfskinder eine so aufmerksame Schülerin, dass sie in einer halben Stunde eine schöne, tiefe Bassstimme bekam, mit der sie in jedem Kirchenchor hätte auftreten können.

Nachdem sie den Uhu bezahlt hatte, ging sie zurück zu der Höhle der kleinen Wölfe. Abermals rief sie: „Kommt heraus, ihr lieben Kinderchen, eure Mama ist wieder da und hat jedem etwas Feines mitgebracht, kommt nur schnell, damit ihr es an der hellen Sonne gut sehen könnt."

Und diesmal klang die Stimme so tief und schön, dass die kleinen Wölflein vollkommen getäuscht wurden und blinzelnden Auges hinausliefen in die strahlende Vormittagssonne. Kaum aber waren sie draußen, da wurden sie auch schon von der bösen Geiß auf die Hörner genommen und hoch hinauf in einen Tannenbaum geschleudert, an dessen Zweigen sie sich ängstlich festhielten, denn Wölfe können, wie ihr wisst, nicht klettern.

Der Ausgang der Wolfshöhle war so klein, dass immer nur ein Wölflein auf einmal hinauskonnte, und da die anderen nachdrängten, konnten die vordersten auch nicht mehr zurück, als sie erkannt hatten, wer draußen stand. Nur das letzte und schwächste Wölflein, hinter dem niemand mehr drängte, konnte sich noch rechtzeitig in Sicherheit bringen, ehe die Geiß es gesehen hatte. Die Geiß aber, die immer schlecht im Rechnen gewesen war, glaubte schon alle sieben Wölflein in die

155

Tannenäste hinaufgeschleudert zu haben und zog tief befriedigt ab.

Wenn ihr mich fragen würdet, warum
125 die Geiß überhaupt so böse auf die kleinen Wölfe war, so könnte ich nur sagen, dass sie den Wölfen das freie, ungezwungene Leben missgönnte. [...]

130 Als Mama Wolf endlich bepackt mit schönem, tiefem Bettenmoos nach Hause kam, rief sie ihre Kleinen, aber nur ein einziges Wölflein kam aus der Höhle und erzählte ihr, was vorge-
135 fallen war. Bald hörte sie auch von den Tannenzweigen über sich das sechsstimmige Weinen der kleinen Wölfe, die schon ganz schwach waren vom langen Festhalten und riefen:
140 „Bitte, bitte, liebe Mama, hol uns herunter!" Aber natürlich konnte Mama Wolf auch nicht klettern und genauso wenig Papa Wolf, der ohnehin nicht vor Abend zurückerwartet
145 wurde.

Da ging Mama Wolf in die Nachbarhöhle, in der ein alter Kletterbär schlief, weckte ihn und bat um Hilfe. Der alte Kletterbär wurde mitten aus seinen schönsten Honigträumen geris- 150 sen, aber da er ein gutmütiger und obendrein vegetarisch lebender Bursche war, machte er sich sofort auf und holte die sechs kleinen Wölfe im Nu vom Baume herunter. War das eine 155 Freude. Vor lauter Aufregung vergaß Mama Wolf sogar mit ihren Kindern zu schimpfen.

Als aber am Abend Papa Wolf nach Hause kam und von dem Vorfall hörte, 160 wurde er sehr zornig und sagte böse knurrend: „Na warte, der Geiß werde ich's heimzahlen!" Vergeblich suchte Mama Wolf ihn zu beruhigen. Am nächsten Morgen zog Papa Wolf zum 165 Ziegenstall und zahlte Mama Geiß mit gleicher Münze heim. Hier beginnt die Geschichte vom „Wolf und den sieben jungen Geißlein", die ihr alle kennt.

1 Der Verfasser nennt seine Geschichte ein „Verwirr-Märchen". Was ist daran verwirrend?

2 Wie müsste man Grimms Märchen vom Wolf und den sieben Geißlein umerzählen, damit es zu dieser „Vorgeschichte" passt?

3 Erfindet selbst ein Verwirr-Märchen, z.B. eine Vorgeschichte zum Märchen von Rotkäppchen.

Was fällt euch ein?

Erzählt die Märchen, die euch zu diesen Bildern einfallen.

Wer sagt das ?

Na, wat willse denn?

Lass dein Haar herunter!

Ach, zieh mich raus, zieh mich raus, sonst verbrenn ich ...

Unsere Mutter bist du nicht.

Ich bin so satt ...

Die rechte Braut sitzt noch daheim.

Wer kann die Geschichten dieser Märchenfiguren erzählen?

Vorschlag für ein Märchenquiz

Wer von euch eine Ausgabe von Grimms Märchen zu Hause hat, kann ein Ratespiel für seine Mitschüler vorbereiten.

Schreibt euch zu einem bestimmten Märchen einige Stichworte auf. Die Stichworte bezeichnen Personen, Gegenstände, Orte oder Worte, die im Märchen vorkommen. Damit die Aufgabe nicht zu leicht wird, sucht ihr euch am besten ein weniger bekanntes Märchen aus.

Ordnet die Stichworte so, dass die Aufgabe, das Märchen zu erraten, zunächst schwierig ist und erst nach und nach einfacher wird.

Lest eure Liste vor der Klasse langsam vor.

Der Mitschüler, der das Märchen als erster herausbekommt, hat gewonnen.

Andersens Märchen

HANS CHRISTIAN ANDERSEN

Im Jahre 1847 stand Hans Christian Andersen auf dem Bahnhof der schottischen Stadt Edinburgh und wartete auf den Zug nach London. Er fühlte sich unbehaglich, denn er vermisste seinen ständigen Begleiter – einen Stock, den er vor Jahren aus Neapel mitgebracht hatte. Und nun war er weg, war irgendwo im schottischen Hochland abhanden gekommen. Da sprang aus einem Zug ein Schaffner, trat auf Andersen zu und überreichte ihm lächelnd den Stock. Ein Zettel war daran befestigt, auf dem stand: „An den dänischen Dichter Hans Christian Andersen". Dieser Hinweis hatte genügt, viele Hände hatten sich gerührt und der Stock war seinem Herrn mit Postkutsche, Dampfer und Eisenbahn nachgereist.

Andersen hatte in der Mitte seines Lebens erreicht, was er sich immer gewünscht hatte: Er war berühmt und überall in Europa kannte man den Dichter mit dem Stock. Allerdings war es ihm nicht so leicht gefallen wie den Menschen in seinem Märchen „Die Galoschen des Glücks", die nur diese wunderbaren Überschuhe anziehen mussten um an das Ziel ihrer geheimen Wünsche zu gelangen. Andersens Weg zum Ruhm war mühevoll und steinig.

Er wurde 1805 in Odense als Sohn eines Schuhmachers geboren. Die Eltern lebten in einem winzigen Haus mit nur einem Zimmer. Andersen erzählt: „Eine einzige kleine Stube, die von der Schuhmacherwerkstatt fast ganz ausgefüllt war, das Bett und die Ruhebank, auf der ich schlief, waren das Heim meiner Kindheit, aber die Wände waren mit Bildern behängt, auf der Kommode standen hübsche Tassen, Glas und Nippes und über der Werkstatt, am Fenster, war ein Bord mit Büchern und Liederheften. In der kleinen Küche hing über dem Essschrank das Zinnbord mit lauter Tellern, der kleine Raum erschien mir groß und reich."

Als Hans Christian elf Jahre alt war, starb der Vater und der Junge arbeitete als Kind armer Leute in einer Fabrik. Doch den rauen Umgang dort ertrug er nicht lange. Am liebsten saß er zu Hause, schneiderte Puppenkleider und dichtete Theaterstücke. Die anderen Kinder verspotteten ihn deshalb und riefen hinter ihm drein: „Da läuft der Komödiendichter!"

Nichts hielt ihn in Odense und mit 14 Jahren fuhr Hans Christian gegen den Willen seiner Mutter nach Kopenhagen um sein Glück zu machen. Er wollte ein berühmter Dichter werden. Von dem letzten Geld, das er besaß, gab er drei Taler dem Postkutscher, der ihn als blinden Passagier mitnahm.

In Kopenhagen kannte er keinen Menschen. Um Arbeit zu finden sprach und sang er beim Theater vor und bat einflussreiche Leute um ihre Hilfe. Wenn er einmal Arbeit gefunden hatte, hielt es nicht lange aus. Eine Tischlerlehre dauerte gerade einen halben Tag … Elende Jahre vergingen, ehe ihm ein wohlhabender Kopenhagener Bürger dazu verhalf, eine Lateinschule außerhalb Kopenhagens zu besuchen. Als Siebzehnjähriger saß er mit ganz kleinen Jungen auf der Schulbank, musste ihren Spott und die Beschimpfungen des Direktors ertragen, der ihn nicht leiden konnte. Er fühlte sich

verlassen und allein. Trotzdem bestand er mit 23 Jahren in Kopenhagen das Abitur und ein Jahr später ein weiteres Examen. Mit 30 Jahren begann er Märchen für Kinder zu schreiben – eigentlich nur so nebenbei. Und als ob das Wünschen geholfen hätte, machten ihn die Märchen mit einem Schlag berühmt. Weil nicht nur die Kinder daran Gefallen fanden, schrieb er auch Märchen für Erwachsene. Andersen unternahm sehr viele Reisen und seine Bekanntheit und Beliebtheit öffneten ihm Tür und Tor. Er besuchte die berühmtesten Dichter, lebte auf Landsitzen und Schlössern, speiste mit Fürsten und Königen in ihren Palästen.
Als Andersen 1875 starb, hatte er über 150 Märchen geschrieben. Märchenhaft war auch sein Weg vom Sohn eines armen Schuhmachers zum gefeierten Dichter. Und als er die Geschichte seines Lebens aufschrieb, gab er ihr den Titel „Märchen meines Lebens".

Hans Christian Andersen

Die Prinzessin auf der Erbse

Es war einmal ein Prinz, der wollte eine Prinzessin heiraten; aber es sollte eine wirkliche Prinzessin sein. Da reiste er in der ganzen Welt herum um eine sol-
5 che zu finden, aber überall war etwas im Wege. Prinzessinnen gab es genug, aber ob es wirkliche Prinzessinnen waren, konnte er nicht herausbringen. Immer war etwas, was nicht so ganz in
10 der Ordnung war. Da kam er denn wieder nach Hause und war ganz traurig, denn er wollte doch so gern eine wirkliche Prinzessin haben.

Eines Abends zog ein schreckliches Ge-
15 witter auf; es blitzte und donnerte, der Regen strömte herunter, es war ganz entsetzlich! Da klopfte es an das Stadttor und der alte König ging hin um aufzumachen.

20 Es war eine Prinzessin, die draußen vor dem Tore stand. Aber, o Gott!, wie sah sie von dem Regen und dem bösen Wetter aus! Das Wasser lief ihr von den Haaren und Kleidern herunter; es lief
25 in die Schnäbel der Schuhe hinein und an den Hacken wieder heraus. Und doch sagte sie, dass sie eine wirkliche Prinzessin sei.

„Ja, das werden wir schon erfahren!",
30 dachte die alte Königin. Aber sie sagte nichts, ging in die Schlafzimmer hin-
ein, nahm alle Betten ab und legte eine Erbse auf den Boden der Bettstelle; darauf nahm sie zwanzig Matratzen und
35 legte sie auf die Erbse und dann noch zwanzig Eiderdunenbetten oben auf die Matratzen.

Da musste nun die Prinzessin die ganze Nacht liegen. Am Morgen wurde sie
40 gefragt, wie sie geschlafen habe.

„Oh, erschrecklich schlecht!", sagte die Prinzessin. „Ich habe meine Augen fast die ganze Nacht nicht geschlossen! Gott weiß, was da im Bette gewesen ist!
45 Ich habe auf etwas Hartem gelegen, sodass ich ganz braun und blau über meinen ganzen Körper bin! Es ist ganz entsetzlich!"

Nun sahen sie ein, dass es eine wirkli-
50 che Prinzessin war, da sie durch die zwanzig Matratzen und die zwanzig Eiderdunenbetten hindurch die Erbse verspürt hatte. So empfindlich konnte niemand sein als eine wirkliche Prin-
55 zessin.

Da nahm der Prinz sie zur Frau, denn nun wusste er, dass er eine wirkliche Prinzessin besitze; und die Erbse kam auf die Kunstkammer, wo sie noch zu
60 sehen ist, wenn niemand sie gestohlen hat.

Sieh, das war eine wahre Geschichte.

1 Wie verstehst du den letzten Satz?
2 Worauf käme es dir an, wenn du der Prinz wärest?
3 Man hat behauptet, die Prinzessin sei ein heimliches Abbild des Dichters.
Schaut euch Andersens Lebensgeschichte einmal daraufhin an (S. 158 f.) und
prüft, ob ihr das glauben könnt.

Hans Christian Andersen

Der fliegende Koffer

Es war einmal ein Kaufmann, der war so reich, dass er die ganze Straße und fast noch eine kleine Gasse dazu mit Silbergeld pflastern konnte, aber das tat er nicht; er wusste sein Geld anders anzuwenden. Und gab er einen Schilling aus, so bekam er einen Taler wieder: ein so kluger Kaufmann war er – bis er starb.

Der Sohn bekam nun all dieses Geld und der lebte lustig, ging jede Nacht zur Maskerade, machte Papierdrachen aus Talerscheinen und warf Fitschen auf der See mit Goldstücken anstatt mit einem Steine. Auf diese Weise konnte das Geld schon alle werden und das wurde es. Zuletzt besaß er nicht mehr als vier Schillinge und hatte keine anderen Kleider als ein Paar Pantoffeln und einen alten Schlafrock. Nun kümmerten sich seine Freunde nicht mehr um ihn, da sie ja nicht zusammen auf die Straße gehen konnten; aber einer von ihnen, der gutmütig war, sandte ihm einen alten Koffer, mit der Bemerkung: „Packe ein!" Ja, das war nun recht schön, aber er hatte nichts einzupacken; darum setzte er sich selbst in den Koffer.

Das war ein merkwürdiger Koffer. Sobald man an das Schloss drückte, konnte der Koffer fliegen. Er drückte und wips! flog er mit ihm durch den Schornstein hoch über die Wolken hinauf, weiter und weiter fort. So oft aber der Boden ein wenig knackte, war er gar sehr in Angst, dass der Koffer in Stücke gehen möchte, denn alsdann hätte er einen ganz tüchtigen Purzelbaum gemacht – Gott bewahre uns! Auf solche Weise kam er nach dem Lande der Türken. Den Koffer verbarg er im Walde unter den verdorrten Blättern und ging dann in die Stadt hinein. Das konnte er auch ganz gut, denn bei den Türken gingen ja alle so wie er: in Schlafrock und Pantoffeln. Da begegnete er einer Amme mit einem kleinen Kinde. „Höre, du Türkenamme", sagte er, „was ist das für ein großes Schloss hier dicht bei der Stadt, wo die Fenster so hoch sitzen?"

„Da wohnt die Tochter des Königs!", erwiderte sie. „Es ist prophezeit, dass sie über einen Geliebten sehr unglücklich werden würde, und deshalb darf niemand zu ihr kommen, wenn nicht der König und die Königin mit dabei sind!" „Ich danke!", sagte der Kaufmannssohn und so ging er hinaus in den Wald, setzte sich in seinen Koffer, flog auf das Dach und kroch durch das Fenster zur Prinzessin hinein.

Sie lag auf dem Sofa und schlief; sie war so schön, dass der Kaufmannssohn sie küssen musste. Da erwachte sie und erschrak gewaltig; aber er sagte, er sei der Türkengott, der durch die Luft zu ihr heruntergekommen wäre, und das gefiel ihr.

So saßen sie nebeneinander und er erzählte ihr Geschichten von ihren Augen: das wären die herrlichsten dunklen Seen und da schwämmen die Gedanken gleich Meerweibchen. Und er erzählte von ihrer Stirn; die wäre ein

Schneeberg mit den prächtigsten Sälen und Bildern. Und er erzählte vom Storch, der die lieblichen kleinen Kinder bringt. Ja, das waren schöne Geschichten! Dann freite er um die Prinzessin und sie sagte gleich ja!

„Aber Sie müssen am Sonnabend herkommen!", sagte sie. „Da sind der König und die Königin bei mir zum Tee! Sie werden sehr stolz darauf sein, dass ich den Türkengott bekomme. Aber sehen Sie zu, dass Sie ein recht hübsches Märchen wissen, denn das lieben meine Eltern ganz außerordentlich. Meine Mutter will es moralisch und vornehm und mein Vater belustigend haben, sodass man lachen kann!"

„Ja, ich bringe keine andere Morgengabe[1] als ein Märchen!", sagte er und so schieden sie. Aber die Prinzessin gab ihm einen Säbel, der war mit Goldstücken besetzt und die konnte er gerade gebrauchen.

Nun flog er fort, kaufte sich einen neuen Schlafrock und saß dann draußen im Walde und dichtete ein Märchen: Das sollte bis zum Sonnabend fertig sein und es ist doch nicht so leicht.

Er wurde fertig damit und da war es Sonnabend.

Der König, die Königin und der ganze Hof warteten mit dem Tee bei der Prinzessin. Er wurde sehr nett empfangen!

„Wollen Sie uns nun ein Märchen erzählen?", fragte die Königin. „Eins, das tiefsinnig und belehrend ist?"

„Aber worüber man doch lachen kann!", sagte der König.

---

1 **Morgengabe:** Geschenk des Mannes an die Ehefrau am Morgen nach der Hochzeit

„Jawohl!", erwiderte er und erzählte; da muss man nun gut aufpassen.

Es war einmal ein Bund Schwefelhölzer, die waren so außerordentlich stolz auf ihre hohe Herkunft! Ihr Stammbaum, das heißt: die große Fichte, wovon sie jedes ein kleines Hölzchen waren, war ein großer alter Baum im Walde gewesen. Die Schwefelhölzer lagen nun in der Mitte zwischen einem Feuerzeuge und einem alten eisernen Topfe und diese erzählten von ihrer Jugend. „Ja, als wir auf dem grünen Zweige waren", sagten sie, „da waren wir wirklich auf dem grünen Zweige! Jeden Morgen und Abend gab es Diamanttee, das war der Tau; den ganzen Tag hatten wir Sonnenschein, wenn die Sonne schien, und alle die kleinen Vögel mussten Geschichten erzählen. Wir konnten wohl merken, dass wir auch reich waren, denn die Laubbäume waren nur im Sommer bekleidet, aber unsere Familie hatte Mittel zu grünen Kleidern sowohl im Sommer wie im Winter. Doch da kam der Holzhauer, das war die große Revolution, und unsere Familie wurde zersplittert. Der Stammherr erhielt eine Stelle als Hauptmast auf einem prächtigen Schiffe, welches die Welt umsegeln konnte, wenn es wollte; die andern Zweige kamen nach anderen Orten, wir haben nun das Amt, der niedrigen Menge das Licht anzuzünden. Deshalb sind wir vornehme Leute hierher in die Küche gekommen."

„Mein Schicksal gestaltete sich auf eine andere Weise!", sagte der eiserne Topf, neben welchem die Schwefelhölzer lagen. „Von Anfang an, seit ich in die Welt kam, bin ich viele Mal gescheuert und gekocht worden! Ich sorge für das Solide

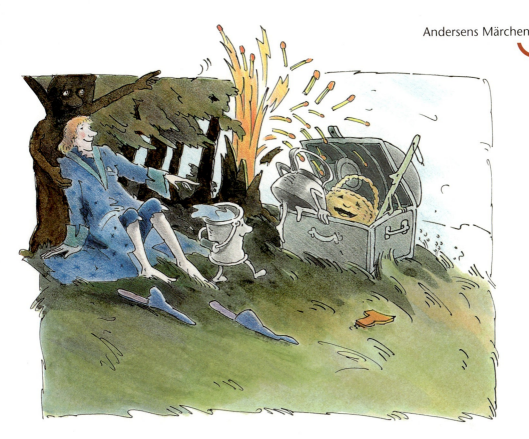

und bin der Erste hier im Hause. Meine einzige Freude ist so nach Tisch rein und nett an meinem Platze zu liegen und ein

160 vernünftiges Gespräch mit meinen Kameraden zu führen. Doch wenn ich den Wassereimer ausnehme, der hin und wieder einmal nach dem Hof hinunterkommt, so leben wir immer innerhalb

165 unserer vier Wände. Unser einziger Neuigkeitsbote ist der Marktkorb, aber der spricht so unruhig über die Regierung und das Volk; ja, neulich war da ein alter Topf, der vor Schreck darüber niederfiel

170 und sich in Stücke schlug. Der ist liberal[2], sage ich euch!"

„Nun sprichst du zu viel!", fiel das Feuerzeug ein und der Stahl schlug gegen den Feuerstein, dass er sprühte. „Wollen

175 wir uns nicht einen lustigen Abend machen?" „Ja, lasst uns davon sprechen, wer der Vornehmste ist!", sagten die Schwefelhölzer. „Nein, ich liebe es nicht, von mir selbst zu reden", wendete der Topf ein. „Lasst uns eine Abendunter-

180 haltung veranstalten! Ich werde anfangen. Wir werden etwas erzählen, was ein jeder erlebt hat; da kann man sich so leicht darein finden und es ist so erfreulich. An der Ostsee bei den dänischen Bu-

185 chen –"

„Das ist ein hübscher Anfang!", sagten alle Teller. „Das wird sicher eine Geschichte, die uns gefällt."

„Ja, da verlebte ich meine Jugend bei ei-

190 ner stillen Familie; die Möbel wurden gebohnert, der Fußboden gescheuert und alle vierzehn Tage wurden reine Gardinen aufgehängt!"

„Wie Sie doch so interessant erzählen!",

195 sagte der Kehrbesen. „Man kann gleich

---

2 **liberal:** freiheitlich gesinnt, freiheitsliebend

hören, dass ein Mann erzählt, der viel mit Frauen in Berührung gekommen ist; es geht so etwas Reines hindurch!"

200 „Ja, das fühlt man!", sagte der Wassereimer und machte vor Freuden einen kleinen Sprung, sodass es auf dem Fußboden klatschte.

Und der Topf fuhr fort zu erzählen und
205 das Ende war ebenso gut als der Anfang. Alle Teller klapperten vor Freude und der Kehrbesen zog grüne Petersilie aus dem Sandloche und bekränzte den Topf, denn er wusste, dass es die andern är-
210 gern würde. „Bekränze ich ihn heute", dachte er, „so bekränzt er mich morgen."

„Nun will ich tanzen!", sagte die Feuerzange und tanzte. Gott bewahre uns, wie
215 konnte sie das eine Bein in die Höhe strecken! Der alte Stuhlüberzug dort im Winkel platzte, als er es sah! „Werde ich nun auch bekränzt?", fragte die Feuerzange und sie wurde es.

220 „Das ist doch nur Pöbel[3]!", dachten die Schwefelhölzer.

Nun sollte die Teemaschine singen; aber die sagte, sie habe sich erkältet, sie könne nicht singen, wenn sie nicht koche. Allein
225 das war bloße Vornehmtuerei: Sie wollte nicht singen, wenn sie nicht drinnen bei der Herrschaft auf dem Tische stand.

Im Fenster stak eine alte Gänsefeder, mit der das Mädchen zu schreiben pflegte.
230 Es war nichts Bemerkenswertes an ihr, außer dass sie gar zu tief in die Tinte getaucht worden. Aber darauf war sie stolz. „Will die Teemaschine nicht singen", sagte sie, „so kann sie es bleiben lassen!
235 Draußen hängt eine Nachtigall im Käfig, die kann singen. Die hat zwar nichts ge-

lernt, aber das wollen wir diesen Abend dahingestellt sein lassen!"

„Ich finde es höchst unpassend", sagte der Teekessel – er war Küchensänger und 240 Halbbruder der Teemaschine –, „dass ein solcher fremder Vogel gehört werden soll! Ist das patriotisch[4]? Der Marktkorb mag darüber richten!"

„Ich ärgere mich nur!", sagte der Markt- 245 korb. „Ich ärgere mich innerlich so, dass niemand sich es denken kann! Ist das eine passende Art den Abend hinzubringen? Würde es nicht vernünftiger sein, das Haus zurecht zu setzen? Ein jeder 250 müsste auf seinen Platz kommen und ich würde das ganze Spiel leiten. Das würde etwas anderes werden!"

„Ja, lasst uns Spektakel machen!", sagten alle. Da ging die Tür auf. Es war das 255 Dienstmädchen und da standen sie stille. Keiner muckste! Aber da war nicht ein einziger Topf, der nicht gewusst hätte, was er zu tun vermöge und wie vornehm er sei. „Ja, wenn ich gewollt hätte", 260 dachte jeder, „so hätte es ein recht lustiger Abend werden sollen!"

Das Dienstmädchen nahm die Schwefelhölzer und machte Feuer damit an. – Gott bewahr uns, wie die sprühten und 265 in Flammen gerieten!

„Nun kann doch jeder", dachten sie, „sehen, daß wir die Ersten sind! Welchen Glanz haben wir! Welches Licht!" – Und damit waren sie verbrannt. 270

„Das war ein herrliches Märchen!", sagte die Königin. „Ich fühlte mich so ganz in die Küche versetzt zu den Schwefelhölzern. Ja, nun sollst du unsere Tochter haben." 275

---

3 **Pöbel**: gemeines Volk

4 **patriotisch**: vaterlandsliebend

„Jawohl!", sagte der König. „Du sollst unsere Tochter am Montage haben!" Denn nun sagten sie „du" zu ihm, da er zur Familie gehören sollte.

280 Die Hochzeit war nun bestimmt und am Abend vorher wurde die ganze Stadt illuminiert⁵. Zwieback und Brezeln wurden unter das Volk geworfen, die Straßenbuben standen auf den
285 Zehen, riefen Hurras und pfiffen auf den Fingern, es war außerordentlich prachtvoll.

„Ja, ich werde wohl auch etwas zum Besten geben müssen!", dachte der
290 Kaufmannssohn. Und so kaufte er Raketen, Knallerbsen und alles Feuerwerk, was man erdenken konnte, legte es in seinen Koffer und flog damit in die Luft. Rutsch, wie das ging und wie
295 das puffte!

Alle Türken hüpften dabei in die Höhe, dass ihnen die Pantoffeln um die Ohren flogen, eine solche Lufterscheinung hatten sie noch nie gesehen.
300 Nun konnten sie begreifen, dass es der Türkengott selbst war, der die Prinzessin haben sollte.

Sobald der Kaufmannssohn wieder mit seinem Koffer herunter in den Wald
305 kam, dachte er: „Ich will doch in die

Stadt hineingehen um zu erfahren, wie es sich ausgenommen hat!" Und es war ganz natürlich, dass er Lust dazu hatte.

Nein, was doch die Leute erzählten! Ein jeder, den er danach fragte, hatte es 310 auf seine Weise gesehen; aber schön hatten es alle gefunden.

„Ich sah den Türkengott selbst", sagte der eine. „Er hatte Augen wie glänzende Sterne und einen Bart wie schäu 315 mende Wasser!"

„Er flog in einem Feuermantel", sagte ein anderer. „Die lieblichsten Engelskinder blickten aus den Falten hervor!"

Ja, das waren herrliche Sachen, die er 320 hörte, und am folgenden Tage sollte er Hochzeit machen.

Nun ging er in den Wald zurück um sich in seinen Koffer zu setzen – aber wo war der? Der Koffer war verbrannt. 325 Ein Funken des Feuerwerks war zurückgeblieben, der hatte Feuer gefangen und der Koffer lag in Asche. Er konnte nicht mehr fliegen, nicht mehr zu seiner Braut gelangen. 330

Sie stand den ganzen Tag auf dem Dache und wartete; sie wartet wahrscheinlich noch. Er aber durchwandert die Welt und erzählt Märchen, doch sind sie nicht mehr so lustig wie 335 das, welches er von den Schwefelhölzern erzählte.

---

5 **illuminiert**: festlich erleuchtet

1 Was gefällt wohl dem König, was der Königin am Märchen des Kaufmannssohnes?

2 Schreibe eine Geschichte, bei der Haushaltsgegenstände miteinander sprechen. Bei Andersen findet das Gespräch in der Küche statt – und bei dir?

Hans Christian Andersen

Des Kaisers neue Kleider

Vor vielen Jahren lebte ein Kaiser, der so ungeheuer viel auf neue Kleider hielt, dass er all sein Geld dafür ausgab um recht geputzt zu sein.

Er kümmerte sich nicht um seine Soldaten, kümmerte sich nicht um das Theater und liebte es nur dann spazieren zu fahren, wenn er seine neuen Kleider zeigen konnte. Für jede Stunde des Tages hatte er einen Rock, und wie man sonst von einem König sagt: „Er ist im Rate", sagte man hier immer: „Der Kaiser ist in der Garderobe!"

In der großen Stadt, in der er wohnte, ging es sehr munter zu. An jedem Tag trafen viele Fremde ein, eines Tages kamen auch zwei Betrüger an. Sie gaben sich für Weber aus und sagten, dass sie das schönste Zeug, das man sich denken könne, zu weben verständen. Nicht nur die Farben und das Muster wären ungewöhnlich schön, die Kleider, die von dem Zeug genäht würden, besäßen außerdem die wunderbare Eigenschaft, dass sie für jeden Menschen unsichtbar wären, der nicht für sein Amt tauge oder unverzeihlich dumm sei.

„Das wären prächtige Kleider", dachte der Kaiser. „Wenn ich die anhätte, könnte ich ja dahinterkommen, welche Männer in meinem Reich zu dem Amt, das sie haben, nicht taugen. Ich könnte die Klugen von den Dummen unterscheiden! Ja, das Zeug muss sogleich für mich gewebt werden!" Und er gab den beiden Betrügern viel Handgeld, damit sie ihre Arbeit beginnen möchten.

Sie stellten auch zwei Webstühle auf und taten, als ob sie arbeiteten, aber sie hatten nicht das Geringste auf dem Stuhle. Frischweg verlangten sie die feinste Seide und das prächtigste Gold, das steckten sie in ihre eigenen Taschen und arbeiteten an den leeren Stühlen bis spät in die Nacht hinein.

„Ich möchte gern wissen, wie weit sie mit dem Zeuge sind!", dachte der Kaiser. Aber es war ihm ordentlich beklommen zumute, wenn er daran dachte, dass derjenige, welcher dumm war oder nicht zu seinem Amt taugte, es nicht sehen könne. Nun glaubte er zwar, dass er für sich selbst nichts zu fürchten habe, aber er wollte doch erst einen anderen senden um zu sehen, wie es damit stände.

Alle Menschen in der ganzen Stadt wussten, welche besondere Kraft das Zeug hatte, und alle waren begierig zu sehen, wie schlecht oder dumm ihr Nachbar sei.

„Ich will meinen alten ehrlichen Minister zu den Webern senden", dachte der Kaiser. „Er kann am besten beurteilen, wie das Zeug sich ausnimmt; denn er hat Verstand und keiner versteht sein Amt besser als er!"

Nun ging der alte gute Minister in den Saal hinein, wo die zwei Betrüger saßen und an leeren Webstühlen arbeiteten. „Gott behüte uns!", dachte der alte Minister und riss die Augen

75 auf. „Ich kann ja nichts erblicken!"
Aber das sagte er nicht.

Die Betrüger baten ihn gefälligst näher
zu treten und fragten, ob es nicht ein
hübsches Muster und schöne Farben
80 seien. Dann zeigten sie auf den leeren
Webstuhl und der arme alte Minister
fuhr fort die Augen aufzureißen; aber
er konnte nichts sehen, denn es war
nichts da. „Herr Gott!", dachte er.
85 „Sollte ich dumm sein? Das habe ich
nie geglaubt und das darf kein Mensch
wissen! Sollte ich nicht zu meinem
Amte taugen? Nein, es geht nicht an,
dass ich erzähle, ich könnte das Zeug
90 nicht sehen!"

„Nun, Sie sagen nichts dazu?", fragte
der eine, der da webte.

„Oh, es ist niedlich, ganz allerliebst!",
antwortete der alte Minister und sah
95 durch seine Brille. „Dieses Muster und
diese Farben. Ja, ich werde dem Kaiser
sagen, dass es mir sehr gefällt!"

„Nun, das freut uns!", sagten die beiden Weber und darauf nannten sie die
Farben und erklärten das seltsame 100
Muster. Der alte Minister passte gut
auf, damit er dasselbe sagen könnte,
wenn er zum Kaiser zurückkam, und
das tat er. Jetzt verlangten die beiden
Betrüger mehr Geld, mehr Seide und 105
mehr Gold zum Weben. Sie steckten
alles in ihre eigenen Taschen, auf den
Webstuhl kam kein Faden, aber sie
fuhren fort wie bisher an dem leeren
Webstuhl zu arbeiten. 110

Der Kaiser sandte bald wieder einen
anderen ehrlichen Staatsmann hin um
zu sehen, wie es mit dem Weben
stände und ob das Zeug bald fertig sei.
Aber dem ging es gerade wie dem ers- 115
ten; er sah und sah, weil aber außer
dem leeren Webstuhl nichts da war, so
konnte er nichts sehen. „Ist das nicht
ein hübsches Stück Zeug?", fragten die
beiden Betrüger und zeigten und er- 120
klärten das prächtige Muster, das gar
nicht da war.

„Dumm bin ich nicht!", dachte der Mann, „ist es also mein gutes Amt, zu dem ich nicht tauge? Das wäre lächerlich, aber man darf es sich nicht anmerken lassen!" Und so lobte er das Zeug, das er nicht sah, und versicherte ihnen seine Freude über die schönen Farben und das herrliche Muster. „Ja, es ist ganz allerliebst!", sagte er zum Kaiser. Alle Menschen in der Stadt sprachen von dem prächtigen Zeug. Nun wollte der Kaiser es selbst sehen, während es noch auf dem Webstuhl war. Mit einer ganzen Schar auserwählter Männer, unter denen auch die beiden ehrlichen Staatsmänner waren, die schon früher dort gewesen, ging er zu den beiden listigen Betrügern, die nun mit allen Kräften webten, aber ohne Faser und Faden.

„Ist das nicht prächtig?", fragten die beiden alten Staatsmänner, die schon einmal da gewesen waren. „Sehen Eure Majestät, welches Muster, welche Farben!" Und dann zeigten sie auf den leeren Webstuhl; denn sie glaubten, dass die anderen das Zeug wohl sehen könnten.

„Was", dachte der Kaiser, „ich sehe gar nichts! Das ist ja schrecklich! Bin ich dumm? Tauge ich nicht dazu, Kaiser zu sein? Das wäre das Schrecklichste, was mir begegnen könnte." –

„Oh, es ist sehr hübsch!", sagte er. „Es hat meinen allerhöchsten Beifall!" Und er nickte zufrieden und betrachtete den Webstuhl; denn er wollte nicht sagen, dass er nichts sehen könne. Das ganze Gefolge, das er bei sich hatte, sah und sah und bekam nicht mehr heraus als alle anderen; aber sie sagten wie der Kaiser: „Oh, das ist hübsch!" Und sie rieten ihm diese neuen, prächtigen Kleider das erste Mal bei der großen Prozession, die bevorstand, zu tragen. „Es ist herrlich, niedlich, exzellent!", ging es von Mund zu Mund, man schien allerseits innig erfreut darüber und der Kaiser verlieh den Betrügern den Titel: kaiserliche Hofweber.

Die ganze Nacht vor dem Morgen, an dem die Prozession stattfinden sollte, saßen die Betrüger auf und hatten über sechzehn Lichter angezündet. Die Leute konnten sehen, dass sie stark beschäftigt waren des Kaisers neue Kleider fertig zu machen. Sie taten, als ob sie das Zeug von dem Webstuhl nähmen, sie schnitten mit großen Scheren in die Luft, sie nähten mit Nähnadeln ohne Faden und sagten zuletzt: „Nun sind die Kleider fertig!"

Der Kaiser kam mit seinen vornehmsten Kavalieren selbst dahin und beide Betrüger hoben einen Arm in die Höhe, gerade als ob sie etwas hielten, und sagten: „Seht, hier sind die Beinkleider! Hier ist der Rock! Hier der Mantel!" Und so weiter. „Es ist so leicht wie Spinngewebe; man sollte glauben, man habe nichts auf dem Leibe; aber das ist gerade der Vorzug dabei."

„Ja!", sagten alle Kavaliere, aber sie konnten nichts sehen, denn es war nichts da.

„Belieben Eure Kaiserliche Majestät jetzt, Ihre Kleider allergnädigst auszuziehen", sagten die Betrüger, „so wollen wir Ihnen die neuen anziehen, hier vor dem großen Spiegel!"

Der Kaiser legte alle seine Kleider ab, und die Betrüger stellten sich, als ob sie ihm jedes Stück der neuen Kleider anzögen. Der Kaiser wendete und drehte sich vor dem Spiegel.

210 „Ei, wie gut sie kleiden! Wie herrlich sie sitzen!", sagten alle. „Welches Muster, welche Farben! Das ist eine köstliche Tracht!"

„Draußen stehen sie mit dem Thron-215 himmel, der über Eurer Majestät in der Prozession getragen werden soll", meldete der Oberzeremonienmeister.

„Seht, ich bin fertig!", sagte der Kaiser. „Sitzt er nicht gut?" Und dann wandte 220 er sich nochmals vor dem Spiegel, denn es sollte scheinen, als ob er seinen Schmuck recht betrachte.

Die Kammerherren, welche die Schleppe tragen sollten, griffen mit den Hän-225 den nach dem Fußboden, gerade als ob sie die Schleppe aufhöben. Sie gingen und taten, als ob sie etwas in der Luft hielten; denn sie wollten es nicht merken lassen, dass sie nichts sehen 230 konnten.

So ging der Kaiser unter dem prächtigen Thronhimmel und alle Menschen auf der Straße und in den Fenstern sprachen: „Gott, wie sind des Kaisers neue Kleider unvergleichlich. Welche 235 Schleppe er am Kleide hat. Wie schön das sitzt!" Keiner wollte zugeben, dass er nichts sah; denn dann hätte er ja nicht zu seinem Amt getaugt oder wäre sehr dumm gewesen. 240

Keine Kleider des Kaisers hatten solches Aufsehen erregt wie diese.

„Aber er hat ja nichts an!", sagte endlich ein kleines Kind.

„Herr Gott, hört die Stimme der Un-245 schuld!", sagte der Vater; und der eine zischelte dem anderen zu, was das Kind gesagt hatte.

„Aber er hat ja nichts an!", rief zuletzt das ganze Volk. 250

Das ergriff den Kaiser; denn es schien ihm, als hätten sie Recht, aber er dachte bei sich: „Nun muss ich aushalten."

Und seine Haltung wurde noch stolzer 255 und die Kammerherren gingen und trugen die Schleppe, die gar nicht da war.

---

1 Sucht euch eine Szene aus diesem Märchen aus und spielt sie stumm vor der Klasse. Eure Mitschüler und Mitschülerinnen müssen herausbekommen, welche Szene gemeint ist.

2 Eine Zeitung der Hauptstadt berichtet tags darauf über die kaiserliche Prozession. Was schreibt sie?

Erkennt ihr sie? – Erzählt, was ihr
über diese vier Titelfiguren aus Büchern von Astrid Lindgren wisst.
Sicher findet ihr Kapitel in diesen Büchern, die ihr gerne vorlesen möchtet.

Heldin aus einem Kinderbuch

Mit „Ronja Räubertochter" hat Astrid Lindgren eine weitere bekannte Roman-
figur geschaffen. Das Buch erschien im Jahre 1981 und wurde in 26 Sprachen
übersetzt.

Astrid Lindgren

Ronja Räubertochter

Vor langer Zeit lebte auf einer Burg im hohen Norden Europas der Räuberhaupt-mann Mattis mit seiner Bande. Lovis, die Frau des Anführers, erwartet ein Kind. Eines Nachts tobt ein furchtbares Gewitter. Das Kind ist gerade geboren, da schlägt ein gewaltiger Blitz in die Burg ein und teilt sie in zwei Hälften. Glatzen-Per, der älteste Räuber, spricht als erster den jubelnden Vater an.

„Kommt denn dieses Räuberbalg nicht bald?", sagte er. „Ich bin alt und klapp-rig und bald fertig mit meinem Räuber-leben. Es wär schon gut, einen neuen Räuberhauptmann zu sehen, bevor es mit mir zu Ende geht." 5

Kaum hatte er das gesagt, da öffnete sich die Tür und hereingestürzt kam Mattis ganz von Sinnen vor Freude. Mit hohen Jubelsprüngen lief er durch 10 die große Halle und schrie dabei wie närrisch:

„Ich hab ein Kind gekriegt! Hört ihr, was ich sage? Ich hab ein Kind ge-kriegt!" 15

„Was ist's denn geworden?", fragte Glatzen-Per aus seiner Ecke.

„Eine Räubertochter, juchhe und juchhei! Eine Räubertochter. Hier kommt

20 sie!"

Und über die hohe Schwelle schritt Lovis mit ihrem Kind im Arm. Da wurde es mucksstill unter den Räubern.

„Na, jetzt ist euch wohl das Bier in die

25 falsche Kehle gerutscht, was?!", sagte Mattis.

Er nahm Lovis das kleine Mädchen ab und zeigte es den Räubern, einem nach dem andern.

30 „Da! Falls ihr das schönste Kind sehen wollt, das je in einer Räuberburg geboren wurde!"

Die Tochter lag in seinem Arm und guckte ihn mit wachen Augen an.

35 „Der Fratz weiß und versteht schon so allerlei, das sieht man", sagte Mattis.

„Wie soll sie denn heißen?", fragte Glatzen-Per.

„Ronja", antwortete Lovis. „So, wie ich es schon seit langem beschlossen 40 habe."

„Aber wenn's nun ein Junge geworden wär?", meinte Glatzen Per.

Lovis sah ihn ruhig und streng an. „Wenn ich beschlossen habe, dass 45 mein Kind Ronja heißt, dann wird es auch eine Ronja."

Sie wandte sich an Mattis.

„Soll ich sie dir jetzt abnehmen?"

Aber Mattis wollte sich noch nicht 50 von seiner Tochter trennen. Er stand da und sah mit Staunen ihre klaren Augen, ihren winzigen Mund, ihren dunklen Haarschopf und ihre hilflosen Hände und er erschauerte vor 55 Liebe.

„Du Kind, in diesen kleinen Händen hältst du schon jetzt mein Räuberherz", sagte er. „Ich begreife es nicht, aber es ist so." 60

---

1 Welchen Eindruck bekommt man zu Beginn des Romans von Ronjas Eltern?

Ronja wächst auf der Mattisburg auf

Mattis ist auf seine Tochter mächtig stolz. Die lebenskluge Lovis beobachtet belustigt, wie sehr Mattis in sein Kind verliebt ist.

[Ronja] ahnte nicht, dass ihr Vater ein gefürchteter Räuberhauptmann war. Für sie war er nur der bärtige, gutmütige Mattis, der lachte und sang und

5 schrie und sie mit Brei fütterte. Ihn hatte sie lieb.

Sie wuchs mit jedem Tag und begann so allmählich die Welt um sich herum zu erforschen. Lange glaubte sie, die große Steinhalle sei die ganze 10 Welt. Und dort fühlte sie sich wohl, dort saß sie so geborgen unter der langen Tafel und spielte mit Tannenzapfen und Steinchen, die Mattis ihr mitbrachte. Und die Steinhalle war 15 wahrlich kein übler Platz für ein Kind. Viel Spaß konnte man dort haben und viel lernen konnte man dort auch. Ronja gefiel es, wenn die Räu-

20 ber abends vor dem Feuer sangen. Still hockte sie dann unter dem Tisch und lauschte und schließlich konnte sie alle Räuberlieder auswendig. Dann fiel sie mit glockenheller Stimme ein 25 und Mattis staunte über sein einzigartiges Kind, das so schön singen konnte. Auch das Tanzen brachte sie sich selber bei. Denn wenn die Räuber so recht in Schwung kamen, tanzten 30 und hopsten sie wie närrisch durch den Saal und Ronja guckte es ihnen schnell ab. Bald tanzte und hopste auch sie und machte Räubersprünge zu Mattis' großem Vergnügen. Und wenn sich die Räuber danach auf den 35 Bänken an der langen Tafel niederließen um sich mit einem Humpen Bier zu erfrischen, prahlte er mit seiner Tochter.

„Sie ist schön wie eine kleine Drude[1], 40 gebt's nur zu! Genauso rank und schlank, genauso dunkeläugig und genauso schwarzhaarig. Noch nie habt ihr so ein hübsches kleines Mädchen gesehen, gebt's nur zu!" 45

1 **Drude:** Nachtgeist, Zauberin

2 Mattis und Lovis verfolgen die Entwicklung ihres Kindes mit lebhaftem Interesse. Sie sprechen über die Fortschritte, die Ronja inzwischen gemacht hat. Entwerft ein solches Gespräch.

Die feindlichen Räuber

In den anderen Teil der geborstenen Burg sind die verhassten Borkaräuber eingezogen. Ein gefährlicher Abgrund trennt die erbitterten Feinde. Eines Tages entdeckt die elfjährige Ronja einen gleichaltrigen Jungen. Es ist Birk, der Sohn des Räuberhauptmanns Borka. Die beiden Kinder überspringen im Wettstreit miteinander die Schlucht. Als Birk abstürzt, rettet ihm Ronja das Leben. Wenig später sieht sie ihn wieder.

Ronja sah das alles über der Mauerkrone. Dort unten wäre sie nun am liebsten, in ihrer eigenen, stillen grünen Welt. Nicht hier oben am Höhlen-
5 schlund, wo sich die Mattisräuber und die Borkaräuber jetzt aufgestellt hatten und einander über die trennende Kluft hinweg anstarrten.

Aha, so sieht er also aus, dieser Ha-
10 lunke, dachte sie, als sie Borka dort breitbeinig und großmäulig vor seinen Räubern stehen sah. Jedenfalls ist er nicht so hochgewachsen und statt-lich wie Mattis, das ist nur gut, dachte
15 sie. Aber stark sah er aus, das ließ sich nicht leugnen. Gedrungen war er frei-lich, dabei aber breitschultrig und stämmig und rothaarig dazu, mit Zotteln, die nach allen Seiten abstan-
20 den. Neben ihm stand noch ein Rot-schopf, aber ihm lag das Haar wie ein glatter Kupferhelm um den Kopf. Ja, dort stand Birk und er schien wahr-haftig seinen Spaß an dem ganzen
25 Spektakel zu haben. Er winkte ihr heimlich zu, als wären sie alte Freunde. Das bildete er sich wohl ein, dieser Lümmel!

„Es ist gut, Mattis, dass du so ungemein schnell gekommen bist", sagte Borka. 30 Mattis warf seinem Feind einen finste-ren Blick zu.

„Ich wäre noch früher gekommen", sagte er, „aber da gab es eine Sache, die ich erst erledigen musste." 35

„Was für eine Sache?", fragte Borka höflich.

„Ein Gedicht, das ich heute in aller Frühe gemacht habe. ,Klagelied über einen toten Borkaräuber' heißt es. 40 Vielleicht kann es ein kleiner Trost für Undis sein, wenn sie Witwe ist!" Borka hatte vielleicht angenommen, Mattis ließe mit sich reden und würde von dieser Angelegenheit mit der Borka- 45 feste nicht allzu viel Aufhebens ma-chen. Doch darin hatte er sich gründ-lich getäuscht. Das merkte er jetzt und es erboste ihn.

„Du solltest lieber daran denken, Lovis 50 zu trösten, die dich und dein großes Maul ständig ertragen muss."

Undis und Lovis, die beiden, die ge-tröstet werden sollten, standen einan-der gegenüber, die Arme vor der Brust 55 gekreuzt, und sahen sich fest in die Au-gen. Sie schienen ganz gut ohne Trost auszukommen.

„Jetzt hör mir mal zu, Mattis", sagte Borka. „Im Borkawald konnten wir 60 nicht länger wohnen bleiben, dort schwärmen die Landsknechte herum wie Schmeißfliegen und irgendwo muss ich ja schließlich bleiben mit Frau und Kind und allen meinen 65 Räubern."

„Das mag schon sein", antworte-te Mattis. „Aber sich so plutzplotz einen Wohnplatz zu rauben ohne auch nur anzufragen, das tut keiner, 70 der auch nur ein bisschen Scham im Leibe hat."

„Seltsame Worte für einen Räuber sind das", sagte Borka. „Hast du dir nicht immer genommen, was du haben 75 wolltest, ohne groß zu fragen?"

3 Ronja kann vieles, was sie an diesem Tag an der Schlucht miterlebt hat, nicht verstehen. Sie wendet sich deshalb mit ihren Fragen an den alten Glatzen-Per. Schreibt diese Fragen und die Antworten des alten Mannes auf.

„Frei wie die Vögel"

Trotz der Feindschaft ihrer Eltern freunden sich Ronja und Birk miteinander an. Eines Tages wird Birk von den Mattisräubern gefangen. Sie wollen ihn nur freigeben, wenn die Borkaräuber aus der Burg ausziehen. Im Zorn über das Verhalten ihres Vaters springt Ronja über den Abgrund auf die feindliche Seite. Nach dem Austausch der Geiseln verlassen Birk und Ronja ihre Eltern um fortan im Wald zu leben.

Birk erwartet Ronja in der Bärenhöhle. Er hat Feuer gemacht und ein Lager aus Tannenzweigen bereitet. Am anderen Morgen denken die beiden über ihr weiteres Leben nach. Was soll werden, wenn die eigenen Vorräte aufgebraucht sind?

Ihr Leben in der Bärenhöhle würde hart werden, das wussten sie, doch das nahm ihnen nicht den Mut. Ronja erinnerte sich nicht einmal daran, dass sie in der Nacht traurig gewesen war. 5 Sie beide waren satt und warm, der

Morgen war so hell und sie waren frei wie die Vögel. Erst jetzt schienen sie es ganz zu begreifen. Alles, was in der letzten Zeit schwer und bedrückend gewesen war, lag nun hinter ihnen und sie nahmen sich vor es zu vergessen, nie mehr daran zu denken.

„Ronja", sagte Birk, „begreifst du, dass wir frei sind? So frei, dass man vor Lachen platzen könnte?"

„Ja, und dies hier ist unser Reich", sagte Ronja. „Keiner kann es uns nehmen und uns daraus vertreiben."

Sie blieben am Feuer sitzen, während die Sonne stieg, und unter ihnen rauschte der Fluss und ringsum erwachte der Wald. Die Baumwipfel wiegten sich sachte im Morgenwind, der Kuckuck rief, irgendwo in der Nähe hämmerte ein Specht an einem Kiefernstamm und drüben am Fluss trat eine Elchfamilie aus dem Wald. Und da saßen sie beide und ihnen war, als gehöre ihnen all dies, der Fluss und der Wald und alles Leben, das es dort gab.

„Halt dir die Ohren zu, denn jetzt kommt mein Frühlingsschrei", sagte Ronja. Und sie schrie, dass es von den Bergen widerhallte.

„Etwas wünsche ich mir mehr als alles andere", sagte Birk. „Dass es mir gelingt, meine Armbrust zu holen, bevor du mit deinem Schrei die Wilddruden anlockst."

„Holen ..., woher denn?", fragte Ronja. „Aus der Borkafeste?"

„Nein, aber aus dem Wald", sagte Birk. „Alles konnte ich nicht auf einmal tragen. Und darum hab ich mir ein Versteck in einem hohlen Baum gemacht und dort liegt so manches, was ich noch holen werde."

---

4 Birk hat in einem hohlen Baum einiges versteckt, was die beiden Kinder zum Leben in der freien Natur brauchen. Was ist wohl in dem Versteck verborgen?

Kampf ums Überleben

An einem Sommertag schwimmen Ronja und Birk in einem Bergfluss. Sie nähern sich in der Strömung einem Wasserfall.

„Meine Schwester", sagte Birk. Ronja hörte es nicht, las es aber von seinen Lippen. Und obwohl keiner von beiden auch nur ein Wort verstehen konnte, sprachen sie miteinander. Über Dinge, die gesagt werden mussten, ehe es zu spät war. Darüber, wie gut es war, jemanden so zu lieben, dass man selbst das Schwerste nicht zu fürchten brauchte. Darüber sprachen sie, obwohl kein Wort zu verstehen war.

Dann schwiegen sie. Sie hielten einander umschlungen und schlossen die Augen.

Plötzlich spürten sie einen so heftigen Stoß, dass sie zusammenfuhren. Die Birke hatte den Glupaklumpen gerammt und der Stoß brachte den Baum zum Kreiseln. Er änderte die Richtung, und ehe die Strömung ihn wieder einfangen konnte, war er

bereits ein gutes Stück auf das Ufer zugetrieben. „Ronja, wir versuchen
25 es!", schrie Birk.

Er riss sie vom Ast los, an den sie sich geklammert hielt. Gleich darauf waren beide mitten in den schäumenden Strudeln. Und jetzt musste
30 jeder allein ums Überleben kämpfen gegen die erbarmungslose Strömung, die sie mit aller Gewalt zum Glupafall treiben wollte. So nahe vor sich sahen sie das ruhige Wasser am
35 Ufer, so nahe und doch so unerreichbar.

Er wandte den Kopf und schaute sie an. Wieder und wieder wandte er sich nach ihr um und da versuchte 45 sie es aufs neue. Versuchte es mit letzter Kraft, bis sie nicht mehr konnte.

Aber da war sie bereits im ruhigen Wasser und Birk zog sie mit sich bis zum 50 Ufer. Dann verließen auch ihn die Kräfte.

„Aber wir müssen ... Du musst ... ", keuchte er. Und in äußerster Verzweiflung zogen sie sich am Ufer hoch. 55 Dort in der Sonnenwärme schliefen sie

Der Glupafall gewinnt schließlich doch, dachte Ronja. Sie hatte keine Kraft mehr. Sie wollte nur noch aufgeben, sinken, sich davontreiben
40 lassen und im Glupafall verschwinden. Aber dicht vor sich sah sie Birk.

auf der Stelle ein und wussten nicht einmal, dass sie gerettet waren.

Erst als die Sonne sich schon neigte, kamen sie zurück zur Bärenhöhle. Und 60 dort auf der Felsplatte saß Lovis und wartete.

5 Vor der Höhle, während Birk sich um das Feuer kümmert, erzählt Ronja ihrer Mutter von der Rettung aus den Fluten. Spielt diese Szene. Achtet vor allem darauf, wie Ronja erzählt.

„Ich habe mein Kind wieder"

Lovis wünscht, dass ihre Tochter zurückkehrt, doch Ronja lehnt dies ab. Sie ist tief enttäuscht über ihren Vater. Der aber leidet unter dem Zwist ebenso sehr wie sie selbst. Er überwindet schließlich seinen Groll und macht sich auf den Weg zu seiner Tochter.

Ronja ging den schmalen Pfad am Berghang entlang, dort musste man vorsichtig sein und sich hüten nicht kopfüber abzustürzen. Dann lief sie das kurze Stück durch den Wald zwischen Birken und Fichten bis zur Waldwiese, wo die Quelle war. Aber noch ehe sie da war, blieb sie plötzlich stehen. Neben der Quelle saß jemand auf einem Stein! Mattis saß dort, er und kein anderer! Diesen schwarzen Krauskopf kannte sie und ihr Herz zitterte. Und dann begann sie zu weinen. Sie stand dort unter den Birken und weinte still vor sich hin. Da sah sie, dass auch Mattis weinte.

Ja, wie damals in ihrem Traum, genauso verlassen saß er jetzt im Wald und
grämte sich und weinte. Noch hatte
er sie nicht bemerkt, doch dann hob
er den Kopf und sah sie. Und da hielt
er die Arme vor die Augen und verbarg seine Tränen so hilflos und verzweifelt, dass sie es nicht mit ansehen
konnte. Mit einem Aufschrei stürzte
sie zu ihm und warf sich ihm in die
Arme.
„Mein Kind", flüsterte Mattis. „Mein
Kind!"

Dann rief er mit lauter Stimme: „Ich
habe mein Kind wieder!"
Ronja weinte in seinen Bart und fragte
schluchzend:
„Bin ich jetzt wieder dein Kind, Mat-
tis? Bin ich jetzt wirklich wieder dein
Kind?"
Und Mattis weinte und antwortete:
„Ja, wie du es immer gewesen bist,
Ronjakind! Meine Tochter, um die
ich Tage und Nächte geweint habe.
Mein Gott, wie habe ich gelitten!"

6 Nach langer Abwesenheit Ronjas von der Mattisburg bittet Lovis ihren Mann
sich mit seiner Tochter zu versöhnen. Schreibt dieses Gespräch.

Mattis und Borka verbrüdern sich

*Ronja und Birk kehren zu ihren Eltern
zurück. Eines Tages befreien die Mattisräuber nicht nur eigene Leute, sondern
auch zwei Borkaräuber aus dem Kerker.
Von nun an verbessern sich die Bezie-
hungen zwischen den verfeindeten Sip-
pen. Sie verbünden sich und wollen gemeinsam gegen die Landsknechte des
Vogts[1] kämpfen, der im Auftrag des Landesherrn für Recht und Ordnung sorgen
muss. Ein Zweikampf zwischen Mattis
und Borka soll darüber entscheiden, wer
künftig der gemeinsame Anführer sein
wird.*

Jetzt gab Fjosok das erwartete Zeichen,
jetzt sollte der Kampf beginnen und

mit großem Geschrei stürzten Mattis
und Borka aufeinander los und begannen zu ringen.
„Mir ist es ein großer Kummer", sagte
Mattis und schlang seine Bären-
pranken um Borkas Leib, „dass du so
ein Hosenschisser bist" – hier drückte
er zu, doch nur so fest, dass Borka zu
schwitzen begann –, „sonst hätte ich
dich vielleicht schon längst zu meinem Unterhäuptling gemacht" – er
drückte fester, mit neuem, jetzt erbar-
mungslosem Griff – „und brauchte
dir nicht den Nierentalg rauszu-
pressen" –, hier packte er zu, dass Borka
röchelte.
Doch nachdem Borka genug gerö-
chelt hatte, rammte er seinen harten
Schädel voll Wucht gegen Mattis'
Nase, dass das Blut nur so spritzte –
„Und mir ist es ein großer Kummer",
sagte Borka, „dass ich dir die Fresse

1 **Vogt:** früher vom König bestimmter Verwaltungs-
beamter

179

25 verschandeln muss" – hier stieß er erneut zu –, „denn du warst ja schon vorher so potthässlich" – jetzt packte er Mattis an einem Ohr und riss daran. „Zwei Ohren? Brauchst du mehr
30 als eins?", fragte er und riss noch einmal daran, sodass sich das Ohr ein bisschen vom Kopf löste. Er rutschte jedoch ab, als Mattis ihn im selben Augenblick zu Boden warf und ihm
35 seine eisenharte Pranke aufs Gesicht drückte, sodass es sehr viel platter wurde als vorher. „Und mir tut es über die Maßen leid", sagte Mattis, „dass ich dich so zermatschen muss, dass Undis
40 jedes Mal die Tränen kommen, wenn sie dich bei Tageslicht sieht!" Er drückte wieder, doch jetzt bekam Borka die Kante von Mattis' Hand zwischen die Zähne und biss zu. Mattis
45 brüllte auf. Er versuchte die Hand loszureißen, aber Borka hielt sie so lange mit den Zähnen fest, bis ihm der Atem ausging. Er spuckte Mattis ein paar Hautfetzen ins Gesicht. „Da, das
50 kannst du deiner Katze mitbringen", sagte er, keuchte dabei jedoch heftig, denn jetzt lag Mattis mit seinem ganzen Gewicht auf ihm. Und bald erwies sich, dass Borka, auch wenn er starke Zähne hatte, sich an sonsti-
55 ger Stärke nicht mit Mattis messen konnte.

Nachdem der Kampf vorüber war, stand Mattis als Häuptling da. Blutig im Gesicht und in einem Hemd, des-
60 sen Reste ihm in Fetzen um den Leib flatterten, doch gleichwohl jeder Zoll ein Häuptling. Das mussten alle Räuber zugeben, auch wenn es einigen schwer fiel, ganz besonders Borka.
65
Borka war übel zugerichtet. Er war den Tränen nahe und darum wollte Mattis ihm gern ein paar Trostworte sagen.

„Bruder Borka, ja, von jetzt an sind
70 wir Brüder", sagte er. „Name und Ehre eines Häuptlings behältst du dein Leben lang und deine Männer regierst du selber, aber vergiss nie, dass Mattis der mächtigste Räuberhaupt-
75 mann in allen Bergen und Wäldern ist, und von jetzt an gilt mein Wort vor deinem, das weißt du!"

7 Die Überfälle auf Bauern und Kaufleute haben zugenommen. Um erfolgreich gegen die Räuber vorzugehen braucht der Vogt mehr Landsknechte. Er richtet deshalb ein Gesuch an den Landesherrn. Verfasst dieses Schreiben.

8 Im Land der Räuber ist es üblich, dass Frauen und Kinder bei einem Zweikampf nicht zuschauen dürfen. Wie ist dies zu erklären?

Das Geheimnis vom Silberberg

Mattis und Borka sind und bleiben Räuber bis ans Ende ihrer Tage. Ronja und Birk hingegen wollen die Lebensweise ihrer Väter aufgeben. Doch wie sollen die Kinder einmal leben? Der alte Glatzen-Per weiß es und kurz vor seinem Tod hat er sein Geheimnis Ronja anvertraut …

Aber der Winter verging. Und der Frühling kam. Er kam ja immer, ob jemand lebte oder starb. Mattis wurde fröhlicher, er wurde es in jedem Früh-
5 jahr, und bald pfiff und sang er, als er an der Spitze seiner Räuber durch die Wolfsklamm ritt. Da unten erwarteten ihn schon Borka und seine Männer. Hoho, jetzt würde das Räu-
10 berleben nach dem langen Winter endlich wieder in Gang kommen! Und darüber freuten sie sich in ihrem Unverstand, Mattis und Borka, geborene Räuber, die sie ja waren.
15 Ihre Kinder waren weit klüger. Sie freuten sich über ganz andere Dinge. Darüber, dass der Schnee verschwunden war und sie wieder reiten konnten, und darüber, dass sie bald wieder
20 in die Bärenhöhle ziehen würden.
„Und dann freue ich mich auch darüber, dass du, Birk, kein Räuber werden willst", sagte Ronja.
Birk lachte.
25 „Nein, das hab ich ja geschworen. Aber ich wüsste schon gern, wovon wir in unserem Leben leben sollen, du und ich?"

„Das weiß ich", sagte Ronja. „Wir beide werden Bergleute, was sagst du 30 dazu?"
Und dann erzählte sie Birk das Märchen von Glatzen-Pers Silberberg, den ihm der kleine Graugnom einst vor langer Zeit gezeigt hatte, als Dank für 35 sein Leben.
„Dort gibt es Silberklumpen, so groß wie Katzenkopfsteine", sagte Ronja. „Und wer weiß, vielleicht ist es gar kein Märchen? Glatzen-Per schwor, 40 dass es wahr ist. Wir können ja mal hinreiten und nachsehen. Ich weiß, wo es ist."
„Das eilt nicht", sagte Birk. „Aber behalt das Geheimnis nur für dich! Sonst 45 rennen gleich alle Räuber hin und sammeln die Silberklumpen ein!"
Da lachte Ronja.
„Du bist genauso klug wie Glatzen-Per. Räuber sind raubgierig wie Mäusebus- 50 sarde, hat er gesagt, und deshalb durfte ich es auch keinem andern erzählen als dir!"
„Noch kommen wir ohne Silber aus, meine Schwester", sagte Birk. „In der 55 Bärenhöhle sind andere Dinge nötig!"

9 Warum sind Ronja und Birk klüger als ihre Väter?
10 Denkt euch das Märchen vom Silberberg aus, das Ronja ihrem Freund Birk erzählt.

Ein Buch wird verfilmt

1984 wurde „Ronja Räubertochter" verfilmt. Die Dreharbeiten dauerten länger als 18 Monate. Das Drehbuch schrieb Astrid Lindgren, Regie führte Tage Danielsson; die Hauptdarstellerin, Hanna Zetterberg, hatte sich – wie einige tausend andere auch – auf eine Zeitungsannonce für die Rolle beworben. Dan Hafström, der im Film den Birk spielt, wurde zufällig auf einem Spielplatz für diese Rolle entdeckt.

Auf der Berlinale[1] 1985 wurde der Film mit einem Silbernen Bären ausgezeichnet.

1 **Berlinale:** Bezeichnung für Filmfestspiele in Berlin

Manche Szene sieht im Film sehr gefährlich aus, doch bei den Dreharbeiten geht es weniger aufregend zu.

Das ist ein Modell der Räuberburg. Aber du brauchst die Figur des Filmarchitekten nur abzudecken und schon bist du mitten im Film.

Das Leben Astrid Lindgrens

Millionen Kinder in aller Welt lesen die Bücher von Astrid Lindgren. Was für ein Mensch ist sie eigentlich?

Fragen an Astrid Lindgren

1   Welches Kindheitserlebnis werden Sie nie vergessen?

Als unsere schlimme Kuh, Rölla, mich und meinen Bruder Gunnar auf die Hörner nahm und uns in die Luft warf. Das war meine erste Flugreise und die vergisst man ja nie.

2   Welche Jugendeindrücke haben Ihr späteres Leben mitbestimmt?

Die Erinnerung an das liebevolle Miteinander-Leben meiner Eltern. Und meine unerhörten Naturerlebnisse als Kind.

3   Welchen Berufswunsch hatten Sie in Ihrer Jugend?

Als junger Mensch hatte ich absolut keinen Berufswunsch. Fragte mich jemand, so antwortete ich oft: „Wenn es so weit ist, dann wird wohl noch etwas aus mir."

4   Welchen Beruf haben Sie wirklich ergriffen?

Ich wurde Stenografin und Sekretärin. Und ich glaube, dass ich in diesem Beruf ganz gut zurechtkam.

5   Was interessiert Sie heute ganz besonders?

Im Großen gesehen: Was wird aus dieser Welt? Im Kleinen: Kinder und Bücher und Kinderbücher schreiben.

6   Wie kamen Sie dazu, Bücher für Kinder oder Jugendliche zu schreiben?

Als meine Tochter mit sieben Jahren eines Abends einen Namen erfand – Pippi Langstrumpf – und zu diesem Namen eine Geschichte haben wollte.

7   Welches Buch mochten Sie als Kind am liebsten?

Ach, das waren viele! Aber wenn ich eines wählen muss, so wähle ich „Huckleberry Finn".

8   Welches Ihrer Bücher lieben Sie am meisten und warum?

Ich glaube, dass es vor allem die „Michel"-Bücher sind; in ihnen habe ich mich in meine eigene Kindheitsumgebung zurückversetzen können. Und weil Michel ein recht unterhaltsames Kind ist, finde ich.

1   Sprecht darüber, warum für Astrid Lindgren die eigene Kindheit so wichtig ist.

Astrid Lindgren

Es war schön, dort Kind zu sein

Astrid Lindgren wuchs am Anfang unseres Jahrhunderts im südlichen Schweden auf. Dort wurde sie als Astrid Ericsson am 14. November 1907 in Näs bei Vimmerby geboren. Ihr Vater, Samuel August, hatte einen ehemaligen Pfarrhof als Pächter übernommen und führte wie die meisten Schweden damals das Leben eines Bauern. Er wohnte mit seiner Frau Hanna und vier Kindern sowie den Mägden und Knechten sehr beengt in einem einfachen Holzhaus. In diesem Haus gab es vor dem Ersten Weltkrieg kein fließendes Wasser und keine Elektrizität. Das Wohnzimmer war für die Kinder zugleich Schlafstube, zum Spielen fanden sie Platz in einem Raum unter dem Dach. Um das Haus herum war ein Garten mit Gemüsebeeten, Blumen und Obstbäumen, weiter weg lagen eingezäunte Wiesen, auf denen Kühe, Pferde und Schafe weideten. In einem ihrer Bücher erinnert sich Astrid Lindgren an ihre Kindheit als Bauerntochter.

Gunnar, Astrid, Stina und Ingegerd, so hießen die Ericssonkinder auf Näs. Es war schön, dort Kind zu sein, und schön, Kind von Samuel August und Hanna zu sein. Warum war es schön? 5
Darüber habe ich oft nachgedacht und ich glaube, ich weiß es. Zweierlei hatten wir, das unsere Kindheit zu dem gemacht hat, was sie gewesen ist – Geborgenheit und Freiheit. Wir fühlten 10
uns geborgen bei diesen Eltern, die einander so zugetan waren und stets Zeit für uns hatten, wenn wir sie brauchten, uns im Übrigen aber frei und un-

Pachthof in Näs

Astrid Lindgren (vierte von rechts) mit ihren Eltern und Geschwistern

15 beschwert auf dem wunderbaren Spielplatz, den wir in dem Näs unserer
Kindheit besaßen, herumtollen ließen. Gewiss wurden wir in Zucht und
Gottesfurcht erzogen, so wie es dazu-
20 mal Sitte war, aber in unseren Spielen
waren wir herrlich frei und nie über-
wacht. Und wir spielten und spielten
und spielten, sodass es das reine Wunder ist, dass wir uns nicht totgespielt
25 haben. Wir kletterten wie die Affen auf
Bäume und Dächer, wir sprangen von
Bretterstapeln und Heuhaufen, dass
unsere Eingeweide nur so wimmer-
ten, wir krochen quer durch riesige Sä-
30 gemehlhaufen, lebensgefährliche, un-
terirdische Gänge entlang, und wir
schwammen im Fluss, lange bevor wir
überhaupt schwimmen konnten. Keinen Augenblick dachten wir an das Ge-
35 bot unserer Mutter: „Aber nicht weiter
raus als bis zum Nabel!" Überlebt aber
haben wir alle vier.

Unsere Kindheit war ungewöhnlich
frei von Rügen[1] und Schelte. Dass unsere Mutter nicht mit uns zankte, mag 40
daran gelegen haben, dass man ihr
meistens gleich gehorchte, wenn sie
etwas anordnete. Sie war es, die uns er-
zog, und ich kann mich nicht entsin-
nen, dass Samuel August sich da je ein- 45
gemischt hätte. Hannas Art der Kin-
dererziehung war, so finde ich, recht
großzügig. Dass man zu gehorchen
hatte, war selbstverständlich, aber sie
stellte nie unnötige und unerfüllbare 50
Forderungen. So verlangte sie beispielsweise nicht, dass man unbedingt
pünktlich zu den Mahlzeiten erschien
– kam man zu spät, musste man sich
selber etwas aus der Speisekammer ho- 55
len. Ohne Vorhaltungen. Ich kann
mich auch nicht erinnern, dass sie uns
je Vorwürfe gemacht hätte, wenn wir

1 **Rüge:** Ermahnung, Strafe

mit zerrissenen oder beschmutzten Kleidern nach Hause kamen. Wahrscheinlich hielt sie solche Pannen, die im Eifer des Spiels passieren konnten, für das gute Recht eines Kindes. Sie zeterte[2] nicht über Missgeschicke, für die man nichts konnte. Wie zum Beispiel damals, als unsere jüngste Schwester auf den Küchentisch krabbelte und dabei die große Schüssel voll Blutgrütze umkippte. Kein Wort verlor Hanna darüber, sie wusch ihr blutverschmiertes Töchterchen, zog ihm saubere Sachen an und gab uns zum Mittagessen statt Blutgrütze etwas anderes.

Diese Freiheit zu haben hieß aber keineswegs ständig frei zu haben. Dass wir zur Arbeit angehalten wurden, war die natürlichste Sache von der Welt. Schon mit sechs Jahren mussten wir beim Rübenverziehen und Rupfen der Brennnesseln für die Hühner helfen. Mit dem Heranwachsen wurden wir auch, sofern es nötig war, bei der Erntearbeit eingespannt. Sofern es nötig war! Am Tage meiner Einsegnung ging ich am Vormittag aufs Feld Roggen stoppeln und nahm am Nachmittag das Abendmahl. Vor der Arbeit konnte man sich nicht drücken, wenn es einem gerade passte. Kam beispielsweise eine Mitschülerin, ein untätiges Ferienstadtkind, um einem gerade während des Rübenverziehens eine mehrtägige Radtour vorzuschlagen, dann gab es nur ein Nein. Was einem aufgetragen war, das hatte man zu tun. Ich glaube, es war eine nützliche Lehre, die einem später im Leben half auch mit eintöniger Arbeit ohne allzu viel Gestöhne und Gejammer fertig zu werden. „Reiß dich zusammen und mach weiter", das waren die Mahnworte unserer Mutter, wenn wir über der Spülwanne in Träumereien versanken, denn selbstverständlich hatten wir auch im Hause zu helfen. So etwas vergisst man sein Leben lang nicht. „Reiß dich zusammen und mach weiter", wie oft habe ich mir das nicht selber gesagt, wenn ich mich vor einer tristen[3] Arbeit drücken wollte, die fertig werden musste. Und war ich versucht mich auf etwas allzu Waghalsiges einzulassen, habe ich mich stets selber gewarnt: „Aber nicht weiter raus als bis zum Nabel!"

2 **zetern:** jammern, sich beklagen

3 **trist:** traurig, langweilig

1 Wie sieht Astrid Lindgren ihre Kindheit?

Astrid Lindgren mit 11 Jahren

Im Alter von sechs Jahren kam Astrid 1914 in die Volksschule. Anschließend besuchte sie die Realschule, wo sie Deutsch, Französisch und Englisch lernte und vor allem durch ihre guten Aufsätze auffiel. Als Schülerin entdeckte sie ein neues Abenteuer: das Lesen. In den Abendstunden und im Winter verschlang sie alles, was sie in der Schulbibliothek fand: Abenteuergeschichten und historische Erzählungen, Mädchenbücher und Liebesromane. An ihrer Schule galt sie als große Leseratte.

Als sie fünfzehn Jahre alt war, änderten sich ihre Interessen. Ab und zu ging sie ins Kino und besuchte Tanzveranstaltungen. Sie begeisterte sich für Jazz. Als erstes Mädchen in Vimmerby schnitt sie sich die Haare ab und hatte einen Bubikopf[4]. Ab 1924 arbeitete sie als Journalistin und Sekretärin. 1931 heiratete sie Sture Lindgren und führte das Leben einer Hausfrau und Mutter. Als die Kinder größer waren, war sie wieder als Sekretärin tätig.

4 **Bubikopf:** Kurzhaarfrisur für Damen in den zwanziger Jahren

Pippi Langstrumpf und die Folgen

Schriftstellerin wollte Astrid Lindgren eigentlich nicht werden. Dies änderte sich mit einem Schlag, als sie an einem Märzabend des Jahres 1944 auf einer verschneiten Straße ausrutschte und sich so verletzte, dass sie wochenlang im Bett liegen musste. Da erinnerte sie sich an die Geschichten von Pippi Langstrumpf, die sie drei Jahre zuvor ihrer kranken Tochter Karin erzählt hatte. Nun entschloss sich Astrid Lindgren, diese Geschichten aufzuschreiben und sie ihrer Tochter zum Geburtstag zu schenken. Sie schickte das Manuskript an einen Verlag und gewann im Jahre 1945 bei einem Wettbewerb den ersten Preis. Die Schriftstellerin Astrid Lindgren war geboren. Nach „Pippi Langstrumpf", ihrem größten Erfolg, erschienen zahlreiche andere Werke: Märchen, Fantasie- und Abenteuergeschichten, Mädchenbücher, Detektivromane und Umwelterzählungen.

Eine Auswahl der bekanntesten Werke in der Reihenfolge ihres Erscheinens:

Pippi Langstrumpf

Kalle Blomquist lebt gefährlich

Wir Kinder aus Bullerbü

Karlsson vom Dach

Die Kinder aus der Krachmacherstraße

Rasmus und der Landstreicher

Rasmus, Pontus und der Schwertschlucker

Madita

Immer dieser Michel

Ferien auf Saltkrokan

Die Brüder Löwenherz

Ronja Räubertochter

Eine Frau, auf die man hört

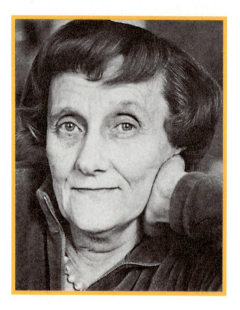

Als sie eine berühmte Schriftstellerin war, erwartete man in Schweden mehr von ihr. Bei wichtigen politischen Fragen sollte sie als angesehene Persönlichkeit ihre Stimme erheben und auf die öffentliche Meinung Einfluss nehmen. Und Astrid Lindgren tat dies auch bei vielen Gelegenheiten. So setzte sie sich für den Tier- und Landschaftsschutz ein, forderte Maßnahmen zur Verbesserung der Situation der Frau in Familie und Beruf und im Jahr 1976 trug sie sogar zum Sturz einer Regierung bei: durch die Veröffentlichung eines politischen Märchens, in dem die hohen Steuern als ungerecht kritisiert werden! Zuletzt machte sie von sich reden, als sie gegen den Bau von Kernkraftwerken protestierte und in einem Brief an den ehemaligen russischen Ministerpräsidenten Gorbatschow den Abbau der Atomwaffen befürwortete.

Astrid Lindgren

Niemals Gewalt

In ihrer Dankesrede anlässlich der Verleihung des Friedenspreises des Deutschen Buchhandels im Jahre 1978 geht Astrid Lindgren der Frage nach, welchen Beitrag die Erziehung für den Aufbau einer friedlicheren Welt leisten kann. Nur wenn die Kinder ohne Angst und Zwang aufwachsen, so führt die Preisträgerin aus, sind sie als Erwachsene fähig gewaltfrei und in Frieden miteinander zu leben.

[...] Ganz gewiss sollen Kinder Achtung vor ihren Eltern haben, aber ganz gewiss sollen auch Eltern Achtung vor ihren Kindern haben und niemals dür-
5 fen sie ihre natürliche Überlegenheit missbrauchen. Liebevolle Achtung voreinander, das möchte man allen Eltern und allen Kindern wünschen. Jenen aber, die jetzt so vernehmlich
10 nach härterer Zucht und strafferen Zügeln rufen, möchte ich das erzählen, was mir einmal eine alte Dame berichtet hat. Sie war eine junge Mutter zu der Zeit, als man noch an diesen Bibelspruch glaubte, dieses „Wer die 15 Rute schont, verdirbt den Knaben". Im Grunde ihres Herzens glaubte sie wohl gar nicht daran, aber eines Tages hatte ihr kleiner Sohn etwas getan, wofür er ihrer Meinung nach eine Tracht 20

Prügel verdient hatte, die erste in seinem Leben. Sie trug ihm auf in den Garten zu gehen und selber nach einem Stock zu suchen, den er ihr dann bringen sollte. Der kleine Junge ging und blieb lange fort. Schließlich kam er weinend zurück und sagte: „Ich habe keinen Stock finden können, aber hier hast du einen Stein, den kannst du ja nach mir werfen." Da aber fing auch die Mutter an zu weinen, denn plötzlich sah sie alles mit den Augen des Kindes. Das Kind musste gedacht haben: „Meine Mutter will mir wirklich weh tun und das kann sie ja auch mit einem Stein."

Sie nahm ihren kleinen Sohn in die Arme und beide weinten eine Weile gemeinsam. Dann legte sie den Stein auf ein Bord in der Küche und dort blieb er liegen als ständige Mahnung an das Versprechen, das sie sich in dieser Stunde selber gegeben hatte: „NIEMALS GEWALT!"

Ja, aber wenn wir unsere Kinder nun ohne Gewalt und ohne irgendwelche straffen Zügel erziehen, entsteht dadurch schon ein neues Menschenge-schlecht, das in ewigem Frieden lebt? Etwas so Einfältiges kann sich wohl nur ein Kinderbuchautor erhoffen! Ich weiß, dass es eine Utopie[1] ist. Und ganz gewiss gibt es in unserer armen, kranken Welt noch sehr viel anderes, das gleichfalls geändert werden muss, soll es Frieden geben. Aber in dieser unserer Gegenwart gibt es – selbst ohne Krieg – so unfassbar viel Grausamkeit, Gewalt und Unterdrückung auf Erden und das bleibt den Kindern keineswegs verborgen. Sie sehen und hören und lesen es täglich und schließlich glauben sie gar, Gewalt sei ein natürlicher Zustand. Müssen wir ihnen dann nicht wenigstens daheim durch unser Beispiel zeigen, dass es eine andere Art zu leben gibt? Vielleicht wäre es gut, wenn wir alle einen kleinen Stein auf das Küchenbord legten als Mahnung für uns und für die Kinder:
NIEMALS GEWALT!
Es könnte trotz allem mit der Zeit ein winziger Beitrag sein zum Frieden in der Welt.

1 Utopie: Wunschtraum

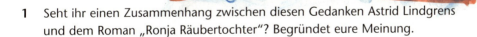

1 Seht ihr einen Zusammenhang zwischen diesen Gedanken Astrid Lindgrens und dem Roman „Ronja Räubertochter"? Begründet eure Meinung.

Ein deutscher Preis für Astrid Lindgren

Den Friedenspreis des Deutschen Buchhandels
verleiht der Börsenverein im Jahre 1978

ASTRID LINDGREN

die mit ihrem gesamten Werk beispielhaft für alle steht, die mit ihren
Büchern Kindern in aller Welt als unverlierbaren Schatz die Fantasie
schenken und ihr Vertrauen in das Leben bestärken.

Neugier im Kind zu wecken, es kritisch zu machen gegenüber großen
Worten und Parolen[1] ist genauso wichtig wie die Aufgabe ihnen die Angst
zu nehmen vor der Welt und der Zukunft.

Das Werk von Astrid Lindgren bedeutet keine Abkehr von der Wirklichkeit,
keine Verführung zur Flucht in Träume. Astrid Lindgren führt in eine Welt,
in der wir lachen und weinen, träumen, aber auch leben können. Ihre
Bücher vermitteln Leben und Wärme, bezaubern und verzaubern. Sie
erziehen behutsam, aber nachdrücklich zu Toleranz und Verantwortung,
den unabdingbaren Voraussetzungen des Friedens.

Der Vorsteher Rolf Keller
Frankfurt am Main, in der Paulskirche am 22. Oktober 1978

1 **Parole:** Leitspruch

Wer stellt Ronja in einem kurzen Text vor?

(vielleicht in so einem wie für den Schüler Kurt Tulpe, S. 10).

Wir schreiben eine Buchkritik

Was sagen wir über den Inhalt?

Und wie ist unser Urteil?

Ihr könnt weiter Bücher von Astrid Lindgren vorstellen.

Wir bereiten eine Ausstellung über Astrid Lindgren vor.

Was können wir zeigen?

☞ Bücher,
☞ Schülerarbeiten,
☞ Fotos,
☞ Plakate
...

Wir planen eine Filmvorführung

Aus der Stadtbücherei ausleihen:
„Das Buch zum Film" von Tage Danielsson.

„Ronja Räubertochter" – ein Buch für die ganze Familie.

Seht ihr das auch so?

Wer schreibt eine Kurzbiografie über Astrid Lindgren für unsere Schülerzeitung?

Lesen
kann
jeder.

Ein junger Bücherfetz wurde von großen Lesegeistern zeitig zu Bett geschickt. „Viel zu früh", meinte er.
„Große Lesegeister dürfen ihre Nase noch in Bücher stecken, während ich kleiner Wicht unter der Decke liegen und brav sein soll." Dem jungen Bücherfetz passte das ganz und gar nicht. Und hui, schon rückte er aus. „Wenigstens in einer Bücherei wird man doch noch herumspuken dürfen."

Die reinste Lesehölle ist das hier. Bücher über Bücher, bunte und graue, schlanke und fette. Kein Fetz der Welt könnte die alle lesen. Höchstens wenn ... „Lange Geschichten sind sowieso zu lang", beschließt unser kleiner Bücherfetz. Er kürzt und kürzt sehr wirkungsvoll.

Dann macht er sich lesegierig über die Geschichten her. Aber irgendwie schmeckt dieses Lesefutter seltsam. Ihm dämmert was. Er versucht die Ausrisse zusammenzubasteln. Was ist ein Anfang, was ein Ende? Was passt denn da zusammen?

Mattotaupa war nicht fähig zu sprechen. Er riss den Knaben an sich, nur einen Herzschlag lang. Dann nahm er ihn an der Hand und führte ihn samt dem Pferde zu seinem eigenen Mustang, der versteckt in einem Wiesentale lag. Harka legte das Gesicht an die Schulter des Vaters. Die beiden sprachen noch immer kein Wort. Es gab nichts zu sagen. Sie gehörten zusammen. Sie teilten das Los der Verbannung. Sie waren vogelfrei. Nie würden sie die Zelte ihres Stammes wieder betreten, nie mehr des Abends die Flöten, nie mehr des Morgens das frohe Geschrei der Knaben hören, nie mehr den Büffeltanz der Dorfbewohner tanzen ... nie meh[r] am Feuer mit den anderen essen, nie mehr einen Rock anziehen, den die Mutte[r] oder die Schwester gestickt hatte. Nie mehr.

Weil Hawandschita ein Lügner war und weil alle ihm glaubten, alle, auch Tata[n\.] auch Tschetan, auch Kraushaar.

Harka gab dem Vater sein Messer. Aber als er ihm auch die Büchse geben wollt[e] winkte Mattotaupa ab. Harka sollte sie behalten.

Die beiden saßen auf und Mattotaupa führte gen Westen.

Jetzt sprach er auch das erste Wort: „Bis zum Gebirge zu reiten ohne mich u[nd] sehen, das habe ich geschworen. Dann sind wir frei. Aber die Jagdgefilde de[r] Dakota sollen wir niemals mehr betreten."

Die Mustangs setzten sich von neuem in Galopp.

A

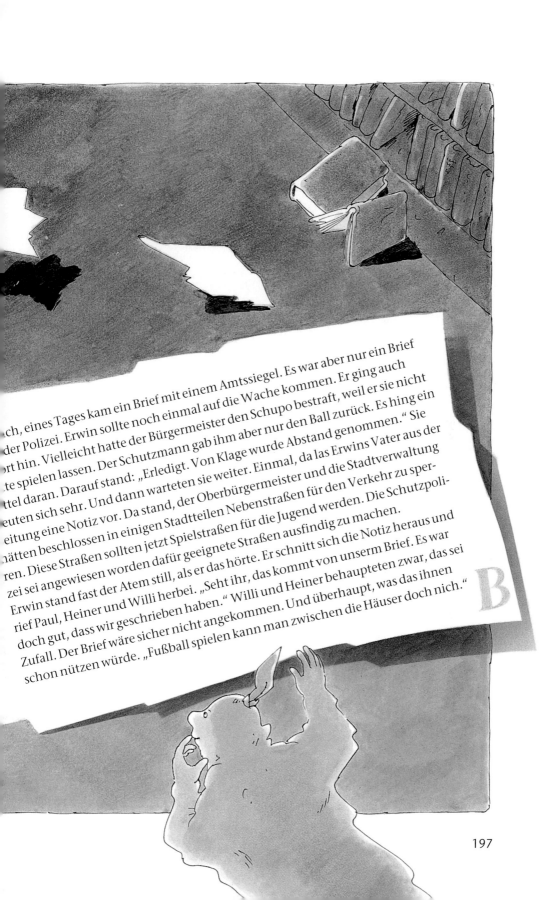

..ch, eines Tages kam ein Brief mit einem Amtssiegel. Es war aber nur ein Brief
..der Polizei. Erwin sollte noch einmal auf die Wache kommen. Er ging auch
..rt hin. Vielleicht hatte der Bürgermeister den Schupo bestraft, weil er sie nicht
..te spielen lassen. Der Schutzmann gab ihm aber nur den Ball zurück. Es hing ein
..ttel daran. Darauf stand: „Erledigt. Von Klage wurde Abstand genommen." Sie
..euten sich sehr. Und dann warteten sie weiter. Einmal, da las Erwins Vater aus der
..eitung eine Notiz vor. Da stand, der Oberbürgermeister und die Stadtverwaltung
..hätten beschlossen in einigen Stadtteilen Nebenstraßen für den Verkehr zu sper-
..ren. Diese Straßen sollten jetzt Spielstraßen für die Jugend werden. Die Schutzpoli-
..zei sei angewiesen worden dafür geeignete Straßen ausfindig zu machen.
Erwin stand fast der Atem still, als er das hörte. Er schnitt sich die Notiz heraus und
rief Paul, Heiner und Willi herbei. „Seht ihr, das kommt von unserm Brief. Es war
doch gut, dass wir geschrieben haben." Willi und Heiner behaupteten zwar, das sei
Zufall. Der Brief wäre sicher nicht angekommen. Und überhaupt, was das ihnen
schon nützen würde. „Fußball spielen kann man zwischen die Häuser doch nich."

„Nichts ist schöner als der Anfang der Sommerferien", stellte Julius befriedigt fe

„Es ist, als würden sie jahrelang dauern."

„Du sagst es, Jul", pflichtete ihm Anne, seine kleine Schwester, bei. „Zuerst schle
sie so schön langsam dahin, dann aber rasen sie im Galopp vorbei."

Die anderen lachten. „Wau", ließ sich eine tiefe Stimme vernehmen, als wolle ih
noch jemand zustimmen.

„Tim gibt dir auch Recht, Anne", sagte Georg und tätschelte den großen Hund, d
neben ihnen lag. Auch Richard streichelte ihn und Timotheus leckte alle beide.

Es war die erste Ferienwoche. Die Kinder lagen in einem sonnenbeschienenen Ga
Sonst hatten sie die Ferien immer bei ihrer Kusine Georg im Felsenhaus am Meer
verbracht – diesmal aber waren sie zur Abwechslung bei den Eltern von Julius, Rich
und Anne.

Julius war der älteste, ein großer, kräftiger Junge mit einem recht ernsten Gesicht, c
von großer Entschlossenheit zeugte. Dann kamen Richard und Georgina. Das Mäd
chen Georgina glich eher einem Jungen mit Lockenhaar und bestand auch darauf,
Georg gerufen zu werden. Sogar die Lehrer in der Schule nannten sie so. Anne war d
Jüngste, wenn sie auch zu ihrer größten Freude
allmählich heranwuchs.

Eine Zeit lang war Huck ganz still und kämpfte sich durch einen schweren Seelen-
kampf, endlich sagte er: „Na, auf'n Monat oder so könnt' ich ja schließlich zur Witwe
zurück und versuchen, ob ich's aushalten kann. Ja, das könnt' ich – wenn ich in die
Bande eintreten darf, Tom." – „Ist'n Wort, Huck. Komm, alter Kerl, und ich will sehen, ob ich die Witwe bereden kann dir's 'n bisschen leichter zu machen." – „Willst
du das, Tom, wirklich, willst du's? Das ist fein von dir! Wenn sie von den schwersten
Dingen absieht, will ich nur heimlich rauchen und fluchen und sehn, wie ich durch
komme – oder krepieren. Wann soll nun die Bande gegründet werden?" – „Na, so
schnell wie möglich! Wir trommeln gleich die Jungens zusammen und dann kann
heute Nacht schon die Initation sein." – „Was sein?" – „Die Initation!" – „Was ist
denn das?" – „Na, da schwört man zueinander zu halten und niemals die Geheim
nisse der Bande zu verraten, und wenn man auch zu Kochfleisch zerhackt würde. V
Und jeden zu töten samt seiner ganzen Familie, der irgendeinem von der Bande
zu Leide tut." – „Das ist patent, Tom, einfach patent!" – „Na, ich glaub's! Und de
Schwur muss um Mitternacht an dem allereinsamsten und schauerlichsten Pla
den man ausfindig machen kann, geleistet werden. Am besten wär 'n Spukhau
so was gibt's nun doch nicht mehr, die haben sie alle abgebrochen." – „Ja, Mitt
nacht ist fein, Tom!" – „Ja, ja, und man muss auf 'n Sarg schwören und mit Blu
terzeichnen." – „Au, famos, das ist doch wenigstens noch was. Zum Teufel, d
ja noch Millionen Mal feiner als die ganze Seeräuberei! Ich will mich an die V
kleben, bis ich verfaul. Und wenn ich mal so 'n richtiger Prachtkerl von Räu
bin, Tom, und alle Welt von mir spricht, dann ist sie gewiss ordentlich stolz
drauf, dass sie mich aus dem Dreck rausgezogen hat!"

Alles, was wir uns aufbauen, reißen die wieder ein", sagte Hannes.

.s der Wind sich drehte und heller Staub schwadenweise über sie hinwegfegte,
.ten die Krokodiler den Heimweg an. Am Minigolfplatz trennten sie sich. Wie
.mer schoben Maria und Hannes Kurt nach Hause, aber vor Kurts Haus erlebten sie
.e Überraschung.

.nk stand da. Er war verlegen, als er die drei ankommen sah. Er wusste nicht, was er
.t seinen Händen anfangen sollte, endlich sagte er: „Ich wollte dich besuchen,
.rt."

.Va, dann komm ins Haus", antwortete Kurt. Frank zögerte. Dann half er mit, Kurt
.s Haus zu schieben, und als Maria und Hannes sich verabschiedet hatten, sagte
.rank: „Mein Vater weiß jetzt alles. Ich meine, wie Egon sich dir gegenüber verhalten
.at. Ich hab ihm alles erzählt, und da war mein Vater so wütend, dass er Egon am
.iebsten zu Matsche geschlagen hätte, wenn der nicht weggelaufen wäre."

„Ja", fragte Kurt, „meinst du, das hilft was?"
„Mein Bruder ist wie ausgewechselt. Er backt jetzt kleine Brötchen. Mein Vater hat
ihm das Moped weggenommen. Er will es verkaufen, sagt er, weil es nach der Ge-
richtsverhandlung wahrscheinlich viel zu zahlen geben wird."

„Warum kommt der Egon nicht selber zu mir um sich zu entschuldigen", fragte Kurt,
„warum machst du das für ihn?"

„Er traut sich nicht."

[...] Als sie lange Zeit geschwiegen hatten, sagte Frank: „Mein Vater hat gesagt, die
Belohnung wird an uns alle ausbezahlt, zu gleichen Teilen, und er hat gesagt, wir
sollen die Belohnung nicht annehmen. Wir sollen das Geld deinen Eltern geben,
damit sie dir das Fahrrad kaufen können."

Kurt sah überrascht auf: „Hat das dein Vater wirklich gesagt?"
„Ja, hat mein Vater gesagt", antwortete Frank.

„Das ist schön von deinem Vater. Aber meine Eltern werden das wohl nicht annehmen, da sind sie sehr empfindlich. Sie wollen nichts geschenkt haben."

„Mein Vater will mit deinem Vater sprechen", sagte Frank.
Dann malten sie still weiter. Keiner sprach.
Endlich sagte Frank: „Vielleicht nehmen deine Eltern das Geld an, wenn alle Kroko-
diler damit einverstanden sind ... Wir berufen eine Versammlung ein."

„Das heißt", fragte Kurt, „du kommst jetzt wieder zu uns? Und bist auch nicht mehr
böse?" „Nein, ich bin nicht mehr böse auf euch, ich bin es nie gewesen", antwortete
Frank.

Als Frank schon an der Tür war um nach Hause zu gehen, fragte er: „Sag mal, ich darf
doch wieder zu dir kommen?"

„Natürlich darfst du immer zu mir kommen. Du kannst doch mit dem Rollstuhl am
besten umgehen von allen Krokodilern."

„Ja, und dann sag ich dem Olaf, dass wir wegen der Belohnung eine Versammlung
einberufen müssen", sagte Frank. „Ja, und wo?", fragte Kurt.

„Wo? ... Ja, wo!"

„Wir müssen wieder eine Hütte haben", sagte Kurt.
„Ja, wir müssen wieder eine Hütte haben", sagte Frank und ging.
Eine Woche nach Schulbeginn bauten sich die Krokodiler mit Einverständnis
des Försters eine neue Hütte im Wald. Die Invaliden halfen ihnen dabei.

199

Diese Geschichte spielt in der großen Stadt Berlin. Ich habe sie selbst erlebt. Es ist eine wahre Geschichte. Was ich nicht miterlebte, haben meine Freunde Erwin und Paul erzählt. Ich sage euch das gleich zuerst, obwohl es nicht so wichtig ist, denn die Geschichte kann ebensogut in New York, in London und Paris, ja sogar in Hamburg, Leipzig oder Köln passieren. In jedweder großen Stadt, in der viele Menschen in dichten Straßen und hohen Häusern eng zusammen wohnen. Ich sage das nur, weil die richtigen Berliner Jungens, die viel auf der Straße zwischen den hohen Häusern leben, ihre eigene deutsche Aussprache haben. Ganz besonders meine Freunde Erwin und Paul. Manchmal kann ich sie selber nicht verstehen. Anstatt „ich" sagen sie „ick", anstatt „das" „det" und anderes mehr. Aber das ist überall so. Ein Hamburger Junge spricht hamburgisch und ein Kölner kölnisch oder rheinisch, ein Leipziger sächsisch und ein Stuttgarter schwäbisch. Deshalb musste ich mir Mühe geben, Erwins Worte nicht ganz so hinzuschreiben, wie er sie spricht, damit sie auch die Hamburger, Kölner und Leipziger verstehen. Einiges freilich ist stehen geblieben. Aber hätte ich alles säuberlich hochdeutsch gesetzt, dann wären es eben nicht mehr meine Freunde Erwin und Paul gewesen und dann hätte diese Geschichte auch nicht in Berlin gespielt. Und das ist immerhin wichtig. Ich hätte auch sehr gern eine Fotografie von Erwin und Paul im Buch gehabt, weil es doch eine wahre Geschichte ist. Aber schließlich dachte ich, ihr erkennt sie dann überall, zeigt mit Fingern auf sie und sagt: „He, da sind Erwin und Paul." Das wäre doch sehr unangenehm. Darum hat sie der Maler nur gezeichnet und er hat besonders Erwins Pullover und seine Mütze fabelhaft getroffen. Nur seine Sommersprossen und die goldgelben Haare hat er leider nicht mit gezeichnet und das ist eigentlich schade, denn Erwins Mutter sagt immer: „Junge, Junge, all det Gold, was wir nicht im Beutel haben, trägst du auf Kopf und Nase."

Aber nun will ich endlich anfangen zu erzählen.

Als Erwin von der Polizei verhört wurde und die Schutzleute auf ihn einredeten, hat er nicht geweint. Er hat sich auch gar nicht entschuldigt. Sondern weil sie ihn ausfragten, hat er einfach erzählt, wie's kam mit dem Fußball und warum er so wütend geworden ist. Der Polizeiwachtmeister schrie immerzu: „Du bist ein ganz und gar missratener Junge. Wir werden dich ins Erziehungshaus stecken. Jawohl, das werden wir."

Aber nein, so kann ich die Geschichte nicht erzählen. Ich muss an einer anderen Stelle anfangen. Ganz von vorn. Sie muss richtige Teile haben, damit ihr sie versteht.

Die Nacht war windstill. Nicht ein einziges Blatt, nicht einer der benadelten Zweige rührte sich. Die Rinde der Stämme war an der gegen Nordosten offenen Seite des Berghanges noch feucht, fast nass; der herangewehte Schnee war unter der ersten Frühlingswärme geschmolzen. Von dem Fluss, der sich um das Massiv der Black Hills wand, zogen Nebel herauf. Sie webten über Moos und Fels, zwischen dem Gesträuch hindurch und um die Bäume und machten das Blaudunkel der Mondnacht, die Schatten, mit denen die Baumkronen das Licht der Gestirne verbargen, noch undurchsichtiger.

Hoch am Hang, bei einer verholzten Wurzel, hockte ein Indianerknabe. Er bewegte sich nicht, sodass das Getier ihn nur durch den Geruch wahrnahm. Ein Wiesel hatte den Weg geändert, weil es den Menschen witterte, aber die Eule schwebte arglos an dem erstorbenen Baum vorbei, mit dessen Schattenriss der Schatten des Knaben verschmolz. Dicht vor dem Jungen, aber ohne ihn zu berühren, fiel ein Schimmer des Mondlichtes bis auf den Waldboden; die ziehenden Nebel, der Boden selbst wurden dadurch auf Fußbreite schwach erhellt. Dieser helle Fleck änderte durch die sich bewegenden Nebel seine Form und schien so für das Auge das einzig Unruhige in der schweigenden und ruhigen Nacht.

Die Augen des Knaben waren auf den Lichtfleck gerichtet. Mancher Junge hätte in der Finsternis und Einsamkeit des Bergwalds in dem Lichtschimmer Trost gesucht. Aber Harka Steinhart Nachtauge, der Dakotajunge, wusste zwischen Bäumen, Felsen und Tieren in der Nacht nichts von Furcht. Er hatte sein Messer dabei und konnte jederzeit einen Baum erklettern, das genügte für seine Sicherheit. Seine Gedanken waren auf etwas ganz anderes gerichtet. Er erkannte in dem fahlen und unsicheren Schimmer auf dem Waldboden die Spur eines Menschenfußes. Die Spur war frisch. Das war hier, kaum zwei Stunden von dem Zeltdorf oberhalb des Flusses entfernt, an sich nichts Auffallendes. Aber die Spur war sehr groß und auch durch andere Merkmale eigenartig. Harka Nachtauge misstraute der eigenen Wahrnehmung. Ließ er sich vielleicht durch die Bewegung des Lichtflecks, durch die Nebel täuschen? Immer wieder maß er den Umriss des Fußes, der hier auf diesen Waldboden getreten war. Sein Blick für den Charakter einer Spur hatte sich unter der Anleitung des Vaters und der älteren Gespielen schon seit Jahren geschult und geschärft.

G

!" – Keine Antwort. „Tom!" – Tiefes Schweigen. „Möcht' nur wissen, wo der ..el wieder steckt! To-om!" Die alte Dame schob ihre Brille fast auf die Nasenspitze ..nter und schaute über sie hinweg im Zimmer umher; dann schob sie sie hoch ..uf und spähte unter den Gläsern hervor nach allen Seiten. Nie, niemals würde ..urch die Brille hindurch nach etwas so Unbedeutendem Umschau gehalten ..en, wie's ein kleiner Junge ist, denn sie war ja der Stolz ihres Herzens, ihre Staats- ..e, die nur zur Zierde diente und nicht etwa zum Gebrauch; denn durch ein paar ..dringe hätte sie ebensogut sehen können. Sie stand einen Augenblick ratlos da, ..n sagte sie, nicht allzu zornig, aber doch laut genug, dass die Möbel ringsum es ..ren konnten: „Na warte, wenn ich dich kriege – ich will dir –" Sie sagte nicht, was ..wollte, denn schon hatte sie sich niedergekniet um mit dem Besen unterm Bett ..rumzustochern, und da brauchte sie ihren ganzen Atem, auf dass die Stöße ..öglichst wirkungsvoll ausfielen. Aber sie förderte nichts als die Katze zutage.

H

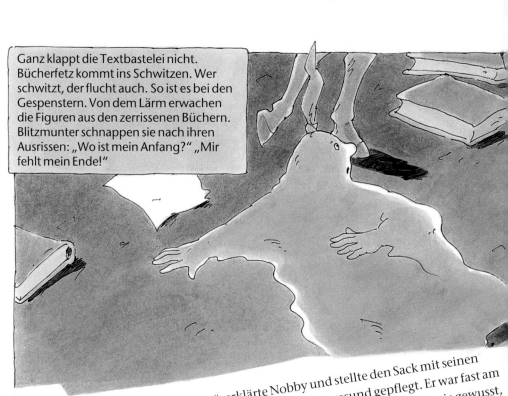

Ganz klappt die Textbastelei nicht. Bücherfetz kommt ins Schwitzen. Wer schwitzt, der flucht auch. So ist es bei den Gespenstern. Von dem Lärm erwachen die Figuren aus den zerrissenen Büchern. Blitzmunter schnappen sie nach ihren Ausrissen: „Wo ist mein Anfang?" „Mir fehlt mein Ende!"

J „Ja, es ist alles in Ordnung", erklärte Nobby und stellte den Sack mit seinen Habseligkeiten auf den Boden. „Lucilla hat ihn gesund gepflegt. Er war fast am Sterben – dann hat er ein bisschen gezappelt, am nächsten Tag hat sie gewusst, dass er wieder gesund wird, heute geht's ihm aber schon prima."

Man konnte dem kleinen Hund wirklich nichts mehr ansehen. Schwanzwedelnd umschnüffelten Beller und Knurrer Tim, der sie hoch überragte, aber auch mit dem Schwanz wedelte, sodass die beiden Hunde seine freundliche Gesinnung erkannten.

„Ich hab Schwein gehabt", erzählte Nobby. „Ich hab nur Lucilla und Larry getroffen. Gorgio war mit ein paar anderen auf dem Polizeirevier. Ich habe Larry gesagt, er soll Gorgio ausrichten, dass ich gehe, hab meine Sachen geholt – und dann nichts wie a[b]

„Dann können wir also jetzt unseren letzten Ferientag hier so richtig genießen", schloss Julius. „Alles ist in Ordnung."

Sie gingen hinunter an den See und badeten. Sie kamen zum Nachmittagstee zu Fr[au] Mack auf den Hof. Abendessen gab es auf der alten Felsschwelle, während die Hun[de] in der Gegend herumtollten. Nobby war traurig bei dem Gedanken sich bald von seinen Freunden verabschieden zu müssen, aber er war stolz und froh über seine Anstellung auf dem Hof bei den Pferden, die er so liebte.

Nobby, Beller, Knurrer, Bauer Mack und seine Frau standen am Weg um zu wink[en] als die Wagen am nächsten Morgen abfuhren.

„Lebt wohl!", rief Nobby. „Viel Glück! Auf Wiedersehen!"

„Lebt wohl!", riefen die anderen. „Grüße an Pongo, wenn du ihn siehst."

„Wau! Wau!", bellte Tim, aber nur Beller und Knurrer verstanden, was das bed[eu]tete. Es hieß: „Schüttelt Pongo die Pfote für mich."

Lebt wohl, ihr fünf Freunde – bis zu eurem nächsten aufregenden Abenteuer.

„Du traust dich ja doch nicht! Du Angsthase!", rief Olaf, ihr Anführer. Und die Krokodiler riefen im Chor: „Traust dich nicht! Traust dich nicht!" Nur Maria, Olafs Schwester, dreizehn Jahre und damit ein Jahr jünger als ihr Bruder, hatte nicht mit geschrien, sie hatte so viel Angst um Hannes, dass sie wegsah. Die neun Krokodiler standen in einem Halbkreis am Ende der Leiter, die senkrecht zehn Meter hoch zum Dach führte, und sahen gespannt zu, wie Hannes, den sie Milchstraße nannten, weil er so viel Sommersprossen im Gesicht hatte, langsam die Sprossen hochkletterte um seine Mutprobe abzulegen. Die war Bedingung für die Aufnahme in die Krokodilbande.

Hannes hatte Angst, das konnte man ihm ansehen, er war zudem nicht schwindelfrei, aber er wollte es den größeren Jungen beweisen, dass er als Zehnjähriger so viel Mut besaß wie sie, die alle schon diese Mutprobe abgelegt hatten. Hannes hing ängstlich an der verrosteten Feuerleiter und wagte nicht nach unten zu sehen.

Weil ich selbst einen zehnjährigen Jungen habe, der im Rollstuhl gefahren werden muss, habe ich diese Geschichte von den Krokodilern geschrieben. Auch mein Sohn muss oft warten, bis Nachbarjungen kommen und ihn abholen, zum Fußballspielen mitnehmen oder zum Minigolfplatz. Es ist schwer für einen Jungen nicht einfach mit anderen Jungen weglaufen zu können, immer warten zu müssen, bis ihm einer hilft. Und wenn ihr in eurer Nachbarschaft einen Jungen und ein Mädchen seht, die behindert sind, denkt daran, dass es jeden treffen kann, seid freundlich zu ihnen, versucht zu helfen. Oft ist schon viel geholfen, wenn ihr freundliche Worte findet, denn Worte können verletzen – oder helfen.

K 203

Unser kleiner Bücherfetz erwischt gerade noch einige Lesepäckchen aus verschiedenen Regalen. Dann huscht er davon.

Glücklich wieder daheim, beginnt er in den hurtig ergriffenen Büchern zu lesen. Er erlebt die schönsten Vormitternachtsstunden. Sehen wir ihm dabei von Zeit zu Zeit über die Schulter.

Benno Pludra

aus: Das Herz des Piraten

Lange schon her, da lebte ein Pirat, der hatte viele Schiffe beraubt, auch Menschen getötet und reiche Schätze ange-
5 häuft, dann wurde er besiegt. Sein Schiff versank mit Mann und Maus, die Schätze versanken mit, zuletzt versank der Pirat.

Es war dort ein südliches Meer, das
10 Wasser blau und sehr klar, sodass man sehen konnte, wie ein jedes langsam in die Tiefe sank: das Schiff mit den zerschossenen Segeln, die Kisten mit Gold und Juwelen, die tausend Fässer
15 mit Rum. Und schließlich auch der Pirat.

Doch während dieser versank, löste sich aus seiner Brust das Herz, wie eine Männerfaust so groß, und blieb auf der
20 Spitze eines Korallengebirges liegen, in einem Nest aus weichen Wassergräsern. Der Pirat indes trieb unaufhaltsam in die Tiefe, hinab bis in den schwärzesten Schlund, wo nicht ein-
25 mal die Meeresungeheuer leben mochten …

Es vergingen dreihundert Jahre.

Die Schiffe, die fuhren, brauchten keine Segel mehr und alle Piraten aus
30 der alten Zeit waren längst vermodert, da fand ein Mädchen einen Stein, der leuchtete wie die Sonne am Abend.

Das geschah an einem nördlichen Meer, nach einem gewaltigen Sturm,
35 der das Wasser in weißen Wogen auf die Küste zugetragen hatte. Sechs Tage nach dem Sturm war endlich Stille, das Meer lag glatt wie vordem da und der

Strand war überhäuft von
40 den Dingen, die das Wasser so wild herangeschwemmt und nun zurückgelassen hatte: Kisten und Bretter und alte Stiefel. Seegras, Gestrüpp, zerrissene Netze. Ein kleines
45 grünes Gummiboot und einen roten Badeball. Flaschen aus Plastik, wie man sie erst seit ein paar Jahren kannte, und tote Vögel, tote Fische. Am meisten aber lag Seegras da, den
50 Strand hinauf wie eine riesenlange, braune Raupe.

Das Mädchen bewegte sich über den Strand, stieg durch das Seegras Schritt um Schritt: die Hosenbeine hochge-
55 streift, die Waden nackt und dünn. Das krause Haar war rabenschwarz, meistens wenig gekämmt, und wer sie nur immer ärgern wollte, rief schnell mal hinter ihr her: He, du alter Besen,
60 schwarzer Donnerschlag!

Ihr Name war Jessi, Jessika, am Strand war sie ganz allein, und heimlich träumte sie davon, heute den großen Bernstein zu finden: gelb wie einge-
65 dickter Honig oder rötlich mehr und klar wie Glas, mitten darin eine Frühlingsfliege, hunderttausend Jahre alt. Solch einen Bernstein wollte Jessi finden, heute ganz bestimmt, denn der
70 Tag nach Stürmen war dafür am besten. Und sie malte sich auch schon aus, wie alle Leute kommen würden um diesen Bernstein bei ihr zu sehen, den wunderbaren großen Stein, einmal
75 nur und einmal wenigstens zu sehen. So träumte Jessi vor sich hin, stieg

durch das Seegras Schritt um Schritt, als plötzlich eine Möwe auf sie niederschoss und schrie:

80 Na, was suchst du, na?

Jessi, nach dem Schreck, sagte freundlich: „Du könntest mir helfen. Ich suche den großen Bernstein."

85 Den großen, schrie die Möwe, heute nicht dabei. Glitt leicht davon, als brauchte sie keine Flügel, und Jessi, die der Möwe nachsah, stieß heftig gegen einen Stein. Mit dem rechten Fuß,

90 mit dem bloßen Zeh, das tat bis unter die Haarspitzen weh, Jessi stand vor lauter Schmerz der Atem still. Sie war sehr wütend auf die Möwe, genauso wütend aber auf den Stein und

95 wollte ihn mit ihrem Stock beiseite stoßen – da rührte der Stein sich nicht, blieb fest wie festgebacken an der Stelle, verborgen in einem Seegrasnest.

100 Er war stumpf und dunkelrot, wie eine Männerfaust so groß, und Jessi sah beim ersten Blick, dass es kein Bernstein war. Einfach ein Stein, Seegrasfäden klebten dran, wie ein Bart mit ihm verwachsen. Jessi bohrte mit ihrem

105 Stock, der Stein aber rührte sich wieder nicht und Jessi hätte ihn jetzt gelassen, doch eben jetzt entdeckte sie, dass der Stein zu leuchten schien. Zu

110 leuchten, war das die Möglichkeit? Zu leuchten aus sich selber, in einem fast schwarzen Rot.

[...]

Jetzt wartete Jessi lange. Bewegte

115 sich nicht und dachte die ganze Zeit, ob sie es wagen sollte, den Stein noch einmal zu berühren. Die Neugier trieb sie es zu wagen. Stärker als

Furcht und Vorsicht war das Ver-
120 langen den Stein in seinem Seegrasnest noch einmal zu berühren. Doch bevor es Jessi nun tat, kam wieder die Möwe heran und schrie: Na, was hast

125 du da?

„Das siehst du doch", schrie Jessi zurück und hierbei ergriff sie den Stein ohne an Furcht und Vorsicht noch zu denken,

130 hob ihn aus dem Seegrasnest und spürte sogleich, wie seine Wärme über ihre Hände floss. Das erschreckte Jessi sehr. Es tat ihr wohl, doch erschreckte sie sehr, und so hielt sie

135 den Stein jetzt von sich weg auf ihren beiden flachen Händen, besah ihn prüfend von allen Seiten, blies über ihn hinweg, drehte, rollte, drückte ihn – es blieb ein Stein. Nicht

140 besonders rund, nicht besonders schön, auch nicht besonders leicht oder schwer. Die Seegrasfäden klebten rundum dran, wie Kräusellöckchen ungefähr, Jessi riss sie ein-

145 zeln ab.

Beim dritten Löckchen stöhnte der Stein. Jessi hörte es wohl, doch sie meinte, es wäre der Wind, riss weiter Seegraslöckchen ab, da seufzte der

150 Stein. Seufzte noch einmal, stöhnte wieder, Jessi erstarrte durch und durch. Der Stein entfiel ihrer Hand, die Seegrasraupe fing ihn auf und Jessi sprang beiseite und rief: „Warst

155 du das eben, du Stein? Hast du gestöhnt und geseufzt?"

– Das habe ich, sagte der Stein, und Jessi darauf: „Wie kannst du das? Du bist nur ein Stein."

160 – Ich kann es gerade erst jetzt, es wun-

dert mich selber, sagte der Stein. –
Heb mich wieder auf.

„Nie im Leben, nicht noch einmal", sagte Jessi und die Möwe
165 schrie: Wirf den Kerl zurück ins
Meer!

„Warum ins Meer?"

Er ist ein Bösewicht.

„Er ist ganz ruhig, siehst du
170 nicht?"

Er ist ein böser Bösewicht. Verdient die
liebe Sonne nicht.

Jessi stand still. Die Möwe schrie und
schrie, der Stein war gänzlich ver-
175 stummt, und Jessi fragte ihn streng:
„Bist du ein Bösewicht?"

Der Stein blieb weiter stumm, die
Möwe aber schrie und immer mehr
Möwen flogen herbei, flatterten, ze-
180 terten, zankten. Da bückte sich Jessi
nach dem Stein und rannte mit ihm
davon landeinwärts durch die Dünen,
kroch in ein rundes Gebüsch, mitten
im Gebüsch war Sonne. Hier legte
185 Jessi den Stein ins Gras und lauschte
gegen den Himmel. Die Möwen waren nicht mehr zu sehen, nur noch
zu hören: schrill in der Ferne überm
Meer.

190 „Hier sind wir sicher", sagte Jessi, sah
sich dabei argwöhnisch um, ob jemand sie gehört haben könnte, der
Stein aber sagte: – Ich danke dir. Er
leuchtete aus dem grünen Gras und
195 Jessi sagte: „Wie du leuchtest", und
nachher fragte sie: „Wer bist du, dass
du leuchten kannst und reden
kannst?"

– Ich bin das Herz.

200 „Das Herz?"

– Ich werde dich reich beschenken.

Jessi schwieg, da sagte der Stein: – Ich
habe Gold und Juwelen. Zum
Beispiel habe ich den Schmuck der
Königin von Tarragona[1].   205

„Ja wie denn", sagte Jessi, sah
sich schon wieder um, weil
ihr der Stein unheimlich
wurde, und sie ganz allein mit
ihm hier im Gebüsch, auf diesem   210
warmen Fleckchen Sonne.

„Was denn", sagte sie. „Du kennst eine
Königin?"

– Ich stand in ihren Diensten.

„Bei einer Königin in Diensten?"   215

– So wahr ich hier liege, sagte der Stein.

„Dann bist du vielleicht ein Prinz?
Verzaubert oder so?"

– Kein Prinz, sagte der Stein.

„Ein Graf?"   220

– Kein Graf.

„Ich hab's gewusst, du lügst. Nur Prinzen oder Grafen können im Dienst einer Königin sein."

– Ich bin der Sohn von Clifford Reds.   225
Hast du den vielleicht gekannt?

„Was", sagte Jessi, „wen soll ich gekannt haben, wie?"

– Clifford Reds, der mein lieber Vater
war.   230

„Und den soll ich gekannt haben,
ich?"

– Warum wohl nicht, sagte der Stein. –
Ich in meiner Person heiße William
Reds. Gefällt dir das?   235

„William", sagte Jessi.

– Ich freue mich, sagte der Stein. – Du
sprichst meinen Namen gleich beim
ersten Mal schon richtig aus.

„Meinetwegen freu dich", sagte Jessi.   240

„Aber man sieht gleich wieder, du
lügst. Seit wann können Steine Wil-

---

1 **Tarragona:** Stadt in Spanien

liam heißen. Ich bring dich
zurück ins Meer." Sie tat's aber
245 nicht und die Stille blieb lange,
nur die Möwen waren zu
hören über dem Meer. Dann
sagte der Stein: – Du bringst
mich nicht zurück. Du
250 kannst es nicht, ich bin das Herz.
[...]

Sibylle Durian

aus: Primel schwindula

Das alte Haus an der Dorfstraße sah im
abendlichen Dunkel etwas unheimlich aus. Eine schaukelnde Laterne
warf trübes Licht auf die verfallene
5 Vortreppe. Das Gartentor ächzte,
wenn der Wind darüber strich. Ein
Fenster des Erdgeschosses war erleuchtet. Es war Mittwoch Abend.
Jeden Mittwoch um dieselbe Zeit
10 konnte man das Licht in diesem Fenster sehen. An diesem Abend empfing
der Professor seine Freunde.
Es waren ihrer nicht mehr viele, denn
der Professor ging auf die Achtzig zu.
15 Eines Tages war er ins Dorf gekommen
und hatte das Haus gemietet. Niemand
wusste, woher er kam. Später hörte
man, dass er einst an vielen Univer-
sitäten der Welt alte Sprachen gelehrt
20 hatte.
Da der Professor ein freundlicher alter
Herr war, fand er bald Freunde: den Sa-
nitätsrat Hüpfenstich zum Beispiel. Er
hatte bis zu seinem siebzigsten Jahr das
25 Kreiskrankenhaus geleitet.
Später kam Willy Lamm dazu, der

Großeltern, Eltern und Kinder der Umgebung das Lesen und Schreiben gelehrt hatte, bevor er das Rentenalter erreichte. 30
Käptn Flint gehörte ebenfalls zum
Freundeskreis. Mit dem berühmten
Seeräuberkapitän hatte er nur den
Namen gemeinsam. Flint war nie auf
eines der großen Meere gekommen, 35
sondern immer nur auf dem Küsten-
motorschiff ELVIRA die Küste entlang-
geschippert.
Zuletzt war Ingenieur Zumsel in den
Freundesbund aufgenommen wor- 40
den. Seit Zumsel Rentner war, hatte er
endlich Zeit für seine Erfindungen.
Gegenwärtig beschäftigte er sich mit
der Entwicklung des Mehrfachbrief-
papiers, kurz „Zumsel-Post" genannt. 45
Das Papier war mit einer hauchdün-
nen Plastikschicht überzogen, sodass
man die Schrift mit einem Schwamm
auslöschen und den Brief samt Um-
schlag mehrfach benutzen konnte. 50
Es war eine fröhliche Runde alter Herren, die sich da jeden Mittwoch um

den polierten Eichentisch des Professors versammelte. Sonderbar war, sie spielten weder Skat noch Rommé. Sie kamen zusammen um zu erzählen. Alle hatten viel erlebt, waren mit unzähligen Menschen zusammengekommen und hatten die unglaublichsten Geschichten erfahren. Jene Geschichten erzählten sie reihum. An manchem Mittwoch konnte man ihr Lachen noch um Mitternacht bis auf die Dorfstraße hören. Der Mittwoch, von dem hier die Rede sein soll, unterschied sich in nichts von den vorangegangenen. Als es dunkel wurde, zündete der Professor die alte Petroleumlampe an. Er behauptete, es wäre genau das richtige Licht für derart Geschichten: nicht zu hell, ein bisschen geheimnisvolles Dunkel bewahrend.

Der Käptn ging inzwischen umher und betrachtete die vielen Erinnerungsstücke. Er blieb vor einem Glaskasten stehen, in dem eine üppige, dunkellilafarbene Primel wucherte.

„Alter Freund", sagte der Käptn zum Professor, „jedes Mal, wenn wir hier zusammenkommen, fällt mir diese Primel auf. Von Mal zu Mal erscheint sie mir prächtiger und schöner. Wie geht das zu? Gewöhnlich blühen Primeln nur im Frühjahr."

Der Professor zündete sich eine lange weiße Meerschaumpfeife an.

„Mein lieber Flint", sagte er, „das ist auch keine gewöhnliche Primel. Nicht nur, dass sie meinem Ururgroßvater das Leben gerettet hat – sie dürfte wohl einmalig auf der Welt sein."

Die anderen horchten auf.

„Eine Primel hat deinem Ururgroßvater das Leben gerettet?", fragte Hüpfenstich. „Also, wenn das keine unglaubliche Geschichte ist ..."

[...]

Die Primel hatte während der Erzählung des Professors prächtige neue Blüten getrieben.

„Unglaublich", murmelte Hüpfenstich.

„Ganz und gar unglaublich", bestätigte Lamm.

„Beim Teufel", ließ sich auch Zumsel vernehmen, „diese Primel ist ja ein Vermögen wert."

In diesem Augenblick zerbarst mit lautem Knall die Fensterscheibe. Die Petroleumlampe erlosch. Es dauerte eine ganze Weile, bis der Professor endlich eine Kerze gefunden hatte.

Die Petroleumlampe wurde aufgefüllt und ein neuer Docht eingezogen. Als das Zimmer wieder vom gelben Licht der Lampe erhellt wurde, sahen sie, was geschehen war: Der Glaskasten war leer. Die Primel verschwunden ...

Am Donnerstag Nachmittag regnete es.

Fröhlich pfeifend machte sich Herr Roselieb auf den Heimweg. Herr Roselieb ist Mitarbeiter der amtlichen Wetterdienststelle und hatte den Regen vorausgesagt. In denkbar bester Stimmung bog er um die Ecke seines Häuserblocks – und stolperte über einen Blumentopf, der mitten im Weg lag. Herrn Roseliebs Pfeifen erstarb, er murmelte „Verdammt noch mal!" und gab dem Blumentopf einen Tritt, dass er gegen die Mülltonnen knallte.

209

Als der Regen nachgelassen hatte, kam Anton Roselieb, zwölf Jahre alt, lustlos einen Mülleimer schwenkend, die Treppe
140 herunter und begab sich zu den Mülltonnen. Dabei entdeckte er den Blumentopf, hob ihn auf und warf ihn in die Tonne. Gegen siebzehn Uhr roch es in der Ro-
145 seliebschen Wohnung nach rußigen Salzkartoffeln. Das Essen war angebrannt. Da die Küche kein Fenster hatte und der elektrische Abzug gerade kaputt war, verteilte sich der Gestank
150 gleichmäßig über die ganze Wohnung.

„Anton", sagte Frau Roselieb, „bring bitte den Topf in den Müll, damit es endlich aufhört zu riechen."

155 Anton lag im Kinderzimmer auf dem Teppich und las.

„Soll doch Susanne gehen", maulte er, „schließlich haben wir die Gleichberechtigung, oder?"

160 Susanne, elf Jahre alt, Antons Schwester, war gerade dabei, aus gepressten Blättern ein Bild zusammenzusetzen. Sie erhob sich seufzend, klappte ihrem Bruder im Vorbeigehen mit dem Fuß
165 das Buch vor der Nase zu und begab sich mit dem immer noch vor sich hin qualmenden Topf hinunter zu den Mülltonnen.

Zufällig oder weil vielleicht der Deckel
170 noch ein wenig offen stand, wollte sie den Kochtopf in dieselbe Tonne werfen, in die Anton zuvor den Mülleimer ausgekippt hatte. Da entdeckte Susanne die vertrocknete Topfpflanze. Teils
175 aus Mitleid, teils aus Forscherinteresse holte sie diese heraus und nahm sie mit nach oben.

„Was willst'n mit dem Besen?", fragte Anton und tippte sich an die Stirn. Susanne kümmerte sich
180 nicht um ihn. Sie holte vom Balkon Erde und topfte den kümmerlichen Strunk um.

In den ersten Tagen tat sich gar nichts. Die Pflanze glich
185 einem ausgedörrten Schachtelhalm. Nirgends zeigte sich ein grünes Blatt oder nur die Andeutung einer Blüte. Susanne probierte es mit Dungaufgüssen. Sie verschaffte sich
190 sogar Hühnermist, den sie vierundzwanzig Stunden lang in Wasser aufweichte, was einen äußerst unangenehmen Geruch verbreitete. Einmal hätte Herr Roselieb, als er durstig nach
195 einer Sitzung heimkam, beinahe einen Liter Herbacil-Düngewasser getrunken, was er im Halbdunkel für Bier hielt.

Doch alle Mühe war vergebens, die
200 Pflanze rührte sich nicht.

Eines Abends, Herr Roselieb hatte sich zum Arbeiten in sein Zimmer zurückgezogen, klingelte das Telefon. Erstaunlich schnell erschien Herr Rose-
205 lieb, der eigentlich nicht gestört werden wollte, im Wohnzimmer und hob den Hörer ab.

„Jawohl", hörte ihn die Familie sagen. „Jawohl, ich komme sofort."
210 Eilig schlüpfte er in Jacke und Mantel, schaute in die Küche, wo Frau Roselieb mit dem Abwasch beschäftigt war, und sagte:

„Das Amt hat angerufen. Ein plötzli-
215 cher Wetterumschwung. Sie brauchen mich."

Als er schon auf der Treppe war, klingelte das Telefon noch einmal. Dies-

220 mal meldete sich Anton. Er lief dem Vater hinterher, aber der war schon aus dem Haus.

„War das wieder das Amt?", fragte die Mutter.

225 „Nein", sagte Anton, „das war Herr Weber. Er sagte, Vati soll die Skatkarten nicht vergessen."

An jenem Abend geschah etwas 230 Merkwürdiges.

Der ausgetrocknete Pflanzenstrunk begann eine zarte, hellviolette Blüte zu treiben.

Natürlich schrieb man diesen Erfolg 235 dem Hühnermist zu.

Am Nachmittag des folgenden Tages kam es zu einer kleinen Auseinandersetzung zwischen der Mutter und Anton.

240 Susanne hatte Abwaschdienst in der Küche und Anton wollte mit seinem Freund ins Kino gehen.

„Du hast morgen Klavierstunde und ich habe dich in dieser Woche nicht 245 ein einziges Mal üben hören", sagte die Mutter. „Also bitte!"

Also bitte! war eine freundlich verbrämte, jedoch unbedingt zu befolgende Aufforderung. Anton zog 250 schmollend ab in sein Zimmer und knallte wütend die Noten aufs Klavier. Frau Roselieb ging in die Küche. Nun begann Anton mürrisch auf den Tasten herumzuhacken. Frau Roselieb 255 zuckte bei jedem falschen Ton zusammen, was mit der Zeit wie Schüttelfrost aussah.

Nach einer Pause erklang ein neues Stück. Anton spielte es völlig fehler- 260 frei! Frau Roselieb schloss verzückt die Augen und Susanne glitt ein soeben abgewaschener Teller aus der Hand und zerschellte am Boden. Aber was tut das schon, wenn man plötzlich entdeckt, dass 265 sich der eigene Bruder in ein Wunderkind verwandelt hat.

Als Frau Roselieb die Augen wieder öffnete, kam ihr ein Verdacht. Auf 270 Zehenspitzen schlich sie zum Kinderzimmer. In diesem Augenblick bemerkte Susanne erstaunt, wie ihr vertrockneter Pflanzenstrunk sich zusehends in eine herrliche dunkellila 275 Primel verwandelte.

Frau Roselieb drückte leise die Klinke herunter und schaute ins Kinderzimmer. Das Zimmer war leer. Auf dem Plattenspieler drehte sich die schwarze 280 Scheibe: „Berühmte Pianisten spielen für Sie".

Im Flur fehlte Antons Jacke.

Die Primel stand von nun an auf dem Balkon. Hier hatte sie Licht, Luft und 285 Sonne – kurzum alles, was eine Pflanze braucht. Aber nach und nach warf sie ihre Blüten ab. Susanne stand vor einem Rätsel. Sie war gerade dabei, die Primel umzutopfen, als der Vater auf 290 den Balkon trat und Anton bei den Mathe-Hausaufgaben über die Schulter sah.

„Junge", sagte Herr Roselieb, „du wirst mit dem bisschen Mathematik nicht 295 fertig? In deinem Alter hatte ich in jeder Klassenarbeit eine Eins."

Noch während Susanne die Primel in der Hand hielt, entfalteten sich zwei grüne Blätter und gaben eine Knospe 300 frei.

„Überhaupt", fuhr Herr Roselieb fort, „wenn ich aus der Schule nach Hause

kam, habe ich immer zuerst
305 meine Hausaufgaben erledigt, bevor ich Fußball spielen ging."
Eine prächtige Blüte entfal-
tete sich. Je mehr Herr Roselieb von seiner Schulzeit er-
310 zählte, desto besser bekam es
der Primel. Von nun an beobachtete

Susanne die Primel Tag für Tag. Die
Pflanze reagierte immer auf dieselbe Weise.

Susanne war hinter das Geheim- 315
nis der Primel gekommen. Sie
beschloss dieses Geheimnis zu
hüten.

[...]

Selma Lagerlöf

aus: Nils Holgerssons schönste Abenteuer mit den Wildgänsen

*Nils Holgersson lebt mit seinen Eltern auf einem kleinen Bauernhof in der Nähe des südschwedischen Dorfes Westvämmenhög. Er ist ein wilder Junge. Vor allem mit den Tieren treibt er seine bösen Späße.
Es ist Sonntag. Vater und Mutter sind zur Kirche gegangen. Nils wollte nicht mit. Dafür soll er nun die Predigt zu Hause lesen. Er sitzt unlustig vor dem Buch, droht einzuschlafen und träumt vor sich hin.*

Die Wildgänse
Der Junge wollte durchaus nicht glauben, dass er in ein Wichtelmännchen

verwandelt worden war. „Es ist gewiss nur ein Traum und eine Einbildung", dachte er. „Wenn ich ein paar Augen- 5
blicke warte, werde ich schon wieder ein Mensch sein."
Er stellte sich vor den Spiegel und schloss die Augen.
Erst nach ein paar Minuten öffnete er 10
sie wieder und erwartete nun, dass der Spuk vorbei sei. Aber dies war nicht der Fall, er war noch ebenso klein wie vorher. Sein weißes Flachshaar, die Sommersprossen auf seiner Nase, die 15
Flicken auf seinen Lederhosen und das Loch im Strumpfe, alles war genauso

wie vorher, nur sehr, sehr viel kleiner.

20 Nein, es half nichts, wenn er auch noch so lange dastand und wartete. Er musste etwas andres versuchen. Oh, das Beste, was er tun könnte, wäre gewiss das

25 Wichtelmännchen aufzusuchen, es um Entschuldigung zu bitten und sich mit ihm zu versöhnen!

Er sprang auf den Boden hinunter und

30 begann zu suchen. Er lugte hinter die Stühle und Schränke, unter das Kanapee[1] und hinter den Herd. Er kroch sogar in ein paar Mauselöcher, aber das Wichtelmännchen war nicht zu fin-

35 den.

Während er suchte, weinte er und bat und versprach alles nur Erdenkliche. Nie, nie wieder wollte er jemand sein Wort brechen, nie, nie mehr unartig

40 sein und nie wieder über einer Predigt einschlafen!

Wenn er nur seine menschliche Gestalt wiederbekäme, würde ganz gewiss ein ausgezeichneter, guter, folgsamer

45 Junge aus ihm. Aber was er auch immer versprach, es half alles nichts.

Plötzlich fiel ihm ein, dass er Mutter einmal hatte sagen hören, das Wichtelvolk halte sich gern im Kuhstall auf,

50 und schnell beschloss er auch dort nachzusehen, ob das Wichtelmännchen zu finden sei. Zum Glück stand die Tür offen; denn er hätte das Schloss nicht selbst öffnen können, so aber

55 konnte er ungehindert hinausschlüpfen.

Als er in den Flur kam, sah er sich nach seinen Holzschuhen um, denn im Zimmer ging er natürlich auf Strümpfen. Er überlegte, wie er 60 sich wohl mit den großen, schwerfälligen Holzschuhen abfinden solle, aber in diesem Augenblick entdeckte er auf der Schwelle ein Paar winzige 65 Schuhe. Als er sah, dass das Wichtelmännchen so vorsorglich gewesen war auch seine Holzschuhe zu verwandeln, wurde er ängstlicher. „Dieser Jammer soll offenbar lange dauern", 70 dachte er.

Auf dem alten eichenen Brett, das vor der Haustür lag, hüpfte ein Sperling hin und her. Kaum erblickte dieser den Jungen, da rief er auch schon: „Seht 75 doch, Nils, der Gänsehirt! Seht den kleinen Däumling! Seht doch Nils Holgersson Däumling!"

Sogleich wendeten sich die Gänse und die Hühner nach dem Jungen um und 80 es entstand ein entsetzliches Geschrei: „Kikerikiki!", krähte der Hahn. „Das geschieht ihm recht! Kikerikiki! Er hat mich am Kamme gezogen!"

„Ga, ga, ga, gag, das geschieht ihm 85 recht!", riefen die Hühner und sie fuhren ohne Aufhören damit fort.

Die Gänse sammelten sich in einen Haufen, steckten die Köpfe zusammen und fragten: „Wer hat das getan? Wer 90 hat das getan?"

Aber das Merkwürdige daran war, dass der Junge verstand, was sie sagten. Er war so verwundert darüber, dass er auf der Türschwelle stehen blieb und 95 zuhörte. „Das kommt gewiss daher, dass ich in ein Wichtelmännchen verwandelt bin", sagte er, „deshalb verstehe ich die Tiersprache."

1 **Kanapee:** Sofa

213

100 Es war ihm unausstehlich, dass
die Hühner mit ihrem ewigen
„Das geschieht ihm recht!" gar
nicht aufhören wollten. Er
warf einen Stein nach ihnen
105 und rief: „Haltet den Schnabel, Lumpenpack!"
Aber er hatte eines vergessen. Er war
jetzt nicht mehr so groß, dass die Hühner sich vor ihm hätten fürchten müs-
110 sen. Die ganze Hühnerschar stürzte auf
ihn zu, pflanzte sich um ihn herum auf
und schrie: „Ga, ga, ga, gag! Es geschieht dir recht! Ga, ga, ga, gag! Es geschieht dir recht!" [...]
115 Es waren nur drei Kühe im Stalle. Aber
als der Junge eintrat, begannen sie alle
zu brüllen und einen solchen Spektakel zu machen, dass man hätte meinen können, es seien wenigstens drei-
120 ßig.
„Muh, muh, muh!", brüllte Majros.
„Es ist doch gut, dass es noch eine
Gerechtigkeit auf der Welt gibt."
„Muh, muh, muh!", riefen alle drei auf
125 einmal. Der Junge konnte nicht verstehen, was sie sagten, so wild schrien sie
durcheinander.
Er wollte nach dem Wichtelmännchen
fragen, aber er konnte sich kein Gehör
130 verschaffen, weil die Kühe in vollem
Aufruhr waren. Sie betrugen sich genauso, als wäre ein fremder Hund zu
ihnen hereingebracht worden, schlugen mit den Hinterfüßen aus, rasselten
135 an ihren Halsketten, wendeten die
Köpfe rückwärts und stießen mit den
Hörnern.
„Komm nur her!", sagte Majros.
„Dann geb ich dir einen Stoß, den du
140 nicht so bald wieder vergessen wirst."
„Komm her!", sagte Gull-Lilja. „Dann

lasse ich dich auf meinen Hörnern
reiten."
„Komm nur, komm, dann sollst
du erfahren, wie es mir ge- 145
schmeckt hat, wenn du mir
deinen Holzschuh auf den
Rücken warfst, was du im-
mer tatest!", sagte Stern.
„Ja, komm nur her, dann 150
werde ich dich für die Wespen bezahlen, die du mir ins Ohr gesetzt hast!",
schrie Gull-Lilja.
Majros war die Älteste und Klügste von
den dreien und sie war am zornigsten. 155
„Komm nur", sagte sie, „dass ich dich
für die vielen Male bezahlen kann, wo
du den Melkschemel unter deiner
Mutter weggezogen hast, sowie für jedes Mal, wo du ihr einen Fuß stelltest, 160
wenn sie mit dem Melkeimer daher-
kam, und für alle Tränen, die sie hier
über dich geweint hat." [...]
Es war wunderschönes Wetter, rings
um ihn her murmelte und knospte 165
und zwitscherte es. Aber ihm war das
Herz schwer. Nie wieder würde er sich
über etwas freuen können. Er meinte
den Himmel noch nie so dunkelblau
gesehen zu haben wie an diesem 170
Tage. Zugvögel kamen dahergeflogen.
Sie kamen vom Auslande, waren
über die Ostsee gerade auf Smygehuk
zugesteuert und waren jetzt auf dem
Wege nach Norden. Es waren Vögel 175
von den verschiedensten Arten; aber
er kannte nur die Wildgänse, die in
zwei langen, keilförmigen Reihen flogen.
Schon mehrere Scharen Wildgänse 180
waren so vorübergeflogen. Sie flogen
hoch droben, aber er hörte doch, wie
sie riefen: „Jetzt geht's auf die hohen

214

Berge! Jetzt geht's auf die hohen Berge!" [...]

Bei einem jungen Gänserich hatten die Zurufe ein wahres Reisefieber erweckt. „Wenn noch eine Schar kommt, fliege ich mit!", rief er.

Jetzt kam eine neue Schar und rief wie die andern. Da schrie der junge Gänserich: „Wartet, wartet, ich komme mit!" Er breitete seine Flügel aus und hob sich empor. Aber er war des Fliegens zu ungewohnt und fiel wieder auf den Boden zurück.

Die Wildgänse mussten jedenfalls seinen Ruf gehört haben. Sie wendeten sich um und flogen langsam zurück um zu sehen, ob er mitkäme.

„Wartet! Wartet!", rief er und machte einen neuen Versuch.

All das hörte der Junge auf dem Mäuerchen. „Das wäre sehr schade, wenn der große Gänserich fortginge", dachte er; „Vater und Mutter würden sich darüber grämen, wenn er bei ihrer Rückkehr nicht mehr da wäre."

Während er dies dachte, vergaß er wieder ganz, dass er klein und ohnmächtig war. Er sprang von dem Mäuerchen hinunter, lief mitten in die Gänseschar hinein und umschlang den Gänserich mit seinen Armen. „Das wirst du schön bleiben lassen, von hier wegzufliegen, hörst du!", rief er.

Aber gerade in diesem Augenblick hatte der Gänserich herausgefunden, wie er es machen müsse um vom Boden fortzukommen. In seinem Eifer nahm er sich nicht die Zeit den Jungen abzuschütteln; dieser musste mit in die Luft hinauf.

Es ging so schnell aufwärts, dass es dem Jungen schwindlig wurde. Ehe er sich klarmachen konnte, dass er den Hals des Gänserichs loslassen müsste, war er schon so hoch droben, dass er sich totgefallen hätte, wenn er jetzt hinuntergestürzt wäre.

Das Einzige, was er unternehmen konnte um in eine etwas bequemere Lage zu kommen, war ein Versuch auf den Rücken des Gänserichs zu klettern. Und er kletterte wirklich hinauf, wenn auch mit großer Mühe. Aber es war gar nicht leicht, sich auf dem glatten Rücken zwischen den beiden schwingenden Flügeln festzuhalten. Er musste mit beiden Händen tief in die Federn und den Flaum hineingreifen um nicht hintüber zu fallen. [...]

Rudyard Kipling

aus: Das Dschungelbuch

Tabaqui, ein Schakal, ist bei der Wolfsfamilie erschienen um ihr zu erzählen, dass Schir Khan, ein furchterregender Tiger, seine Jagdgründe in das Gebiet der Wölfe verlegt hat. Vater Wolf ist empört darüber, denn dies bedeutet Ärger.
Schon hört er die gewaltige Stimme Schir Khans. Heute ist er auf Menschenjagd. Aber dann kommt alles ganz anders ...

[...]

„Etwas kommt den Hügel herauf", flüsterte Mutter Wolf und stellte einen Lauscher hoch. „Aufgepasst!"
5 In dem Gebüsch raschelte es leise und Vater Wolf duckte sich, zum Sprunge bereit. Dann aber geschah etwas höchst Seltsames. Der Wolf war gesprungen, bevor er noch das Ziel erkannt hatte, und suchte sich nun
10 plötzlich mitten im Satze aufzuhalten. Die Folge war, dass er vier oder fünf Fuß[1] kerzengerade in die Luft schoss und fast auf derselben Stelle landete,
15 von der er abgesprungen war.
„Ein Mensch!", stieß er hervor. „Ein Menschenjunges! Sieh nur!"
Gerade vor ihm, an einen niedrigen Zweig geklammert, stand ein nackter
20 brauner Junge, der eben erst laufen gelernt hatte – ein ganz zartes, kleines, krauslockiges Wesen, das da in der Nacht zu einer Wolfshöhle gekommen war. Er sah dem Wolf ins Gesicht und
25 lachte.

1 **Fuß**: engl. Längenmaß, ca. 30 cm

„Was?", fragte die Mutter Wolf.
„Ist *das* ein Menschenjunges? Ich habe noch nie eins gesehen. Bring es her!"
30 Wölfe, die ihre eigenen Jungen über Stock und Stein tragen, können, wenn nötig, ein Ei zwischen die Zähne nehmen ohne es zu zerbrechen. Obgleich sich Vater Wolfs Kiefer genau
35 über dem Rücken des Kindes schlossen, so hatten seine spitzen Zähne doch nicht einmal die weiche Haut des strampelnden Kleinen geritzt, als er ihn zu seinen eigenen Jungen legte.
40 „Wie winzig! Wie nackt und – wie tapfer!", sagte Mutter Wolf sanft. Der Kleine drängte die Wolfsjungen beiseite um dicht an das warme Fell der Mutter zu gelangen. „Aha, er sucht
45 seine Nahrung ganz wie die anderen. Das also ist ein Menschenjunges. Sag, hat sich je eine Wölfin rühmen können ein Menschenjunges unter ihren Kindern zu haben?"
50 „Hier und dort hörte ich davon, doch niemals in unserem Rudel oder zu meiner Zeit", antwortete der Vater Wolf. „Wahrhaftig, ganz ohne Haar ist der Körper. Mit einem Prankenschlag
55 könnte ich es zerquetschen. Aber sieh doch, wie es aufschaut zu uns, und nicht ein bisschen Angst hat es."
Da plötzlich wurde es dunkel in der Höhle. Dem Mondlichte wurde der
60 Eintritt versperrt, denn Schir Khans mächtiger, eckiger Kopf und breite Schultern schoben sich in den Eingang. Tabaqui rief hinter ihm her

---

mit schriller Stimme: „Hier, mein
Gebieter – hier ist es hineingegangen."

„Schir Khan erweist uns große
Ehre!", sagte Vater Wolf, doch
Zorn glomm in seinen Augen.

„Was wünscht Schir Khan?"

„Meine Beute! Ein Menschenjunges ist hier hereingeflüchtet! Seine Eltern sind davongelaufen. Gib es heraus! Es gehört mir!"

Wie Vater Wolf gesagt hatte, war Schir Khan in das Feuer eines Holzfällers gesprungen und der Schmerz in den verbrannten Pfoten machte ihn rasend. Aber Vater Wolf wusste, dass die Öffnung der Höhle zu klein sei um dem Tiger Eingang zu gestatten. Schon in seiner jetzigen Stellung waren Schir Khans Schultern und Vordertatzen eingezwängt und er glich einer wütenden Katze, die vergebens versucht in ein Mauseloch zu dringen.

„Wir Wölfe sind ein freies Volk", sagte der Wolf. „Unsere Befehle nehmen wir nur von dem Führer des Rudels entgegen, aber nicht von irgendeinem gestreiften Viehmörder. Das Menschenjunge gehört uns. Wir können es töten oder am Leben lassen, ganz nach unserem Belieben!"

„Belieben oder Nichtbelieben! Was schwatzt du für dummes Zeug. Bei dem Ochsen, den ich soeben schlug, soll ich hier stehen und mir die Nase wundstoßen am Eingang eurer Hundebehausung um das zu verlangen, was mir gehört? Schir Khan ist es, der mit dir spricht!"

Des Tigers Gebrüll erfüllte die Höhle mit rollendem Donner. Mutter Wolf schüttelte ihre Jungen von sich ab; sie sprang vor und ihre Augen starrten wie zwei grüne Mondsicheln in der Dunkelheit auf die beiden lohenden Lichter im gewaltigen Kopfe Schir Khans.

„Und ich, Rakscha, der Dämon, bin's, der jetzt spricht und dir antwortet. Das Menschenjunge gehört mir, du lahmer Langri – und mein wird es bleiben. Es soll nicht getötet werden! Es soll leben um mit dem Pack zu rennen und zu jagen und zuletzt – sieh dich vor, du großer Jäger kleiner nackter Jungen, du alter Paddenfresser², du Fischfänger – sieh dich vor, denn zuletzt soll es dich hetzen, unser kleines Menschenjunges, ja, und soll dir das Fell über die Katzenohren ziehen. Und nun pack dich fort. Oder ich schwör's bei dem letzten Sambar³, den ich schlug (ich vergreife mich nicht am hungrigen Herdenvieh), ich schwör's, du verbranntes Biest, lahmer sollst du zu deiner Mutter zurückkehren, als du zur Welt gekommen bist. Fort mit dir!"

Ganz verblüfft blickte Vater Wolf sie an. Fast vergessen hatte er die Zeit, da er Mutter Wolf sich errang im offenen ehrlichen Kampf gegen fünf andere Wölfe – damals, als sie mit dem Pack lief und nicht umsonst der Dämon genannt wurde.

Schir Khan würde es wohl mit Vater Wolf aufgenommen haben, aber gegen Mutter Wolf anzugehen, das wagte er denn doch nicht, denn er wusste, dass sie alle Vorteile der Lage

2 **Padde** (niederdeutsch): Kröte
3 **Sambar**: südasiatische Hirschart

217

145 für sich hatte und es einen Kampf auf Tod und Leben geben würde. So zog er sich knurrend aus dem engen Eingang zurück und brüllte, als er frei

150 war:

„Im eigenen Hof kläfft jeder Hund! Aber wir wollen doch erst einmal sehen, was das Rudel zu dieser Geschichte sagen wird. Mir allein gehört

155 das Menschenjunge und zwischen meine Zähne wird es doch noch kommen zuletzt, ihr buschschwänzigen Spitzbuben, ihr!"

Mutter Wolf warf sich keuchend zwi-

160 schen ihre Jungen nieder und der Vater Wolf sagte mit besorgter Miene: „Schir Khan hat nicht ganz Unrecht. Das Menschenjunge muss dem Rudel gezeigt werden. Willst du es wirklich

165 behalten?"

„Wirklich behalten?", fragte sie entrüstet. „Nackt und ganz allein kam es zu uns in der Nacht und sehr hungrig und hatte doch nicht ein bisschen Furcht. Sieh doch nur, jetzt 170 hat es schon wieder eins meiner Kinder beiseite gedrückt. Und dieser lahme Viehschlächter hätte es beinahe verschlungen und sich dann zum Wain- 175 gangafluss aus dem Staube gemacht, während die Dorfbewohner hier alle Schlupfwinkel durchsucht hätten um Rache zu nehmen! Ihn behalten? Natürlich will ich das. Lieg 180 still, kleiner Frosch. Oh, mein Mowgli – denn Mowgli, Frosch, werde ich dich nennen –, der Tag wird für dich kommen diesen Schir Khan zu jagen und zu hetzen, wie er dich heute gehetzt hat!" 185

„Aber was wird unser Rudel dazu sagen?", meinte Vater Wolf.

[...]

Jean Craighead George

aus: Julie von den Wölfen

[...] Miyax schob die Kapuze ihres Anoraks zurück um nach der Sonne zu sehen. Die war jetzt eine gelbe Scheibe auf einem grünen Himmel und Miyax

5 schloss aus den Farben des Himmels und der Sonne, dass es gegen sechs Uhr abends sein musste; das war die Stunde, da die Wölfe erwachten. Geräuschlos stellte sie ihren Kochtopf nieder und kroch auf die Höhe eines rundge- 10 wölbten kleinen Hügels, einen der vielen Erdbuckel, die in der krachenden

Kälte des arktischen Winters aufbrechen und wieder einsinken. Auf dem Bauch liegend blickte das Mädchen über das unabsehbare, moosgefleckte Grasland und wandte dann ihre ganze Aufmerksamkeit auf einen Punkt: die Wölfe. Zwei Schlafzeiten waren es her, dass Miyax zufällig auf sie gestoßen war. Sobald die Wölfe erwachten, begrüßten sie einander mit Schwanzwedeln.

Miyax zitterten die Hände und ihr Herz begann rascher zu schlagen. Sie hatte Angst. Nicht so sehr vor den Wölfen – die zeigten sich zurückhaltend und waren viele Harpunenschüsse weit entfernt –, aber die verzweifelte Lage, in die sie geraten war, machte ihr Angst. Miyax hatte sich verirrt. Seit Tagen wanderte sie ohne Nahrung durch die Wildnis des nördlichen Alaska. Die baumlose Ebene senkt sich, über dreihundert Meilen breit, von den Gipfeln der Brooks Range zum Nördlichen Eismeer und erstreckt sich über achthundert Meilen zwischen Chukchi und der Beaufort Sea. Es gibt keine Straßen; Tümpel und Seen sprenkeln ihre Unermesslichkeit. Der Wind heult und pfeift darüber hin; in welche Richtung man auch blickt, immer ist es das gleiche Bild. Irgendwo in diesem grasraschelnden Universum war sie, Miyax; und ihr Überleben, das Weiterglimmen des letzten Funkens Lebenswärme in ihrem Körper, hing von diesen Wölfen ab. Und sie war nicht einmal sicher, ob sie ihr helfen würden.

Miyax starrte angestrengt auf einen stattlichen schwarzen Wolf, weil sie hoffte damit seinen Blick auf sich zu ziehen. Sie musste ihm irgendwie mitteilen, dass sie am Verhungern war, und ihn um Nahrung bitten. Man konnte mit Wölfen reden, wusste sie, ihr Vater hatte es getan. Auf der Jagd hatte er einmal neben einem Wolfslager kampiert. Als er einen ganzen Monat lang kein Wild angetroffen hatte, versuchte der Eskimojäger dem Anführer des Wolfsrudels verständlich zu machen, dass er hungrig war und Futter brauchte. In der Nacht darauf rief der Wolf den Eskimo von ferne und als der Jäger dem Ruf folgte, fand er ein frisch gerissenes Karibu[1]. Unglücklicherweise hatte der Vater seinem kleinen Mädchen niemals erklärt, wie er dem Wolf von seinem Hunger Mitteilung gemacht hatte. Und kurz danach paddelte er seinen Kajak zur Seehundsjagd in die Bering Sea und kam nicht wieder.

Miyax beobachtete die Wölfe nun schon seit zwei Tagen. Sie wollte herausfinden, mit welchen Lauten und Gesten die Wölfe Wohlwollen und Freundschaft ausdrückten. Die meisten Tiere haben solche Verständigungszeichen. Polar-Backenhörnchen bewegen die Schwänzchen seitwärts um einander kundzutun, sie seien freundlich gesinnt. Dieses Schwänzchengewackel mit ihrem Zeigefinger nachahmend hatte Miyax schon manches Backenhörnchen angelockt. Wenn sie nun eine Wolfsgeste herausfinden konnte, war sie vielleicht imstande sich mit den Wölfen anzu-

---

1 **Karibu:** nordamerikanisches Rentier

219

freunden und an ihren Mahlzeiten teilzunehmen, wie ein Vogel oder ein Fuchs es zuweilen taten.

Auf die Ellbogen gestützt, das Kinn zwischen den Fäusten starrte Miyax den schwarzen Wolf an, bemüht, seinen Blick auf sich zu zwingen. Sie hatte ihn ausgewählt, weil er bedeutend größer war als die anderen und weil er Miyax in seiner Art zu gehen an ihren Vater Kapugen erinnerte; der hatte auch den Kopf hoch getragen und die Brust vorgestreckt. Der schwarze Wolf galt wohl auch als klug und erfahren; sie hatte beobachtet, dass das Rudel auf ihn blickte, wenn der Wind fremde Gerüche brachte oder wenn die Vögel plötzlich ängstlich zu rufen begannen. Zeigte der große Wolf sich beunruhigt, war das Rudel es auch. War er ruhig, verhielten auch sie sich ruhig.

Minuten vergingen und der Wolf blickte kein einziges Mal herüber. Seit Miyax ihm über den Weg gelaufen war, seit zwei Schlafzeiten, übersah er sie, tat er, als sei sie nicht vorhanden. Gewiss, sie bewegte sich betont langsam und ruhig um ihn nicht aufzuschrecken, aber sie wünschte doch, der Wolf würde endlich die Freundlichkeit in ihren Augen spüren. Viele Tiere erkennen am bloßen Anblick den Unterschied zwi-

schen ihnen feindlichen Jägern und wohlgesinnten Leuten. Aber der große schwarze Wolf warf nicht einmal einen flüchtigen Blick in ihre Richtung.

Im Gras regte sich ein Vogel. Der Wolf sah hin. Eine Blume bog sich im Wind. Er blickte kurz hinüber. Dann wellte eine Brise den Flaum des Pelzes an Miyax' Anorak, er glänzte auf, aber der Wolf sah nicht hin. Miyax wartete. Dass man mit der Natur Geduld haben musste, hatte schon der Vater ihr eingeprägt, und so hatte sie sich auch jetzt nicht einfallen lassen sich rasch zu bewegen oder den Wolf laut anzusprechen. Trotzdem musste sie bald etwas zu essen bekommen oder verhungern.

Ihre Hände zitterten, sie würgte die Angst hinunter und versuchte ruhig zu bleiben.

[...]

Scott O'Dell

aus: Insel der blauen Delphine

Die junge Heldin der folgenden Episode lebte tatsächlich, und zwar als Letzte ihres Stammes allein auf einer Insel. Ein spanischer Entdecker hat dieser Insel, die 75 Meilen südwestlich vor Los Angeles liegt, den Namen La Isla de San Nicolas gegeben.

In der folgenden Begebenheit wird erzählt, wie das Indianermädchen, es heißt übrigens Karana, zum ersten Mal nach langer Zeit wieder andere Menschen sieht. Es fürchtet sich vor ihnen. Einige Jahre zuvor hatten nämlich Seeleute von den Aleüten[1], die Otterfelle haben wollten, die Inselbewohner überfallen.

Ich nahm Rontu nicht mit, als ich in der Nacht die Höhle verließ, und ich sperrte den Eingang hinter mir zu, damit er mir nicht nachlaufen konnte.

5 Ich fürchtete, er würde die Hunde der Aleüter wittern und Lärm schlagen. Damals wusste ich noch nicht, dass die Aleüter keine Hunde mitgebracht hatten.

10 Ich schlich leise durch das Gestrüpp auf die Bergkuppe zurück. Vom Felsblock aus konnte ich den Feuerschein im Lager der Aleüter sehen. Ihre Zelte standen auf der Mesa[2], an der gleichen Stelle, wo die Jäger das letzte Mal gela-
15 gert hatten. Ich schätzte die Entfernung bis zu meiner Höhle auf weniger als eine halbe Meile. Lange stand ich

auf dem Felsblock und be-
obachtete die Lagerfeuer 20
und überlegte mir, ob ich nicht besser in einen anderen Teil der Insel übersiedelte, vielleicht in die Höhle der wilden Hunde. Die Männer würden mich hier kaum entdecken; sie ar- 25
beiteten den ganzen Tag am Strand oder jagten in ihren Kanus. Aber das Mädchen bedeutete eine Gefahr für mich. Auf der Suche nach Wurzeln und Samenkörnern konnte es sich in 30
die Schlucht verirren und trotz des dichten Gestrüpps unversehens auf die Quelle stoßen. Und dort würde es meine Spuren finden, die zur Höhle führten. […] 35
Rontu, der schlafend vor dem Höhleneingang lag, hob den Kopf, gähnte mich an und schlief wieder ein. Ich stand im Sonnenlicht und hielt eben den Rock an mich, als Rontu auf- 40
sprang. Ich hörte Schritte. Das Geräusch kam vom Bach her, und als ich mich blitzschnell umdrehte, sah ich das Mädchen. Es stand oben zwischen den Büschen und schaute zu mir 45
herab.
Mein Speer lehnte griffbereit am Eingang zur Höhle. Das Mädchen stand kaum zehn Schritte von mir entfernt und ich hätte mit einer einzigen Bewe- 50
gung den Speer packen und schleudern können. Warum ich es nicht tat, weiß ich nicht, da doch das Mädchen zu den Aleütern gehörte, die meine Leute in der Korallenbucht getötet hat- 55
ten.

---

1 **Aleüten:** Kette von ca. 70 Inseln, zu Alaska gehörig
2 **Mesa** (span.): Hochebene

Es sagte etwas. Da verließ Rontu
seinen Platz vor der Höhle und
ging langsam auf das Mädchen
60 zu. Das Fell sträubte sich ihm
im Nacken, dennoch ging er
zu dem Mädchen und ließ
sich von ihm streicheln.
Das Mädchen schaute mich an. Dann
65 machte es eine Bewegung mit der
Hand, als wollte es sagen, Rontu gehört jetzt ihm.
„Nein!", schrie ich und schüttelte heftig den Kopf.
70 Ich erhob den Speer.
Das Mädchen machte eine halbe Dre-
hung und ich dachte, es würde jetzt
gleich davonlaufen, aber dann machte
es wieder eine Bewegung mit der
75 Hand, was wohl heißen sollte, dass
Rontu mir gehöre. Ich glaubte ihm
nicht. Ich hielt den Speer wurfbereit
über der Schulter.
„Tutok", sagte das Mädchen, wobei es
80 mit dem Finger auf sich deutete. Ich
sagte ihm meinen Namen nicht. Ich
rief Rontu und er trottete zu mir
zurück. Das Mädchen schaute erst
Rontu an, dann mich, und lächelte. Es
85 war älter als ich, aber kleiner. Es hatte
ein breites Gesicht und kleine, sehr
dunkle Augen. Beim Lächeln zeigte es
die Zähne und ich sah, dass sie vom
vielen Sehnenkauen abgeschliffen wa-
90 ren, aber sie glänzten weiß wie das Innere einer Muschel.
In einer Hand hielt ich noch immer
das Kormorankleid[3] und das Mädchen
deutete mit dem Finger darauf und
95 sagte etwas. „Wintscha", sagte es. Es

klang ähnlich wie das Wort, das in
unserer Sprache „hübsch" heißt.
Ich war so stolz auf das Kleid, dass
ich an nichts anderes mehr
dachte. Der Speer befand sich 100
noch in meiner Hand, doch
ich beachtete ihn nicht, ich
hielt das Kleid hoch, sodass
die Sonne von allen Seiten
darauf fiel. 105
Das Mädchen sprang vom Felsen herunter, kam auf mich zu und berührte
das Kleid. „Wintscha", sagte es wieder.
Ich sagte nichts. Da ich sah, wie gern
das Mädchen mein Kleid angefasst 110
hätte, gab ich es ihm. Es hielt es an sich
und drehte sich damit hierhin und
dorthin. Es war sehr zierlich gebaut
und das Federkleid tanzte um seine Gestalt wie schäumendes Wasser, aber 115
ich hasste die Aleuter und nahm ihm
das Kleid wieder fort.
„Wintscha", sagte das Mädchen.
Ich hatte schon so lange keine Worte
mehr aus eines anderen Menschen 120
Mund vernommen, dass mich dieses
Wort ganz seltsam berührte, es tat
gut, es zu hören, auch wenn der
Mensch, der es aussprach, mein Feind
war. 125
Die Aleuterin sagte noch andere Wörter, die ich nicht verstand. Beim Sprechen blickte sie über meine Schulter
hinweg zur Höhle. Sie zeigte auf die
Höhle, dann auf mich und tat, als 130
zünde sie ein Feuer an. Ich wusste, was
sie von mir hören wollte, aber ich
sagte es nicht. Sie wollte wissen, ob ich
in der Höhle wohne, damit sie die
Männer holen und mich in ihr Lager 135
schleppen lassen konnte. Ich schüttelte den Kopf und deutete in die

3 **Kormoran:** großer Vogel, in der Nähe von Salz-
oder Süßwasser lebend

Ferne, nach der äußersten Spitze der Insel, denn ich traute ihr nicht.

140 Sie schaute immer noch zur Höhle hinüber, sagte jedoch nichts mehr.

Ich hielt den Speer, mit dem ich sie töten konnte, in der 145 Hand. Ich tötete sie nicht, trotz meiner Angst vor den Jägern. Sie trat nahe an mich heran und berührte meinen Arm. Ihre Berührung war mir zuwider. Sie 150 sagte noch ein paar Wörter, lächelte, drehte sich um und ging zur Quelle, wo sie trank. Im nächsten Augenblick war sie zwischen den Büschen verschwunden. Rontu machte keinen 155 Versuch ihr zu folgen. Sie verschwand ohne einen Laut.

Ich kroch in die Höhle und begann meine Körbe zu packen. Es blieb mir genügend Zeit dafür, denn die Män- 160 ner arbeiteten den ganzen Tag und kehrten erst am Abend in ihr Lager zurück.

Bei Einbruch der Dämmerung war ich bereit. Ich wollte das Kanu holen und 165 nach der westlichen Seite der Insel rudern. Dort konnte ich auf den Felsen schlafen, bis die Aleuter fortgingen. Wenn es sein musste, konnte ich jeden Tag an einer anderen Stelle schla- 170 fen.

Ich trug fünf Körbe die Schlucht hinauf und versteckte sie in der Nähe meines Hauses. Inzwischen war es finster geworden, aber ich musste ein letz- 175 tes Mal in die Höhle zurück um die zwei noch dort verbliebenen Körbe zu holen. Vorsichtig bewegte ich mich durch das Gestrüpp. Über dem Eingang blieb ich stehen und lauschte.

180 Rontu neben mir lauschte ebenfalls. Kein Mensch, der nicht seit langem in der Gegend wohnte, konnte sich nachts lautlos durch das Gestrüpp schlei- 185 chen. Rontu und ich lauschten angestrengt, doch wir hörten nichts.

Ich ging an der Quelle vorbei, wartete eine Weile und schritt dann auf die Höhle zu. Jemand war hier gewesen, 190 das spürte ich.

Jemand war hier gewesen, seit ich die Schlucht das letzte Mal verlassen hatte. Die Aleuter konnten sich im Dunkel versteckt haben und mich be- 195 obachten.

Ich hatte solche Angst, dass ich die Höhle nicht zu betreten wagte. Als ich mich umdrehte um wegzulaufen, sah ich etwas vor der Öffnung liegen, auf 200 dem flachen Stein, den ich als Stufe benutzte. Es war eine Halskette aus schwarzen Steinen, wie ich sie noch nie gesehen hatte.

Die Höhle betrat ich nicht. Auch die 205 Kette auf dem Stein rührte ich nicht an. Ich verbrachte die Nacht auf dem Felsen, wo ich meine Körbe versteckt hatte. Am frühen Morgen kehrte ich in die Schlucht zurück. Dort verbarg 210 ich mich auf einem Felsvorsprung, der mit Büschen bestanden war. Er befand sich dicht bei der Quelle, und von seinem Rücken aus konnte ich den Eingang zur Höhle beobachten. 215

Die Sonne ging auf. Ihre Strahlen erhellten die Schlucht. Ich sah die Halskette auf dem Stein liegen. Die schwarzen Steine sahen jetzt noch schwärzer aus als in der Nacht. Es wa- 220 ren viele. Ich wäre gerne hinuntergegangen um sie zu zählen und um zu sehen, ob die Kette lang genug für zwei Schlingen war, ²²⁵ aber ich widerstand der Versuchung und rührte mich nicht vom Fleck.

Den ganzen Morgen lag ich wartend auf dem Felsen. Als Rontu ²³⁰ bellte, stand die Sonne schon über uns. Ich hörte Schritte unter mir und dann kam das Mädchen singend aus dem Gebüsch hervor. Es näherte sich der Höhle, aber als es die Halskette auf dem ²³⁵ Stein liegen sah, verstummte es. Es hob die Kette auf, legte sie wieder hin und spähte durch das Loch in die Höhle. Meine beiden Körbe standen immer noch dort. Dann ging es zur ²⁴⁰ Quelle, trank und bewegte sich auf das Gebüsch zu, aus dem es gekommen war. Ich rutschte den Abhang hinunter.

Ich sprang auf die Füße. „Tutok!", rief ich, „Tutok!" Das Mädchen musste ²⁴⁵ hinter den Büschen gewartet haben, denn fast im gleichen Augenblick kam es wieder zum Vorschein.

Ich lief auf den Stein zu, legte ²⁵⁰ mir die Kette um den Hals und drehte mich um, damit es mich bewundere. Die Kette war so lang, dass ich sie mir nicht zweimal, sondern dreimal um den Hals ²⁵⁵ schlingen konnte. Die Kugeln waren länglich und oval statt rund wie unsere Glasperlen; um sie zu formen musste jemand sehr geschickt gewesen sein und lange daran gearbeitet haben. ²⁶⁰ „Wintscha", sagte das Mädchen.

„Wintscha", antwortete ich und das Wort klang seltsam in meinem Munde. Dann sagte ich das Wort, das in unserer Sprache „hübsch" bedeu- ²⁶⁵ tete.

[…]

Im Morgengrauen erst kehren die großen Lesegeister zurück. Sie ahnen nicht, dass der kleine Bücherfetz gerade auf fernen Inseln spukt, im Traum, versteht sich.

In der Abenddämmerung, kaum erwacht, huscht unser kleiner Bücherfetz in die Bibliothek. Er möchte endlich wissen, wie man Bücher richtig ausleiht. Der Bibliothekar lädt gleich alle jungen Lesegeister zu einem Vortrag ein.

Sehr verehrte Lesegeister,

richtig in Bibliotheken spuken ist … hmhm … ganz einfach. Man erscheint zur Öffnungszeit in der Jugendbücherei, Stadtbibliothek, Mediothek[1] usw. Am Auskunftschalter bekommt ihr einen Benutzerausweis. Darauf ist euer Name, Vorname und eure Anschrift einzutragen. Wer das alles auf einmal noch nicht im Kopf hat, erkundigt sich am besten vorher bei den großen Lesegeistern. Dann geht es auf Büchersuche. Eure Lieblingsbücher könnt ihr leicht aufstöbern. Sie verstecken sich nämlich nicht, sondern stehen ordentlich im Regal; wenigstens dann, wenn sich nicht wieder ein Bücherfetz ausgetobt hat. Die Bücherregale sind zum Beispiel so gekennzeichnet:

1   Märchen und Fabeln,
2   Sagen – Legenden – Volksbücher – Schwänke,
3   Erzählungen (für Lesegeister von 9 bis 13 Jahren),
4   Erzählungen, Romane (für Lesegeister von 13 Jahren an) und
5   – du, Fetz, pass auf! – Sachbücher (für Lesegeister von 9 Jahren an; Sachbücher sind zum Beispiel Bücher über Länder- und Völkerkunde, Sport, Spiel, Basteln).

1 **Mediothek:** um die Medien (Film, Funk, Fernsehen) erweiterte Bibliothek

Ihr könnt die Bücher an- und ausprobieren, wie … hmhm … im Schuhladen die Sandalen. Diejenigen Bücher, die euch passen, schleppt ihr zum Schalter „Ausleihe". Dort wird aufgeschrieben oder im Computer gespeichert, was ihr entleiht. Jetzt habt ihr Lesestoff für einige Wochen. Macht euer eigenes Kino im Kopf, entspannt euch. Und für die Geisterschule bringt's auch was. Geht die Leihfrist zu Ende, bringt ihr die entliehenen Bücher zurück. Ihr gebt sie – du, Fetz, pass auf! – ohne Spuren eurer Lesegeisterpfötchen an der „Rückgabe" ab. Zum Schluss möchte ich noch ganz … hmhm … der Hoffnung Ausdruck verleihen, dass ihr alle bei mir hereinhuscht. Übrigens: Rund die Hälfte aller Lesegeister an meiner Bibliothek ist jünger als 16 Jahre. Ich empfehle ihnen besonders die Bücher, die den Deutschen Jugendliteraturpreis gewonnen haben. Darunter sind auch Sachbücher. Dir, Bücherfetz, zeige ich auch gern die Bücher, die wir nach deinem Nachtbesuch reparieren mussten. Es waren fünf Titel:

Liselotte Welskopf-Henrich: Die Söhne der großen Bärin. Bd. 1. Harka (Textfetzen A und G),
Mark Twain: Die Abenteuer des Tom Sawyer (Textfetzen D und H),
Lisa Tetzner: Der Fußball (Textfetzen B und F),
Enid Blyton: Fünf Freunde beim Wanderzirkus (Textfetzen C und J),
Max von der Grün: Vorstadtkrokodile (Textfetzen E und K).

Herzlichen Dank dafür, dass ihr eure Geisterohren gespitzt habt!

RÜCKGABE

Selma Lagerlöf
Holgersson

Benno Pludra
Das Herz
des Piraten
Bilder von Jutta Bauer

Moritz in der
Litfaßsäule

Peter Härtling
JETTE

Scott O'Dell:
Insel der
blauen Delphine

Rudyard Kipling
Das große
Dschungelbuch
Dressler

229

Heute schrieb Bücherfetz in sein
Tagebuch:
„War wieder in der Bibliothek.
Bei Tag sieht sie aus wie eine große
Höhle mit wirren Gängen. Ich war
gespannt, wie man mitten am Tag
Bücher findet. Es ging ruckispuki!
Und morgen werde ich Plakate
entwerfen: Wer liest, der …
Ach, mir fällt schon was ein
…"

Wir suchen Lesefreunde für unsere Lieblingsbücher

Das geht so: Auf einer Karteikarte stellen wir unsere Lieblingsbücher vor.
Zur Vorstellung gehört, dass man knapp das Wichtigste über ein Buch schreibt, z. B. Autor, Titel, Verlag, Erscheinungsort, Erscheinungsjahr.
Dann erzählst du kurz, worum es in diesem Buch geht. Was dir sehr gut gefällt, aber auch, was dir vielleicht weniger gefällt, das kannst du anschließend in wenigen Sätzen zusammenfassen.

Diese Karteikarten werden im Klassenzimmer in einem Schuhkarton gesammelt. Wann immer sie die Leselust packt, können Mitschüler und Mitschülerinnen in diesen Karteikarten stöbern.
Die empfohlenen Bücher kann man dann direkt in der Klasse oder in einer Bibliothek ausleihen. Und man darf sich Bücher auch als Geschenk wünschen!

Astrid Lindgren: Mio mein Mio
(Verlag Friedrich Oetinger, Hamburg 1955)
Das Buch handelt von einem Waisenjungen, Bo Vilhelm Olsson,
der bei Pflegeeltern in liebloser Umgebung aufwächst. Sein
Vater soll angeblich nach seiner Geburt abgehauen sein
und hat nichts mehr von sich hören lassen. Bo Vilhelm Olsson
sehnt sich oft nach ihm. Auf geheimnisvolle Weise findet er
das „Land der Ferne", in dem sein Vater König ist. Bo Vilhelm
Olsson wird zum Prinzen Mio, der gegen das Böse kämpfen
muss. (Das Buch hat den Deutschen Jugendliteraturpreis
bekommen.) Astrid Lindgren ist es gelungen, Spannung und
Abenteuer gut darzustellen.
Sonja Kohler

Michael Ende: Der satanarchäolügenialkohöllische Wunschpunsch
              Thienemanns Verlag, Stuttgart 1989
Der geheime Zauberrat Beelzebub Irrwitzer und seine Tante, die Geld-
hexe Tyrannja, haben Probleme: Das Jahr neigt sich seinem Ende
zu und beide haben ihr Soll an bösen Taten noch lange nicht
erfüllt. Daran sind nur Kater Maurizio und der Rabe Jakob
schuld. Doch mit einem besonders raffinierten Plan könnte es
noch gelingen den Rückstand an bösen Taten aufzuarbeiten.
Maurizio und Jakob entdecken die finsteren Absichten, aber
können sie diese auch verhindern? Ein Wettlauf mit der
Zeit beginnt ...
Kritik: Das Buch, in dem ein Kater und ein Rabe die Haupt-
       rollen spielen, ist spannend und fantasievoll erzählt.
Es wird alles ganz genau beschrieben und es enthält viele witzige Stellen. An diesem Buch stimmt
einfach alles.   Martin Stach

Wir spielen in der Körpersprache

Wir alle sprechen mit dem Körper und teilen uns etwas mit, auch wenn kein Wort fällt. Verstehen wir aber alle dasselbe? Unsere Wörtersprache hat der Körpersprache vieles abgeschaut. Man sagt z.B.: Er oder sie rauft sich die Haare, zieht die Brauen hoch, macht große Augen, zeigt die Zähne, macht ein langes Gesicht, lässt den Kopf hängen, zuckt mit den Achseln, zeigt die kalte Schulter, nimmt jemanden auf den Arm, geht in die Luft.

Schauspieler können ihren Körper besonders gut sprechen lassen. Doch jeder von uns spricht auf der Bühne des Alltags in der Körpersprache, oft, ohne dass er es merkt.

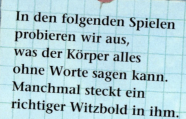

In den folgenden Spielen probieren wir aus, was der Körper alles ohne Worte sagen kann. Manchmal steckt ein richtiger Witzbold in ihm.

So früh am Morgen
Alle stellen für sich dar, wie sie aufwachen, sich räkeln, schließlich aufstehen, sich ankleiden, früh-stücken und das Haus verlassen.

Die lange Wanderung
Alle legen gemeinsam einen weiten Weg zurück. Er führt z.B. über heißen Asphalt, Glatteis, durch Tiefschnee, steil aufwärts und abwärts. Schon drücken die Schuhe. Barfuß geht es weiter über Kieselsteine, Sand, durch Brennnesseln und einen kleinen Bach.
Alle bewegen sich so, dass man sehen kann, auf welchem Untergrund sie sich gerade befinden.

Hhm – iigitt
Alle drücken für sich aus, wie sie in etwas scheinbar Leckeres beißen. Die vermeintliche Köstlichkeit schmeckt aber eklig.

Ausflug der Zootiere
Die Tiere im Zoo haben Ausgang. Paarweise machen sie sich auf den Weg zur Stadt (klar: je zwei Schüler verabreden heimlich, welche Tierart sie vorstellen). Die Zuschauer teilen dem Zoodirektor mit, um welche Tierart es sich handelt.

Die stummen Feinschmecker
Alle sitzen im Kreis. Jeder teilt – ohne Wörtersprache – seinem Nachbarn mit, was er isst und trinkt und wie es ihm schmeckt.

Von hier nach da – die geheimnisvolle Beförderung
Alle sitzen im Kreis. In der Mitte sind, ungefähr drei bis vier Meter voneinander entfernt, zwei Punkte festgelegt. Der Reihe nach bringt jeder einen Gegenstand, den er sich nur vorstellt, so von hier nach da, dass die übrigen Schüler erraten können, was es war, z.B. eine Vogelfeder, ein Fahrrad, ein Eisblock, ein Müllsack.
Wem kein Gegenstand mehr einfällt, wenn die Reihe an ihn kommt, der setzt einfach aus.

Die ständige Verwandlung
Ein rühriger Zauberer verwandelt uns immer wieder. Alle gehen und bewegen sich z.B. als Kleinkind, Oberstufenschüler, Blinder, Briefträger, Schönheits-königin, Detektiv, Bundeskanzler …

Familie Patschtoll

Familie Patschtoll führt ein aufregendes Leben. Stets passiert etwas Verkehrtes, sogar die einfachsten Dinge gehen schief. Die Milch kocht über, Hautcreme und Zahnpasta werden verwechselt, die Lockenwickler landen im Kühlschrank usw. Spielt einen solchen Vorgang stumm vor. Benutzt dabei einen tatsächlich vorhandenen Gegenstand. Spielt so, dass die Mitschüler und Mitschülerinnen erraten können, welches Familienmitglied etwas macht, was getan wird und was dabei schiefläuft.

Bald sind wir dran

Wir sitzen mit unserem Lieblingstier beim Tierarzt im Wartezimmer. Unser Tier ist unsichtbar. Aber wir behandeln es so, dass die übrigen Wartenden ahnen können, um welches Lieblingstier es sich handelt.

Schaut alle her!

Ein Angeber besteigt im Schwimmbad das Fünfmeterbrett und springt (nicht).

Schon von weitem

Menschen, die sich mögen, holen sich manchmal ab, wenn sie getrennt waren. Dabei kann man schon von weitem erkennen, wie es dem andern geht. Stell dir vor, du wirst abgeholt, z. B. nach einem gewonnenen Sportwettkampf, nach einer missglückten Klassenarbeit, nach einer unvergesslichen Geburtstagsfeier, nach einer Ferienreise ohne Eltern usw. Versuche schon von weitem ohne Worte zu zeigen, wie es dir geht. Vielleicht hilft es dir, wenn du einen Gegenstand zur Hand nimmst. Die Mitspieler versuchen die Situation und deine Gefühle zu erkennen.

Was hat denn bloß mein Vordermann?

Im Omnibus, in der Kirche, in einer Schlange von Wartenden und auch sonstwo sehen wir andere Menschen nur von hinten. Trotzdem können wir manchmal ahnen, in welcher Stimmung sie gerade sind. Schreibt je zwei Stimmungen oder Gefühle auf einen Zettel, z. B. Wut, Heiterkeit, Trauer und Aufregung. Jeweils zwei Spieler ziehen zusammen einen der Zettel. Sie setzen sich mit dem Rücken zu den Mitschülern und versuchen die Gefühle auszudrücken.

Jetzt spielt auch die Stimme mit

Lautedeutsch

„Aah", „iih", „boiing", „schschsch" – manchmal verständigen wir uns mit Lauten oder Lautfolgen, die etwas bedeuten, obwohl sie keine Wörter sind. Oft sagt auch schon die Tonhöhe oder die Lautstärke etwas.

Wir ziehen Zettel aus dem Gefühletopf (schaut bei der Spielanleitung „Was hat denn bloß mein Vordermann", S. 235, nach) und versuchen die Gefühle in Lautedeutsch auszudrücken. Sehr gefühlvoll wird es, wenn wir das alle gleichzeitig machen.

Ilona Bodden

Das grüne Froschhaus

In dieser Geschichte geht es recht lustig zu. Vieles kann man im stummen Spiel darstellen. Nicht einmal die Gegenstände müssen tatsächlich vorhanden sein, nur vielleicht viele grüne Papiertücher.
Einiges kann man in Lautedeutsch ausdrücken, z.B. die Zufriedenheit der Frösche und die Unzufriedenheit Friedrichs. Probiert, an welchen Stellen man die Wörtersprache noch braucht. Bei diesen Stellen könnte ein Erzähler das Geschehen erklären.

Die nassen grünen Frösche wohnten im nassen grünen Teich und waren sehr zufrieden.
5 Sie genossen die frische Luft und das schöne schlammige Wasser, sie stopften sich bis an den Hals mit Mücken und Fliegen voll, sie lagen mit verschränkten Beinen auf der Entengrütze[1] und sangen quick und quack.

1 **Entengrütze:** winzige schwimmende Wassergewächse

Nur der Frosch Friedrich war wieder 10 einmal mit allem unzufrieden und wollte unbedingt etwas Neues.
„Quark", quakte er, „quorr – es geht wirklich nicht länger, dass wir in dem nassen grünen Teich wohnen. Ordent- 15 liche Leute leben in einem Haus!"
„In einem Haus!", staunten die anderen Frösche und rissen verwundert ihre Glotzaugen auf. Der Gedanke, dass man in einem Haus wohnen 20 konnte, war ihnen noch nie gekommen.
Friedrich der Frosch aber sonnte sich in der allgemeinen Bewunderung.
„Quarr", quakte er, „quorr – und or- 25 dentliche Leute haben Gardinen an ihren Fenstern! Breckeckekex!"
„Gardinen!", wiederholten die anderen Frösche bestürzt und schüttelten fassungslos ihre grünen Köpfe. Was in 30 aller Welt mochte das denn nun wieder sein?
„Und dass wir mit übergeschlagenen

Beinen auf der Entengrütze liegen,
gehört sich wahrhaftig auch nicht länger", quakte Friedrich der Frosch triumphierend. „Ordentliche Leute liegen in einem Bett! Quack!"

„In einem Bett!", echoten die anderen Frösche betroffen. Wie war das alles doch sonderbar ...

„Wir sind keine Leute, wir sind Frösche", bemerkte der älteste Frosch weise. „Quack, quack – breckeckekekex!"

„Wir wollen ein Haus – wir fordern Gardinen – wir verlangen Betten!", brüllten die anderen Frösche und schwenkten begeistert ihre grünen Taschentücher. „Hurra – es lebe der Fortschritt! Quack quack – breckeckekex!"
Da hielt der älteste Frosch erschrocken seinen Mund. Es war sowieso das Einzige, was ihm zu tun übrig blieb.

Die anderen Frösche aber begannen fieberhaft zu arbeiten. Sie bauten ihr Haus in Rekordzeit mindestens fünfzig Meter vom nassen grünen Teich entfernt. Dann strichen sie es in ihrer Lieblingsfarbe Grün und stellten lauter grüne Betten darin auf. Zum Schluss befestigten sie noch grüne Gardinen an den Fenstern. Und den ältesten Frosch schubsten sie in den hintersten Winkel.

„Hurra!", brüllten alle. „Friedrich der Frosch soll leben! Zum Storch mit dem grünen Teich!" Und dann zogen sie begeistert in ihr neues Heim.

Aber ach: Schon am nächsten Morgen gab es lange grüne Gesichter. Denn die grünen Betten waren schrecklich trocken und der nasse grüne Teich war, wie wir wissen, mindestens fünfzig Meter entfernt. Auch hielten die grünen Gardinen nicht nur die frische Luft zurück, sondern obendrein die Mücken und Fliegen – und um es auch nur einigermaßen gemütlich zu haben hüpften die grünen Frösche täglich mehrere Male zum nassen grünen Teich, wo sie sich begierig um das grüne schlammige Wasser drängten.

Wenn die Sonne schien, wollten alle im obersten Stockwerk sitzen, weshalb das grüne Haus einige Male bedrohlich hin- und herwackelte. Bei Regenwetter hockten alle zusammen im Erdgeschoss und traten sich gegenseitig auf die Füße.

Vom vielen Herumhüpfen wurden sie schließlich mager und vom Quick-und-Quack-Singen konnte auch keine Rede mehr sein. Doch natürlich wagte niemand etwas zu sagen, damit man ihn um Himmels willen nicht für altmodisch hielt.

Dem ältesten Frosch jedoch wurde die Geschichte eines Tages zu dumm – täglich mehrere Male fünfzig Meter zu hüpfen war eben kein Spaß für ihn und er kam aus seinem dunklen Winkel hervorgekrochen.

„Macht ihr, was ihr wollt!", quarrte er und winkte mit seiner nassen grünen Pfote, „aber ich hüpfe jetzt zum nassen grünen Teich zurück. Quack!"

„Wir auch! Wir auch! Wir kehren zum nassen grünen Teich zurück – quack, quack, hurra!", quakten die anderen Frösche begeistert und hüpften, hüpften, hüpften aus Leibeskräften, denn sie konnten es kaum erwarten, wieder daheim zu sein. Und so wohnten die nassen grünen Frösche wieder im nassen grünen Teich und waren sehr zufrieden. Sie genossen die frische Luft und das schöne schlammige Wasser, sie stopften sich bis an den Hals mit Mücken und Fliegen voll, sie lagen mit verschränkten Beinen auf der Enten-grütze und sangen quick und quack.

120

Vom grünen Froschhaus benutzte das obere Stockwerk der schwarz-weiße Storch als Vorratskammer, in das un-tere aber zog eine Hamsterfamilie ein und strich es feuerrot an.

125

Maskenwerkstatt

Kleister-Froschköpfe kann man sehr leicht basteln. Man braucht drei Luft-ballons, altes Zeitungspapier, Tapeten-kleister, Wasserfarben und eine Schere. Zuerst blast ihr einen Ballon stark auf. Er soll etwas größer als euer Kopf werden. Die beiden andern dürfen Bällchen bleiben. Ihr braucht sie für die Froschau-gen. Jetzt klebt ihr viele Fetzen einge-kleistertes Zeitungspapier auf die Bal-

lons, bis mehrere Papierschichten darauf sind. Ein bis zwei Tage muss das Werk austrocknen. Dann halbiert ihr den gro-ßen Ballon und schneidet Augenlöcher (für euch) heraus. Über diese kommen die kleinen Ballons als Froschaugen. Schwar-ze Farbe, grüne Farbe – fertig ist der Frosch.
Kennt ihr noch andere Tricks der Masken-machermeister?

Schminkwerkstatt

*Schminken heißt nicht: sein Gesicht völlig verändern oder gar verlieren. Eindrucks-
voll schminkt man sich und andere, indem man die besonderen Züge eines Gesichts
betont oder übertreibt.*

 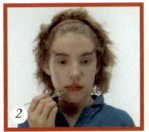 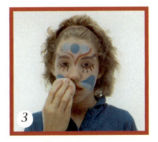

1. *Zuerst verteilt man mit einem Schwämmchen eine Grundtönung, meist aus
   Fettschminke, im ganzen Gesicht.*
2. *Augen, Nase und Mund hebt man mit Pinsel, Schmink- und Lippenstift hervor.
   Die Augenbrauen überzeichnet man mit vielen kleinen Strichen, die wie Härchen
   aussehen. Wimpern betont man mit Wimperntusche oder mit künstlichen Wimpern. Für einen Lidschatten nimmt man eine dunkle Farbe. Mit einem Schmink-
   stift malt man den gewünschten Umriss des Mundes auf. Das Innere füllt man
   mit Lippenstift aus.*
3. *Fettschminke im Gesicht überpudert man mit Transparenzpuder.*

Achtung: *Zum Abschminken braucht man Vaseline und Toilettentüchlein.
Wenn man Arme, Beine oder den bloßen Oberkörper schminkt – zum Beispiel um
einen Frosch darzustellen –, braucht man Nassschminke.*

Jetzt geht das Theater richtig los

In den Szenen des folgenden Stücks „Der Krämerskorb" (S. 241) geht es hoch her.
Man kann sie reizvoll spielen.
Im Bürstentheater geht das so:

Im Schattentheater wird zwischen einer Lichtquelle und einem gespannten
Tuch gespielt.

Auch verkleidet und geschminkt kann man spielen. ▶

Hans Sachs

Der Krämerskorb

PERSONEN: *der Knecht, der Krämer[1], die Krämerin, der Herr, die Frau, die Magd*

KNECHT: Mein Herr sagt: „Heinrich, hole Wein!"
Drum lauf ich rasch und kauf ihn ein.
Dass ich versäum das Essen nicht,
Das man doch schon hat angericht'! –
5   Ei, schau, schau, schau, was ist da vorn,
Dort bei der Tür vom „Gold'nen Horn"? –
Ein Krämer schimpft mit seiner Frau!
(Krämersleute kommen)

KRÄMER: Nimm jetzt den Korb und lass uns gehn!
10   KRÄMERIN: Das wollen wir doch erst mal sehn!
Ich sollt' ihn tragen übers Feld,
Obgleich du nachts verspielt das Geld?
Liebtest den Handel du so viel
Wie Würfel- oder Kartenspiel,
15   Dann nähme unser Kram wohl zu!
Doch nein, sag nur, wie haushalt'st du?
Grad wie ein bodenloser Kübel!!!

KRÄMER: Hast nun genug zitiert die Bibel!
Ich will kein Kartenspiel mehr sehn!
20   Nimm jetzt den Korb und lass uns gehn!

KRÄMERIN: Wie oft hast du mir das versprochen
Und später stets den Eid gebrochen,
Kamst du zu deinen Spießgesellen,
Falschspielern, die dir Fallen stellen.
25   Verlierst und tust's doch immer wagen ...

---

1 Krämer: jemand, der mit „Kram" (Ware) handelt

		Drum will ich auch den Korb nicht tragen!
		Trag du ihn!!!
	KRÄMER:	Nein, ich lass ihn stehn!
	KRÄMERIN:	Nun gut!
30	KRÄMER:	Komm, Alte, lass uns gehn!
		Nimm du den Korb auf deinen Rücken!
		Verlor ich heut – wird's morgen glücken!
	KRÄMERIN:	Rein gar nichts werden wir gewinnen!
		Nein, alles seh ich nur zerrinnen.
35		Das, was wir haben, ist geborgen,
		Und du sagst stets nur: morgen, morgen!
		Schluss! Aus! Ich werd den Korb nicht tragen!
	KRÄMER:	Nun, liebe Kratz-Els, lass dir sagen,
		Dass wir nichts haben, da tust du
40		Auf deine Art auch viel dazu!
	KRÄMERIN:	Dass wir nichts haben, tu ich – was???
	KRÄMER:	Ei, wo wir ziehen auf der Straß',
		Holst du aus deiner Schürzentasche
		Bei jeder Rast die Branntweinflasche!
45	KRÄMERIN:	Was tust um meinen Schnaps dich scheren?
	KRÄMER:	Was tust du mir mein Spiel verwehren?
		Trink ich ein Glas, gleich zwei willst du!
		Und einen Brocken Fleisch dazu!
		Wir sind zwei Scheit' aus einem Holz!
50		Drum nimm den Korb und sei nicht stolz!
	KRÄMERIN:	Und wenn du wie ein Zeislein sängest
		Und wie ein Böcklein um mich sprängest,
		Ich trag ihn nicht!
	KRÄMER:	Ich lass ihn stehn!

55 KRÄMERIN: Dann werden wir halt ohne gehn!

KRÄMER: Nun ist's genug! Den Korb!

KRÄMERIN: Da steht er!

KRÄMER: Da nimm ihn!

KRÄMERIN: Nein, du schwarzer Peter!

60 KRÄMER: Dann nimm halt dies, versoff'ne Blas'!

KRÄMERIN: Und du nimm dies!

KRÄMER: Und du nimm das!!! *(Krämersleute ab)*

KNECHT: Die Kräm'rin hat den Kampf gewonnen. –
Mein Gott, was bin ich unbesonnen,
65 Steh da – und hab den Wein vergessen,
Dieweil mein Herr bereits am Essen!

HERR: Wo mag denn unser Hausknecht sein?
Ich denk, er brächte uns den Wein!
Vielleicht tut er mit Knechten händeln?

70 FRAU: Nein, eher mit den Mägden tändeln!
Mit Suse, Grete, wie sie heißen!
Was wird er uns für Ausred' weisen? –
Schau nur, dort kommt der Schlendrian[2]
So träge wie ein Ochse an!

75 Knecht: Gott segne euch den kühlen Wein!

HERR: Herein! In Henkers Namen, rein!
Nun sind wir fast zwei Stund' gesessen
Und haben ohne Trank gegessen!
Dir geb ich's, so lang rumzulungern:
80 Die Töpf' sind leer, nun musst du hungern!

---

2 **Schlendrian:** Faulenzerei, Schlamperei

KNECHT: Ach, lieber Herr, so zürnet nicht.
Ich kam zu einer wüsten G'schicht:
Ein Krämer hat sein Geld verspielt,
Drob war die Krämerin so wild,
85 Dass sie den Korb nicht wollte tragen;
Da haben sich die zwei verschlagen ...
Dem Streit hab ich halt zugesehn!

FRAU: Dem Krämer ist ganz recht geschehn!
Dass er den schweren Korb muss nehmen:
90 Wer's Geld verspielt, der soll sich schämen!
Bei mir gäb's da kein Federlesen!

HERR: Wär ich der Krämersmann gewesen,
Und wär beim Spiel ums Geld gekommen:
Du hätt'st den Korb bei Gott genommen!
95 Die Bibel sagt es ganz genau:
Dem Mann sei untertan die Frau!
Und deshalb müsstest du ihn tragen!

FRAU: Mein lieber Mann, so lass dir sagen:
Wenn so ein Mann sein Geld vertut
100 Und sonst auch ist ein Tunichtgut,
Meinst nicht, der trüg' den Korb mit Recht?

HERR: Oh, 's gibt auch Frauen, welche schlecht,
Die nur nach neuen Kleidern trachten,
Mit Augen nach den Männern schmachten.
105 Mal wolln sie Schuh', mal wolln sie Hüte,
Und so geht's fort, du liebe Güte!
Meinst nicht, der Korb gehörte jenen?!

FRAU: Nun, ich gehör ja nicht zu denen!

	HERR:	Ach, du bist auch nicht hasenrein!
110	FRAU:	Was, ich sollt' auch so eine sein?
		Jetzt tät' ich ihn erst recht nicht tragen,
		Und würdest du mir's zehnmal sagen!
	HERR:	Wenn ich es aber haben wollte!
	FRAU:	Ich nähm' ihn nicht, und wenn ich sollte!
115	HERR:	Tät' dir schon auf die Finger hauen!
	FRAU:	Mein Gott, du tust dich ja nicht trauen!
	HERR:	Da!!!
	FRAU:	Au!!! Ich will's den Freunden klagen,
		Dass du mich wegen nichts geschlagen!
120	HERR:	Nun denn, ich hab schon einen Grund:
		's war wegen deinem bösen Mund!!!!
	FRAU:	Hast selber einen!
	HERR:	Gleich gibt's mehr!
	FRAU:	Oh, bitte schön, so schlag doch her!
125	HERR:	Na gut! So renn doch nicht davon!
	FRAU:	Zu Hilf, zu Hilf!
	HERR:	Ich fang dich schon! *(Herr und Frau ab)*
	KNECHT:	Au! Patsch! Jetzt sie! Und jetzt der Mann!
		Und nur der Korb ist schuld daran!
130		Und nicht nur er, auch ich im Grund:
		Ein andermal halt ich den Mund!!!

	MAGD:	Ei, lieber Heinz, was war da eben?
		Die haben es sich schön gegeben!
	KNECHT:	Ach, nichts! – Die beiden stritten sich!
135	MAGD:	Sie hatten Krach, das sah auch ich!
		Erzähl, warum sie sich versohlt?!
	KNECHT:	Ich hab doch vorhin Wein geholt,
		Da sah ich einen Krämersmann …

	MAGD:	Aha!
140	KNECHT:	Mit einem Korb …
	MAGD:	Und dann???
	KNECHT:	Der Krämer hatte Geld verspielt …
	MAGD:	Drauf?
	KNECHT:	War die Krämerin halt wild!
145		„Trag du den Korb!", schrie sie.
	MAGD:	Und er?
	KNECHT:	„Trag du ihn!" So ging's hin und her!
		„Ich nehm ihn nicht um alle Welt!"
		„Wer hat heut Nacht verspielt das Geld?!!!"
150		„Dein Korb, mein Geld sind zweierlei!"
		Am Schluss verdroschen sich die zwei!
		Kurz, ich erzählte hier davon –
		Die Frau schrie gleich in wildem Ton:
		„Die Krämerin war ganz im Recht!"
155	MAGD:	Nicht schlecht, sag ich, nein, gar nicht schlecht!
	KNECHT:	Der Herr war für den Krämersmann.
		So ging der Korb-Streit nochmals an!
		Am Schlusse schlugen sich die beiden!
	MAGD:	Wo's doch so leicht wär zu entscheiden!
160		Wenn ich wär an der Kräm'rin Stelle …
	KNECHT:	… du trügst den Korb auf alle Fälle!
		Sonst gäb' es eine auf den Latz!!!
	MAGD:	Von dir?
	KNECHT:	Von mir, jawohl, mein Schatz!!!

165	MAGD:	Versuch's, wer besser dreschen kann!
	KNECHT:	Geht's nochmals los?
	MAGD:	Wer fing denn an?
	KNECHT:	Nun, liebstes Mädchen, vielleicht ich???
	MAGD:	Nenn nur nicht immer „Liebste" mich!
170		Mit jedem Mädchen anzubändeln
		und allen Mägden rumzutändeln!!!
		Und dann zu mir mit „Liebste" kommen!
	KNECHT:	Oh, du bist auch nicht von den Frommen!
	MAGD:	Und so etwas sagst du zu mir?
175	KNECHT:	Na, gibst du's zu, der Korb ist dir!
	MAGD:	Und dir, du Lump, gehört wohl das!
	KNECHT:	Aaahh!
	MAGD:	Ooooohh! Wart nur! – So jetzt! *(Magd ab)*
	KNECHT:	Die saß!!!
180		Was hat der Korb für Streit gebracht,
		Mein Gott, wer hätte das gedacht!
		Erst Krämerin und Krämersmann,
		Die Herrin und der Herr sodann,
		Drauf war's die Magd, die mich verschlug!
185		Nun ja, aus Schaden wird man klug:
		Wenn zwei sich schlagen, seid gescheit,
		Und mischt euch nicht in deren Streit,
		Enthaltet euch des dummen Krachs!
		Den guten Rat gibt euch: Hans Sachs!

1 Erprobt die drei Spielweisen (siehe S. 240 f.) in Gruppen. Findet heraus:
   - Worauf muss man bei den einzelnen Spielweisen besonders achten?
   - Was fällt in den einzelnen Spielweisen jeweils leichter, was schwerer als in den übrigen?
   - Könnte man in einer Vorstellung alle drei Spielweisen anwenden? Welche Spielweise passt zu welcher Szene?
   - Was könnte man kürzen oder ändern?

Lauter Bekannte

Hans Kossatz

Vater Kaiser und Dackel Willi

In dieser Bildergeschichte geschieht nicht viel.
Und trotzdem kann man viel über Vater Kaiser und seinen Dackel erfahren.

Was Vater Kaiser mit seinem Dackel so alles erlebt, erzählt zum Beispiel die folgende Bildergeschichte.

1   Natürlich will der Wachmann eine Erklärung. Vater Kaiser muss also erzählen, was er zu nachtschlafender Zeit auf dem Gelände der Holzverarbeitungsfirma zu suchen hat. Spielt diese Szene in einem Stegreifspiel.

2   Ihr könnt die ganze Geschichte auch aus der Sicht des Wachmanns erzählen.

e. o. plauen

Vater und Sohn

Vater und Sohn – wer kennt sie nicht, diese kleinen humorvollen Bildergeschichten? 1934 im Dezember erschien die erste in der „Berliner Illustrirten" und von da an in jeder Wochenausgabe neu. Drei Jahre lang zeichnete e. o. plauen Szenen und Begebenheiten aus dem Leben dieser beiden, die rasch über die Grenzen Berlins in ganz Deutschland bekannt wurden.

1 Vater-und-Sohn-Geschichten sind vielen von euch sicher bekannt. Prüft einmal am Beispiel auf S. 251, welche Situationen der Zeichner herausgegriffen
hat und wie er seine Geschichte aufbaut.
Vergleicht diese Bildergeschichte mit den beiden vorangehenden.

2 Eine solche Geschichte kann man auch erzählen. Etwa so:

Willi Möser ist auf dem Weg nach Hause. Es ist wieder einmal spät geworden im „Goldenen Löwen" und so ganz nüchtern ist er auch nicht mehr. Als er an einem besonders schön gebauten Schneemann vorbeikommt, kann er sich nicht zurückhalten. Ein Schubs – und der Schneemann stürzt in sich zusammen. Willi Möser denkt noch: „Ach, die können ja morgen wieder einen neuen bauen", und macht sich beschwingt auf den Heimweg. Am nächsten Morgen
...

Wie könnte die Geschichte weitergehen? Vergleicht die so entstandene Geschichte mit der Bildergeschichte. Ist das noch dieselbe Geschichte?

3 Ihr könnt die Geschichte mit dem Schneemann auch aus einer anderen Perspektive[1] erzählen. Zum Beispiel aus der Sicht des kleinen Jungen.

4 Stellt euch vor, ihr wolltet die Geschichte mit dem Schneemann verfilmen. Ein Kameramann mit einer tragbaren Videokamera steht euch zur Verfügung und wartet auf eure Anweisungen.

E.O. PLAUEN

Wer war e. o. plauen? Eigentlich hieß der Zeichner Erich Ohser, geboren am 18. 3. 1903 in Untergettengrün im sächsischen Vogtland. Als Vierjähriger zog er mit der Familie um in die Stadt Plauen. Nach der Schulzeit machte er zunächst eine Schlosserlehre und studierte dann in Leipzig an der Akademie für grafische Künste. Hier befreundete er sich mit Erich Kästner, dessen Bücher er später illustrierte. Er heiratete und wurde Vater eines Sohnes (Christian). 1933 verboten ihm die Nationalsozialisten zunächst das Zeichnen und nur mit einer Ausnahmeregelung und unter einem Pseudonym[2] durfte er für die „Berliner Illustrirte" arbeiten. 1944 wurde er wegen seiner Kritik an den Nationalsozialisten verhaftet und beging im Gefängnis Selbstmord.

1 **Perspektive:** Sichtweise   2 **Pseudonym:** Deckname

Comic-Helden und ihre Abenteuer

Jede Woche neu!

1 In den beiden Comic-Anfängen mit Jeff Jordan und Isnogud findet ihr schon Hinweise, wie die Geschichten weitergehen könnten.
Erfindet jeweils einen Abenteuerverlauf mit mehreren Handlungsschritten.
Notiert euch die Überschriften zu den einzelnen Abschnitten.

Comic-Helden meistern Gefahren und Schwierigkeiten auf ganz unterschiedliche Art und Weise. Schaut euch einmal an, wie es Jeff Jordan ergeht.

Mittlerweile ist Jeff Jordan auf der Suche nach den gestohlenen Pelzen und dem „Drahtzieher" der Diebstähle nur knapp einem Anschlag entronnen. Aber er lässt sich nicht abschrecken einem bestimmten Verdacht weiter nachzugehen …

2 Bringt einige Comics mit – nicht nur von Jeff Jordan oder Isnogud – und stellt eine Tabelle zusammen:
- Wie stellt der Zeichner seine Helden in Gefahr und Kampf dar?
- Woran sind „die Guten" bzw. „die Bösewichte" zu erkennen?
- Woran sind über- und unterlegene Figuren zu erkennen?
- Wie werden Geräusche dargestellt?
- Wie gelingt es, die Bilder und Bildfolgen zu einer ganzen Geschichte zu verbinden?

Habt ihr schon einmal überlegt, warum in Comics so oft gekämpft wird?

3 Helden unserer Zeit: Vielleicht findet ihr in der Tageszeitung Berichte über heldenhafte Taten. Welche Unterschiede zu den Comic-Helden fallen euch auf?

Bilder können erzählen. Hier ist die Fortsetzungsseite des Isnogud-Anfangs von Seite 254 abgebildet.

4 Ihr könnt entweder Texte für die Sprechblasen formulieren oder die Geschichte nur in Wörtern und Sätzen erzählen. Teilt euch in zwei Gruppen, die jeweils eine Möglichkeit ausprobieren. Vergleicht eure Ergebnisse.

Betrachtet die Comic-Figuren

Mit wem möchtet ihr gerne befreundet sein?

Versucht zu beschreiben, was euch eure Helden sympathisch macht.

Sammelt weitere Figuren aus Comics oder Bildergeschichten. Überlegt, wie ihr mit diesen Figuren ein Wandplakat gestalten könnt …

Oft hört man von Eltern, Lehrern oder anderen Erwachsenen, dass Comics schädlich für Kinder seien. Andererseits lesen Kinder massenhaft Comics.

- Teilt eure Klasse in zwei Gruppen: Comic-Ankläger und Comic-Verteidiger.
- Beide Gruppen sammeln Argumente und wählen je einen Vertreter, der die Anklage- bzw. Verteidigungsrede halten soll.
- Diskutiert anschließend, welcher „Anwalt" die überzeugenderen Argumente vorgetragen hat.

Vater Kaiser trifft Isnogud

Schreibt auf, was die beiden sich zu sagen haben. Ihr könnt auch Spielszenen mit anderen Figuren entwerfen.

Bildnachweis

S. 8: Thomas Schulz, Berlin; **S. 9**: Gertrud Zucker, Bad Saarow; **S. 12**: Ursula Wölfel, Modautal; **S. 14, 16, 18**: Thomas Schulz, Berlin; **S. 22**: Inge Reunert / bpk, Berlin; **S. 23**: Walter Trier, © Atrium Verlag, Zürich; **S. 27**: Horst Lemke, Zeichnung. Aus: Erich Kästner, Als ich ein kleiner Junge war. Atrium Verlag, Zürich 1957; **S. 29**: AKG, Berlin; **S. 31**: privat; **S. 32**: Zeichnung v. Frans Haacken, aus: Jan Procházka, Was für eine verrückte Familie. Bitter Verlag, Recklinghausen; **S. 40**: Zeitbild Verlag, München; **S. 41 oben**: Pictor International, München; **S. 41 unten**: M. Pasdzior, The Image Bank, Hamburg; **S. 46/47**: Claire Bretécher, Ein modernes Paar, aus: Claire Bretécher, Die Frustrierten III, © 1979 by Rowohlt Verlag, Reinbek b. Hamburg, S. 52 f.; **S. 48**: dpa, Frankfurt/M.; **S. 55**: H. Schmied / Mauritius, Mittenwald; **S. 62**: Farhad Farhadi, Dortmund; **S. 70**: bpk, Berlin; **S. 79**: Dr. D. Haas / Okapia, Frankfurt/M.; **S. 80**: Naturbild / Laßwitz, Okapia, Frankfurt/M.; **S. 83**: OSF, M. P. L. Föggen / Okapia, Frankfurt/M.; **S. 86**: Wilhelm Busch, Fink und Frosch, aus: Das große Wilhelm Busch Album. Joachim Richter Verlag, Heinrichshagen, S. 104; **S. 89**: Bildagentur Geduldig, Engelsbrand; **S. 90**: Museum of Modern Art, New York. © VG Bild-Kunst, Bonn; **S. 99 oben links**: TCL / Bavaria, Gauting; **S. 99 oben rechts**: Uthoff / Anthony Verlag, Starnberg; **S. 99 unten**: Masterfile / Bavaria, Gauting; **S. 106**: Staatsgalerie Stuttgart, Stuttgart; **S. 110**: Jörg P. Anders / bpk, Berlin; **S. 122**: dpa, Frankfurt/M.; **S. 126**: Hans Baldung Grien, Till Eulenspiegel. Holzschnitt für das Titelblatt des ersten erhaltenen Drucks. Straßburg 1515; **S. 128**: Bernd Schutzbach, Tuttlingen; **S. 130**: L. Caullery, Médiathèque Municipale, Cambrai; **S. 136, 137**: bpk, Berlin; **S. 138**: Brüder Grimm Museum, Kassel; **S. 158**: AKG, Berlin; **S. 159**: Kongelige Bibliotek, København; **S. 171, 173, 175, 177, 178, 182, 183**: © Wahlström & Windstrand, Stockholm; **S. 185, 186, 188, 190, 192**: Verlag Friedrich Oetinger, Hamburg; **S. 233**: Pressefoto Michael Seifert, Hannover; **S. 239**: aus: Werner Waldmann, Theater spielen, Verlag Orell Füssli, Zürich, © verlag pro juvente; **S. 249, 250**: Hans Kossatz, Vater Kaiser und Dackel Willi. © Tomus Verlag, München; **S. 251**: e. o. plauen, Vater und Sohn, © Südverlag Gesellschaft für Verlagswerte, Kreuzlingen; **S. 252**: Christian H. Ohser, Fulbrook, Großbritannien; **S. 253, 255, 256**: Ein Fall für Jeff Jordan, Heiße Jagd nach kalten Pelzen, Carlsen Verlag, Hamburg, © Maurice Tillieux und Editions Dupuis, Charleroi; **S. 254, 257**: Isnogud, Der Großwesir, Delta Verlag, © Dargaud Editeur, Paris / Tabary 1966

Autoren- und Quellennachweis

Die mit *gekennzeichneten Überschriften sind keine Originalüberschriften

Abraham, Peter (geb. 1936)
Die Schülerin Carola Huflattich* (S. 9).
Aus: Das Schulgespenst. Der Kinderbuch Verlag, Berlin ⁸1988, S. 3 f.

Andersen, Hans Christian
(1805–1875)
Die Prinzessin auf der Erbse (S. 160).
Der fliegende Koffer (S. 161). Aus: Gesammelte Märchen. Hrsg. v. H. Göbels. Dortmund (Harenberg) 1979. Des Kaisers neue Kleider (S. 166). Aus: Sämtliche Märchen in zwei Bänden. Bd. 1. Darmstadt (Wissenschaftliche Buchgemeinschaft) 1974

Ballot, Helmut (geb. 1917)
Der Schüler Kurt Tulpe (S. 10). Aus: Menschengeschichten. 3. Jahrbuch der Kinderliteratur. Hrsg. v. H.-J. Gelberg. Weinheim / Basel (Beltz & Gelberg) 1975

Barth, Helmut (geb. 1933)
Heia Safari* (gekürzt; S. 82). Aus: Tier-Erlebnisse in sechs Kontinenten. Gerabronn / Crailsheim (Hohenlohe) 1974

Barthelmeß-Weller, Usch
(geb. 1940)
Jungen gegen Mädchen* (S. 15). Aus: Menschengeschichten. 3. Jahrbuch der Kinderliteratur. Hrsg. v. H.-J. Gelberg. Weinheim / Basel (Beltz & Gelberg) 1975

Blum, Lisa-Marie (geb. 1911)
Ich bin glücklich (S. 39). Aus: Auf der ganzen Welt gibt's Kinder. Hrsg. v. J. Pestum. Würzburg (Arena) 1976.

Blyton, Enid (1896–1968)
(Textstücke C und J; S. 198, 202). Aus: Fünf Freunde beim Wanderzirkus. München / Gütersloh (Bertelsmann) ³⁰1992, S. 7, 188 f.

Bodden, Ilona (geb. 1940)
Das grüne Froschhaus (S. 236). Aus: Die Wundertüte. Freiburg (Herder) o.J.

Brecht, Bertolt (1898–1956)
Drachenlied (S. 101). Aus: Gesammelte Werke, Bd. 10, Gedichte 3, S. 970. Frankfurt/M. (Suhrkamp) 1967

Busch, Wilhelm (1832–1908)
Fink und Frosch (S. 86) Aus: Fabeln, Parabeln und Gleichnisse. Hrsg. v. Reinhard Dithmar. München (Deutscher Taschenbuch Verlag) 1978, S. 204

Busta, Christine (geb. 1915)
April (S. 105). Aus: Die Scheune der Vögel. Gedichte. Salzburg (Müller) 1958

Dittrich, Lothar /
Schmidbauer, Heinz
Die Zwergmaus (S. 79). Aus: Natur neu entdeckt. Naturfilmer und Naturforscher berichten. Hrsg. v. Alfred Schmitt. Basel / Boston / Berlin 1991, S. 55–59

Döhl, Reinhard (geb. 1934)
Apfel (S. 98). Aus: Konkrete Poesie. Hrsg. v. E. Gomringer. Stuttgart (Reclam) 1972

Durian, Sibylle (geb. 1946)
aus: Primel schwindula (S. 208). Berlin (Der Kinderbuchverlag) ⁴1984

Fetscher, Iring (geb. 1922)
Die Geiß und die sieben jungen Wölflein (S. 154). Aus: Wer hat Dornröschen wach geküsst? Hildesheim (Claassen) o.J.

Fontane, Theodor (1819–1898)
Herr von Ribbeck auf Ribbeck (S. 102). Aus: Sämtliche Werke. Hrsg. v. E. Groß und K. Schreinert. Bd. 20. München (Nymphenburger) 1962

Frank, Karlhans (geb. 1937)
Du bist ja ein richtiger kleiner Till Eulenspiegel (S. 122). Aus: Till Eulenspiegel, das Leben des listigen Schalks, Wortewenders, Genauhinguckers. Ravensburg (Otto Maier) 1991

Fröhlich, Roswitha (geb. 1924)
Am Himmel spielt heute … (S. 105). Aus: Na hör mal. Ravensburg (Otto Maier) 1980, S. 93

Fuchs, Günter Bruno (1928–1977)
Ansprache des autowaschenden Vaters an sein Kind, das Drachensteigen möchte (S. 45). Aus: Handbuch für Einwohner. München (Hanser) 1969

George, Jean Craighead
Aus: Julie von den Wölfen (S. 219).
Übersetzt v. Friedl Hofbauer. Aarau /
Frankfurt/M. (Sauerländer) [2]1974

Grimm, Jacob (1785–1863)
Grimm, Wilhelm (1786–1859)
Allerleirauh (S. 139); Die kluge Bauern-
tochter (S. 144); Rumpelstilzchen
(S. 147). Aus: Kinder- und Hausmär-
chen. Gesammelt durch die Brüder
Grimm. Frankfurt/M. (Insel) 1975.

Grün, Max von der (geb. 1926)
(Textstücke E und K; S. 199, 203). Aus:
Vorstadtkrokodile. München (Ber-
telsmann) 1976

Härtling, Peter (geb. 1933)
Was ist aus dem Frosch geworden?
(S. 56). Aus: Geschichten für Kinder.
Weinheim / Basel (Beltz & Gelberg)
o.J.

Halbey, Hans Adolf (geb. 1922)
Urlaubsfahrt (S. 55). Aus: Menschengeschichten. 3. Jahrbuch der Kinderliteratur. Hrsg. v. H.-J. Gelberg. Weinheim / Basel (Beltz & Gelberg) 1975.
Sieh fern! (S. 93). Aus: Hans A. Halbey/
Leo Leonhardt: Es wollt' ein Tänzer
auf dem Seil den Seiltanz tanzen eine
Weil'. Aarau / Frankfurt/M. (Sauerländer) 1977

Hannover, Heinrich (geb. 1925)
Eine Gespenstergeschichte (S. 58).
Aus: Menschengeschichten. 3. Jahr-
buch der Kinderliteratur. Hrsg. v. H.-
J. Gelberg. Weinheim / Basel (Beltz &
Gelberg) 1975

Heckmann, Herbert (1930–1999)
Pit kommt zu einem Hund (S. 63).
Aus: Dichter erzählen Kindern. Hrsg.
v. G. Middelhauve. Köln (Gertraud
Middelhauve Verlag), 1966

Heim, Uta-Maria
Der Klassenkasper (S. 19). Aus: Die
schönsten Schulgeschichten. Hrsg. v.
Hannelore Westhoff. Ravensburg
(Otto Maier) 1990, S. 72 ff.

Heym, Georg (1887–1912)
Der Herbst (S. 100). Aus: Dichtungen
und Schriften. Gesamtausgabe. Hrsg.
v. K. L. Schneider. Bd. 1. München
(Ellermann) 1964

Höly, Claudia (geb. 1960)
Manchmal (S. 39). Aus: Was für ein
Glück. 9. Jahrbuch der Kinderlitera-
tur. Hrsg. v. H.-J. Gelberg. Weinheim/
Basel (Beltz & Gelberg) 1993

Huchel, Peter (1903–1981)
Krähenwinter (S. 109). Aus: Gedichte.
Karlsruhe (Stahlberg) 1948

Jandl, Ernst (1925–2000)
lauter (S. 98). Aus: Sprechblasen. Neu-
wied (Luchterhand) 1968

Janosch (geb. 1931)
Abzählverse (S. 92). Aus: Die Stadt der
Kinder. Hrsg. v. H.-J. Gelberg. Reck-
linghausen (Bitter) 1969

Kästner, Erich (1899–1974)
Pünktchen Pogge und Herr Bremser*
(S. 22). Aus: Pünktchen und Anton.
Hamburg (Dressler) / © Atrium, Zü-
rich 1930. Der zwiefache Herr Leh-
mann (S. 25). Aus: Als ich ein kleiner
Junge war. Hamburg (Dressler) / ©
Atrium, Zürich 1957

Kipling, Rudyard (1865–1936)
Aus: Das Dschungelbuch (S. 216).
Wien (Tosa) 1986

Kirsch, Sarah (geb. 1935)
Schneelied (S. 104). Aus: Gedichte.
Berlin (Aufbau)

Krüss, James (1926–1997)
Wenn die Möpse Schnäpse trinken
(S. 96). Aus: Der Zauberer Korinthe
und andere Gedichte. Hamburg
(Oetinger) 1982

La Fontaine, Jean de (1621–1695)
Der Hahn und der Fuchs (S. 88). Aus:
Fabeln. Deutsch v. Theodor Etzel.
Leipzig (Insel) 1915

Lagerlöf, Selma (1858–1940)
Aus: Nils Holgerssons schönste Aben-
teuer mit den Wildgänsen (S. 212).
München (Nymphenburger) 1993

Lessing, Gotthold Ephraim
(1729–1781)
Der Wolf und das Schaf (S. 87). Aus:
G. E. Lessings sämtlichen Schriften.
Hrsg. v. Karl Lachmann, 3. Aufl. von
Franz Muncher. Stuttgart 1886, Bd. 1

Liliencron, Detlev von (1844–1909)
Winterbild (S. 109). Werke. Bd. 1,
hrsg. v. Benno v. Wiese. Frankfurt/M.
(Insel) 1977

Lindgren, Astrid (geb. 1907)
Ronja Räubertochter (S. 171). Aus:
Aus dem Schwedischen v. Anna-
Liese Kornitzky. Hamburg (Oetinger),
S. 6 f., 15 f., 48 ff., 148 f., 190 ff., 206 f.,
213 f., 234 f. Fragen an Astrid Lind-
gren (S. 184). Aus: Neue Geschichten,
Gedichte und Bilder von Kinder- und
Jugendbuchautoren und Illustrato-
ren unserer Zeit. München (Deut-
scher Taschenbuch Verlag) 1981,
S. 128 f. Es war schön, dort Kind zu
sein (S. 185). Aus: Das entschwunde-
ne Land. Hamburg (Oetinger) 1977,
S. 33 ff. Niemals Gewalt (Rede Astrid
Lindgrens, gekürzt; S. 190). Aus: Ansprache anlässlich der Verleihung des
Friedenspreises des Deutschen Buchhandels. Frankfurt/M. (Börsenverein)
1978

Lobe, Mira (geb. 1913)
Deutsch ist schwer (S. 91). Aus: Das
Sprachbastelbuch. Hrsg. v. H. Dome-
nego. Wien / München (Jugend und
Volk) 1983

Manz, Hans (geb. 1931)
Fürs Familienalbum (S. 60); Ferien
machen: eine Kunst (S. 60). Aus: Die
Welt der Wörter. Weinheim / Basel
(Beltz & Gelberg) 1991, S. 245, 240.

Herzliche Grüße vom Rumpelstilz-
chen (S. 150). Aus: Da hockt's im
Moos, zwei Spannen groß. Frauenfeld
(Huber) 1980

Morgenstern, Christian (1871–1914)
Das große Lalulä (S. 97); Gruselett
(S. 97). Aus: Galgenlieder. Der Ging-
ganz. Frankfurt/M. (Insel) 1938. Die
Trichter (S. 97). Aus: Gesammelte Werke. Hrsg. v. M. Morgenstern. München (Piper) 1965

Nöstlinger, Christine (geb. 1936)
Rat und Schlag von Tante Olga
(S. 35). Aus: Ein und alles. Weinheim/
Basel (Beltz & Gelberg)

O'Dell, Scott (1903–1989)
Aus: Insel der blauen Delphine
(S. 221). Deutsch v. Roswitha Plan-
cherel-Walter. Olten / Freiburg (Walter); dtv junior 7257

O'Flaherty, Liam (1896–1984)
Die Maus (S. 75). Aus: Loewes Katzen-
geschichten. Hrsg. v. Lieselotte Baus-
tian, übersetzt v. Elisabeth Schnack.
Bindlach (Loewes) 1987, S. 255 ff.

Phädrus (um 15. v. Chr. – 55 n. Chr.)
Wolf und Lamm (S. 87) Aus: Fabeln,
Parabeln und Gleichnisse. Hrsg. v.
Reinhard Dithmar. München (Deut-
scher Taschenbuch Verlag) 1978,
S. 93

Pludra, Benno (geb. 1925)
Aus: Das Herz des Piraten (S. 205).
Weinheim / Basel (Beltz & Gelberg)
1985

Procházka, Jan (1929–1971)
Aus: Was für eine verrückte Familie
(S. 33). Übersetzt v. E. Honolka. Reck-
linghausen (Bitter) 1976

Reding, Josef (geb. 1929)
Uno, due, tre (S. 95). Aus: Gedichte
für Anfänger. Hrsg. v. J. Fuhrmann.
Reinbek b. Hamburg (Rowohlt) 1980

Sachs, Hans (1494–1576)
Der Krämerskorb (S. 241). Aus: Ein
Sonderdruck des „Suflörkaschde". Ge-
kürzte neuhochdeut. Fassung v. A.
Zink. Freiburg o.J.

Schär, Brigitte (geb. 1958)
So bin ich (S. 42). Aus: Was für ein
Glück. 9. Jahrbuch der Kinderlitera-
tur. Hrsg. v. H.-J. Gelberg Weinheim /
Basel (Beltz & Gelberg), 1993, S. 115

Schnurre, Wolfdietrich (1920–1989)
Die Leihgabe (S. 48). Aus: Als Vaters
Bart noch rot war. Zürich (Die Arche)
1958

Spillner, Wolf (geb. 1936)
Gänse überm Reiherberg (S. 67). Aus:
Gänse überm Reiherberg. Berlin (Der
KinderbuchVerlag) 1977

Spoerl, Heinrich (1887–1955)
Der Stift (S. 27). Aus: Gesammelte
Werke. München (Piper) 1981

Verzeichnis der Texte nach Formen

Fachbegriffe

● **Bild:** Ein wichtiges sprachliches Ausdruckselement, insbesondere in der Lyrik. Wie in der Malerei auch kann in einem Naturgedicht z. B. ein Gesamtbild entstehen, das aus vielen Bildelementen besteht (wie in Georg Heym, Der Herbst). Bilder vermitteln anschauliche Vorstellungen. Sie können zum Sinnbild werden, wenn hinter der konkreten (greifbaren) Bedeutung des Bildes eine tiefere Bedeutung erkennbar wird (z. B. der Gedanke von der Vergänglichkeit des schönen Sommers in einem Herbstgedicht).

● **Bildergeschichte:** Wie man mit Bildern Geschichten erzählen kann, zeigt Erich Ohser mit seinen bekannten Vater-und-Sohn-Geschichten, die ab 1934 drei Jahre lang jede Woche neu in der „Berliner Illustrirten" unter dem Pseudonym (Künstlernamen) e. o. plauen erschienen. Meist genügen einige wenige Bilder um ein neues Abenteuer mit dem klugen, pfiffigen Sohn und seinem gutmütigen Vater wiederzugeben. **Comics** sind die modernen Bildergeschichten, die zumeist massenhaft in eigenen Comic-Heften, aber auch in Zeitschriften verbreitet werden. Außer den Bildern gibt es auch Textelemente, z. B. die Sprechblase.

● **Dramatische Texte:** Dramatische Texte sind zum Vorspielen vor Zuschauern oder Zuhörern bestimmt. Man nennt sie auch „Bühnenstücke" oder „Theaterstücke". Sie bestehen aus **Dialogen**, aus Gesprächs- und Redebeiträgen von mindestens zwei **Figuren** oder Personen. Spricht nur eine Person zu sich selbst, so nennt man dies **Monolog**.

Längere dramatische Texte setzen sich aus Szenen und Akten zusammen. Eine **Szene** ist ein kurzes dramatisches Geschehen. Der vorgestellte Spielort bleibt dabei unverändert, die **Handlung** (das Geschehen) wird nicht unterbrochen. Manchmal sagt man statt Szene auch „Bild".

Ein **Akt** umfasst meist mehrere Szenen, die dem Sinn oder Inhalt nach zusammengehören.

Beim Vorspielen muss man dramatische Texte lebendig darstellen. Hierzu dienen *Mimik* (Gesichtsausdruck oder Mienenspiel), *Gestik* (Körperhaltung und -bewegung) sowie *Requisiten* (bedeutsame Gegenstände), aber auch die *Intonation* (die sprachliche Betonung).

● **Fabel:** Fabeln sind kleine Geschichten, meist von Tieren, denen wir bestimmte Eigenschaften zuschreiben: Der Fuchs ist schlau, listig, der Esel ist dumm usw. Die Tiere denken und handeln wie Menschen; häufig handeln sie auch klüger als die Menschen. Fabeln enthalten eine Lehre, die der Leser erkennen und beherzigen sollte.

● **Märchen:** Märchen gehören zu den ältesten Dichtungen der Menschheit. Man findet sie bei allen Völkern der Erde. Märchen wurden ursprünglich mündlich überliefert, z. B. wurden sie in unserem Sprachraum an langen Winterabenden in Spinnstuben erzählt, in orientalischen Ländern von Märchenerzählern auf dem Markt. Märchen sind kurze Erzählungen von phantastischen und wunderbaren Begebenheiten. In der unwirklichen Welt des Märchens muss der Held/die Heldin schwierige Aufgaben lösen, schreckliche Abenteuer bestehen oder mit jemand Bösem kämpfen. Oft hilft dabei eine übernatürliche Kraft, z. B. Feen. In der wunderbaren Welt des Märchens wird am Ende immer das Gute belohnt und das Böse bestraft.

Man unterscheidet **Volksmärchen** (Verfasser unbekannt) und **Kunstmärchen** (von einem bekannten Dichter nach dem Vorbild der Volksmärchen geschaffen).

● **Metrum:** Das Metrum wird durch die regelmäßige Aufeinanderfolge betonter (*Hebungen*) und unbetonter Silben (*Senkungen*) bestimmt. So wechselt zum Beispiel in dem Vers „Es fíel ein Schnée heut Nácht vom Hímmel" (Peter Hacks) immer eine Senkung mit einer Hebung. Dadurch entsteht das für das Gedicht typische metrische Schema. → Rhythmus

● **Pantomime:** Pantomime nennt man ein Vorspielen ohne gesprochene Worte. Der Schauspieler stellt nur mit seinem Körper Handlungen oder Gefühlsregungen eines Menschen dar.

● **Reim:** In Gedichten als *Endreim* (seltener als *Binnenreim*) ein wichtiges Formelement. Reimwörter (wie Regen und Segen) klingen vom letzten betonten Vokal an gleich. Nach ihrer Abfolge spricht man auch von *Paarreim* (aabb) (z. B. Fontane, Herr von Ribbeck, S. 102), *Kreuzreim* (abab) (z. B. Brecht, Drachenlied, S. 101) oder *umarmendem Reim* (abba) (z. B. Busta, April, S. 105). Auch andere Anordnungen sind möglich. Wenn zwei Wörter im Anlaut gleich sind, spricht man von *Stabreim* oder *Alliteration* (z. B. „Kinder stehn im Feld in dünnen Kleidern", S. 100).

● **Rhythmus:** Entsteht beim Sprechen durch die je unterschiedliche Art und Weise, wie wir betonte Silben hervorheben, wie wir Pausen machen, die Stimme heben oder senken usw. Beim Vortrag eines Gedichtes kommt es also nicht nur auf das Versmaß an; erst durch rhythmisches Sprechen gewinnen die Verse ihre Lebendigkeit.

● **Schelmengeschichte:** Schelmengeschichten handeln von pfiffigen Helden, die oft mühselig ihr Leben fristen müssen, aber hohen Herrschaften oder eingebildeten Leuten immer wieder mit List und Witz ein Schnippchen schlagen und einen Streich spielen. Ein Schelm wird oft auch „Schalk" genannt.

● **Schwank:** Der Schwank ist eine kurze Erzählung von einem lustigen Einfall oder Ereignis oder von einem Streich, der jemandem gespielt wird. Der Schwank greift Alltagssituationen auf und bringt die Menschen zum Lachen, wenn sie die übertrieben dargestellten menschlichen Schwächen wiedererkennen.
Es gibt den Schwank sowohl in Form der einfachen Erzählung als auch in Versform.

● **Strophe:** Die Verbindung mehrerer Zeilen eines Gedichts, die im Druckbild voneinander abgesetzt sind. Je nach Verszahl und Versmaß unterscheidet man verschiedene Strophenformen. Häufig sind die einzelnen Strophen eines Gedichtes gleich, es gibt aber auch Gedichte mit unterschiedlichen Strophen.

● **Vers:** So nennt man in einem Gedicht die Zeile, die zumeist durch ein bestimmtes Versmaß gekennzeichnet ist, d. h., die betonten und unbetonten Silben folgen nach einem bestimmten Schema (→ Metrum) aufeinander (z. B. „Herr von Ribbeck auf Ribbeck im Havelland / ein Birnbaum in seinem Garten stand").

Redaktion: Ingeborg Busack

Lay-out: Katharina Wolff
Technische Umsetzung: werkstatt für gebrauchsgrafik, Berlin
Illustrationen: Egbert Herfurth, Leipzig; Dorothee Menden, Berlin; Margit Pawle, München; Frauke Trojahn, Berlin
Umschlaggestaltung: Saskia Klemm
Umschlagillustration: Egbert Herfurth, Leipzig

 http://www.cornelsen.de

1. Auflage   €   Druck 8 7 6 5   Jahr 07 06 05 04

Alle Drucke dieser Auflage sind inhaltlich unverändert
und können im Unterricht nebeneinander verwendet werden.

© 1997 Cornelsen Verlag, Berlin

Druck: CS-Druck CornelsenStürtz, Berlin

ISBN 3-464-62130-8

Bestellnummer 621308

 Gedruckt auf säurefreiem Papier,
umweltschonend hergestellt aus chlorfrei gebleichten Faserstoffen.